島薗進
末木文美士
大谷栄一
西村明 編

近代日本宗教史 第4巻

戦争の時代

昭和初期〜敗戦

春秋社

巻頭言

時代はどこに向かっていくのだろうか。近代的価値観が疑われ、「戦後」の理念は大きく揺らいでいる。災害や新たな感染症といった、人類史上幾度となく経験したはずのことがらが、しかし未知の事態を伴って、現代の人々の生活を脅かしてもいる。歴史の進歩という夢は潰え、混迷と模索が続いている。こうした状況の中で早急に解決を求めることは危険であり、遠回りであってももう一度過去を確かめ、我々の歩んできた道を問い直すことこそ、真になさねばならぬことである。近年、近代史の見直しが進められつつあるのも、そのような時代を反映するものである。

近代史の中で、もっとも研究の遅れていたのは宗教史の分野であった。近代社会において、宗教はともすれば前近代の名残として否定的に捉えられ、社会の合理化、近代化の中でやがて消え去るべき運命のものと見られてきた。それ故、宗教の問題を正面に据えること自体が時代錯誤的であるかのように見られ、はばかられた。これまで信頼できる近代日本宗教の通史が一つもなかったことは、我々関連研究者の怠慢という面もあるが、いかにこの分野が軽視されてきたかをありありと物語っている。

しかし、今日の世界情勢を見るならば、もはや何人も宗教を軽視することはできなくなっている。プラス面であれ、マイナス面であれ、宗教こそが世界を動かす原動力のひとつとして認識されつつある。日本においても、今日の政治や社会の動向に宗教が大きく関わっていることが明らかになっている。翻って日本の近代史を見直せば、そこにも終始宗教の力が大きく働いていて、宗教を抜きにして日本の近代を語ることはできない。そうした問題意識が共有されはじめたためであろうか、さいわい、最近この分野の研究は急速に進展して、従来の常識を逆転するような新たな成果が積み重ねられつつある。宗教から見た近代や近代史の問い直しも提起されている。

そのような情勢に鑑み、ここに関連研究者の総力を挙げて、はじめての本格的な近代日本宗教史を企画し、刊行することにした。その際、以下のような方針を採ることとした。

1、オーソドックスな時代順を採用し、幕末・明治維新期から平成期までカバーする。近代日本の宗教史を知ろうとするならば、まず手に取らなければならない必読書となることを目指す。

2、一面的な価値観や特定の宗教への偏りを避け、神道・仏教・キリスト教・新宗教など、多様な動向に広く目配りし、宗教界全体の動きが分かるようにする。

3、国家政策・制度、思想・信仰、社会活動など、宗教をめぐる様々な問題を複合的な視点から読み解くようにする。そのために、宗教学研究者を中心にしながら、日本史学・政治学・思想史学・社会学など、関連諸学の研究者の協力を仰ぎ、学際的な成果を目指す。

4、本文では、主要な動向を筋道立てて論ずるようにするが、それで十分に論じきれない特定の問題をコラムとして取り上げ、異なった視点から光を当てる。

以上のような方針のもとに、最新の研究成果を生かしつつ、しかも関心のある人には誰にも読めるような平易な通史を目指したい。それにより、日本の近代の履歴を見直すとともに、混迷の現代を照らし出し、よりよい未来へ向かっての一つの指針となることを期待したい。

編集委員　島薗　進　大谷　栄一
末木文美士　西村　明

近代日本宗教史　第四巻　戦争の時代――昭和初期〜敗戦

目次

近代日本宗教史　第四巻　戦争の時代——昭和初期～敗戦

第一章　総論——総力戦体制下の新たな宗教性と宗教集団

島薗進

一　はじめに

本巻は昭和の始まりである一九二六年から一九四五年の敗戦までをおおよその対象時期とする。総論では、この時期の日本の宗教について全体的な見通しを提示するとともに、本巻所収の諸論考の相互連関についても、「宗教」の捉え方という点から一つの見方を示すことができることを目指している。

一九二六年は「昭和」改元の年で昭和天皇が即位し、一九二八年に「御大礼」、すなわち即位礼と大嘗祭が京都で行われる。他方、一九二五年は普通選挙法が制定されるとともに治安維持法が制定されている。一九二八年は普通選挙法に基づく初めての衆議院選挙が行われ、治安維持法に基づく大規模な共産党取締（三・一五事件）が行われた年でもある。また、一九二五年には京城（ソウル）に朝鮮神宮が創建され、天照大神と明治天皇が祭神とされた。続く一九二六年には、一九二〇年に鎮座祭が行われた明治神宮の外苑に聖徳記念絵画館が設立された。明治天皇崇敬のもう一つの聖堂ともいうべき建造物だ。

一九二八年に行われた即位礼の紫宸殿の儀における勅語では、「朕惟フニ我カ皇祖皇宗惟神ノ大道ニ遵ヒ天業ヲ経綸シ萬世不易ノ丕基《ひき》ヲ肇メ一系無窮ノ永祚ヲ傳ヘ以テ朕カ躬《み》ニ逮《およ》ヘリ」（村上、一九八三、二六七頁）と「神道」と受け取られることが多い「惟神の大道」の名の下に、国体論・皇道論が掲げられていた。昭和の始まりは、神聖天皇崇敬の体制が一段と強化されていく転機ともなっている。明治天皇の死をめぐる集合的沸騰の直前に天皇をめぐる「新宗教の発明」を捉えたのは、B・H・チェンバレンだが（拙著『明治大帝の誕生』春秋社、二〇一九）、昭和前期はその「新宗教」が国民生活を広く覆っていく時期である。

神聖天皇崇敬は国体論と密接に結びついており、天照大神（伊勢神宮）と皇室祭祀を頂点とする国家神道とも不可分な関係にある。一九四一年からのアジア太平洋戦争期には、多くの戦争死者が出て、神聖な天皇のためにわが身を犠牲にすることもいとうべきでないとする観念が広まり、「玉砕」や「特攻」による戦死者を含め、靖国神社の存在は極度に重みを増した。この時期の宗教史を捉えるには、さまざまな宗教団体や宗教者や宗教思想の動向について論じるとともに、国家神道と神聖天皇崇敬について理解を深めることがとくに重要である。それによって、多くの国民が共通の宗教的言説と実践に組み込まれていったからである。

これは宗教史を宗教団体や宗教思想や宗教者・思想家の次元で捉えるだけではなく、さまざまな社会構成員の生活や思考の中で働いている宗教性を捉えることが重要だという方法論的な視点とも結びついている。学校や軍隊、メディア、治安や思想統制といった観点から宗教史を捉えることが求められることにもなる。歴史を動かしていく基層を養っていったものを捉えようとするものだ。

政治史、経済史、思想史などのアプローチでは見落とされやすい側面であり、民俗学や文化人類学の方法を、歴史的変化を重視する方向で修正して用いていく必要がある。アナール派などによって社会史として捉えられたものと共通点が大きい。近代的な「宗教」概念は宗教のこの側面を軽視しがちだったが、近代宗教史においても、とくにこの時期にこの側面が見直される必要がある。

二　杉本五郎と『大義』

戦争末期に『大義』を読んだ青少年

臨済宗の僧侶だったが後に還俗し、仏教者の戦争責任について論じた市川白弦は、宗教者の戦争責任を問う論考で、文芸評論家の奥野健男の「軍神杉本五郎の誕生――『大義』と戦争末期の若者」（『中央公論・歴史と人物』一九七三年八月特集号）という文章の一節を引いている。

太平洋戦争の戦局が次第に悪化して来た、昭和十八年、十九年頃、中学生を中心とした若者の間で、杉本五郎の『大義』が、熱狂的に読まれはじめた。……どこからともなく、口コミ……『大義』を読んで見ろ。『大義』はすごいぞ。『大義』こそ真の尊王の書だ、という熱ぽいささやきが中学生の間に、たちまち拡がって行った。……ぼくの通っていた麻布中学にも、昭和十八年、『大義』を輪読し、『大義』の精神を実践するための、「竹心会」という学生サークルがうまれ、やがて学校当局を動かし、校友会の正式のサークルになった。麻布中学は、私立でキリスト教的であり、校風は伝統的に自由で、戦争になってもゲートルを巻いたり、胸に名札をつけたり、軍人流に挙手の礼をするなどの強制は、いちばん遅い学校であった。また予科練などへの教師の強制的勧誘も行われなかった。（市川、一九七五、七七頁）

奥野は『大義』研究会はほとんどすべての中学校にできたのではないかと推測している。この『大義』を読んで感動して予科練に入った人物を主人公とする小説がある。城山三郎の『大義の末』（五月書房、一九五九）である。体育教師に進められて『大義』を読み、感動して予科練に進んだ主人公の「柿見」は、予科練に行くのに反対の父に『大義』を読ませようとしたこともあった。しかし、予科練では事故で友だちを失い、尊敬できない教員に『大義』をもったこぶしで殴られるなどのひどい経験もした。そんななかでも『大義』の言葉が支えとなった。

キリストを仰ぎ、釈迦を尊ぶのをやめよ、萬古、天皇を仰げ。

天皇に身を奉ずるの喜び、なべての者に許さることなし。その栄を喜び、捨身殉忠、悠久の大義に生くるべし。

皇国に生れし幸い、皇道に殉ずるもなお及び難し。子々孫々に至るまで、身命を重ねて天皇に帰一し奉れ……。（『大義の末』二四頁）

しかし、主人公が感銘を受けた皇道の理念と尊敬できない教員に代表される指導層、とりわけ日本軍の倫理的頽廃は切り離すことができるものなのか。『大義の末』はこのような問いを投げかけている。

戦争を生き延びて学業に戻った「柿見」にとって、戦後の生活は何か本来的なものを欠いているあやしいものと感じられる。学生らが天皇制について議論するのを聞いていても、自分には入っていけないものを感じる。「かつて柿見たちをとらえた『大義』の圧倒的な感動、その重量感の記憶と戦っている論者はいなかった。あの重量感、衝迫感をまともに意識すれば、当分は口もきけないというのが、柿見の気持であった。論者たちは巨像を撫でる盲人というより、盲人自身が約束ごとで戯れ合っている感じに近かった」（同前、六二～六三頁）。『大義の末』はこのように虚脱感のなかで、新たな支えとなるものを見出せずに生きる主人公の苦悩を描いて終わっている。若者が信仰に目覚め、やがて失望して虚脱に陥る過程と捉えることもできる。

杉本五郎の経歴と『大義』

奥野や城山の記憶は、杉本五郎の『大義』が戦争末期に若者に与えた衝迫をよく伝えている。では、これほどまでに多くの若者に読まれ、その多くの者の心を揺り動かした『大義』とはどのような書物か（島薗、二〇一九）。

著者の杉本五郎は一九〇〇年、広島県安佐郡三篠町生まれ、一九二一年陸軍士官学校を、二三年には陸軍戸山学校を卒業し、一九三一年には大尉に昇進し中隊長となる。日中戦争勃発から間もない三七年七月に動員下令を受け中国に向かい、同年九月に山西省で戦死し中佐となっている。この陸軍将校、杉本は一九一九年に東京の白山道場で平松亮卿《りょうきょう》に参じてから、動員下令を受けるまで一八年間、参禅を続けた。広島では仏通寺の山崎益州の指導を受けた。

杉本は三六年に二・二六事件を起こした青年将校が共鳴していた陸軍の皇道派には批判的だったことが『大義』の内容からわかる。『大義』は二・二六事件に衝撃を受けたことが執筆の一つの動機だったと思われ、事件後に『大義』の諸章を書き始め、一六章まで書いたところで中国に向かうことになった。これを「児孫並に後世青年への遺言書」としてまとめたが、その後戦死するまでの一ヶ月ほどの間にさらに四章を書き足し、全体は二〇章となった。

天皇は絶対、自己は無の自覚

「小形版」は巻頭に出征直前と戦死三日前の遺影に続いて、「戦死直前の絶筆」が掲げられている。「汝我を見んと要せば　尊皇に生きよ／尊皇精神のある処　常に我在り（遺品従軍手帖より）」。目次に続いて「緒言」がある（五〜六頁）。その冒頭は、「吾児孫の以て依るべき大道を直指す。名利何んするものぞ。地位何物ぞ、断じて名聞利欲の奴となる勿れ。／士道、義より大なるはなく、義は、君臣を以て最大となす。出処進退総べて　大義を本とせよ」と始められている。神聖な語である「大義」の前は一字開けてある。

「緒言」の結びの後には「父五郎」とあり、「正殿　外　兄弟一統」と宛先が書かれている。「孝たらんとせば、大義に透徹せよ」とあるように、まずは息子の「正」に向けて語りかけた遺言であることを示している。そして、「大義に透徹せよ」とあって、そのために禅があり、また楠木正成（「楠公」）というモデルがあることも記されている。

大義に透徹せんと要せば、須く先づ深く禅教に入つて我執を去れ。若し根器堪へずんば、他の宗乗に依れ。戒むらくは宗域に止まつて奴となる勿れ。唯々我執を去るを専要とす。

次に願はくは、必死以て　大義擁護の後嗣を造れ。而して其は汝子孫に求むるを最良とし、縁なきも大乗根器の大士ならば次第とす。一箇忠烈に死して、後世をして憤起せしむるは止むを得ざるの下策と知れ。宜しく大乗的忠の権化、楠子を範とせよ。

ひたすら天皇に帰一せよ

以下、全二〇章のうちのいくつかを紹介する。第一章「天皇」は全体の主旨が凝縮されたような内容になっている。

天皇は　天照大御神と同一身にましまし、宇宙最高の唯一神、宇宙統治の最高神。国憲・国法・宗教・道徳・学問・芸術乃至凡百の諸道悉皆　天皇に帰一せしむるための方便門なり。即ち　天皇は絶対にましまし、自己は無なりの自覚に到らしむるもの、諸道諸学の最大の使命なり。無なるが故に、宇宙悉く天皇の顕現にして、大にしては三十三天、下奈落の極底を貫き、横に盡十方に亘る姿となり、小にしては、森羅万象　天皇の御姿ならざるはなく、垣根に啣《すだ》く虫の音も、そよと吹く春の小風も皆　天皇の顕現ならざるなし。釈迦を信じ、「キリスト」を仰ぎ、孔子を尊ぶの迂愚を止めよ。宇宙唯一神、最高の真理具現者　天皇を仰信せよ。萬古　天皇を仰げ。（九～一〇頁）

天皇と自己とが対置され、それは絶対と無の関係とされる。「天皇の御前には自己は無なり」と悟ることが要諦となる。そのことを示す「大楠公」の歌が引かれる。

身のために君を思ふは二心　君のためには身をも思はじ

この章の結びは、「唯々身心を捨て果て丶、更に何をも望むことなく、ひたすらに　天皇に帰一せよ」とある（一一頁）。

「無」に至る道

第二章「道徳」は「日本人の道徳」が主題だ。それは教育勅語に集約され、さらに「天壌無窮の皇運扶翼」が核心だ。そして、「個人道徳の完成」は、自己は「無」だと自覚し、天皇のために死ぬことである。その覚悟がもてれば、日々の生活がすべて天皇の作用（「皇作皇業」）となる。

天皇の御為めに死すること、是れ即ち道徳完成なり。此の理を換言すれば、天皇の御前には自己は

「無」なりとの自覚なり。「無」なるが故に億兆は一体なり。天皇と同心一体なるが故に、吾々の日々の生活行為は悉く　皇作皇業となる。是れ日本人の道徳生活なり。（一三頁）

第三章「「無」の自覚到達の大道」はわずか九行と短い。「無」に至る道とは何か。「「我」を捨てる」とは何か。宗教・教育・芸術・武道・文学、すべてそのための手段であり、「共通の根本道は唯一つ「人境不二の道是れなり」」。

換言すれば、境其物に成り切る境に没入一体化する蕪雑純一となること是れなり。時に日に月に此の訓練を重ねたる時、遂に人境共に無き無一物の境、否、無一物も亦なき絶対無の当体に到達すべし。（一四頁）

ここは二〇二一年の現在でも、ビジネスマン向け生き方本として通用しそうな修行の目標を掲げているように見える。だが、最後に引かれる句はこれを「忠」と「孝」のこととして述べたものだ。

真忠は忠を忘る、念々是れ忠なるが故に。／真孝は孝を忘る、念々是れ孝なるが故に。

以上、アジア・太平洋戦争期に多くの若者の心を捉えた『大義』は、「皇道」を掲げて神聖天皇崇敬を核とし、そこに禅仏教が組み込まれているような宗教性をもっていたことを示してきた。一九四一年に文部省教学局が発した「臣民の道」よりも実存的に納得のいく文書だったのではないか。『大義』に大きな影響を受けたのは、アジア・太平洋戦争期の比較的、学歴の高い層の若者だった。だが、神聖天皇崇敬や国体論はこうした層が先導して広まったというわけでもない。学校や軍隊、メディアや治安体制を通して庶民に広められており、それがあるからこそ学歴の高い層も神聖天皇崇敬や国体論に引き込まれていかざるをえなかった。一九四五年の数年前にはそこまで至ったのだ。

三　皇道論、日本精神論の広がり

皇道仏教の広がり

アジア太平洋戦争期にこれほどまでに神聖天皇崇敬が深まり、諸宗教もそれを呑み込む、あるいはそれに呑み込まれるようになったのはなぜか。「生きて虜囚の辱《はずかしめ》を受けず」（「戦陣訓」一九四一年）とし、捕虜になることが許されず、進んで「玉砕」することを促す体制に抗えなくなったのはなぜか。神聖な天皇のためにいのちを犠牲にするという規範が、諸宗教の規範の上位に立つようになったのはなぜか。

仏教の側からこれを問うと「皇道仏教」という用語に至る。新野和暢の『皇道仏教と大陸布教――十五年戦争期の宗教と国家』（社会評論社、二〇一四）は「皇道仏教」についての概観を提示してくれている。それは仏教諸宗派で日中戦争が始まる時期（一九三七年）前後から用いられるようになり、太平洋戦争期には諸教団で支配的、あるいは優位に位置する思想となっていった。

皇道仏教以前にも戦争を遂行する「国家の論理を仏教が肯定するという思想構造が見られた。しかし、日中戦争以後に見られる戦争肯定の論は、国策を肯定していくあり方に加えて無条件に天皇へ帰依する思想が見られる。それが「皇道仏教」である」（八三頁）。たとえば、浄土宗では一九三八年に「天皇と阿弥陀仏との同一化」が完成したという。一九四一年に安西覚承という学者はこう述べていた。

天皇に帰一し奉る信と、業務として行為する念仏とを実践する教徒に於て、阿弥陀仏も浄土も究極に於

て皇国的理念に帰一すべきことは理の当然である。(『皇道仏教と大陸布教』一四四頁)

真宗大谷派の高名な学者である金子大栄は、一九四〇年に次のように述べている。

日本の神ながらの道は本来超国家的である。日本は自体が超国家的なものをもつてゐるが故に八紘一宇と云ふことも出来る。本来超国家的なものが天皇を通じてのりとして現はれた。のりとして入つてきた。即ち神の御心に受け入れられたと云ふことはそのまま神ののりである。(中略)帰一と云ふものも二つのものを一つにするのではなく、仏の願ひがそのまま神の願であるとして間違ひのないものである。又他面からは父の言ふべき事があり母の云ふべき事がある。父の云ふべきことを母に云はしめた方が良い事もある。仏法は神の云ふことを仏が云つたと見てよい。(同、一四〇～一四一頁)

なお、これは「真宗教学懇談会」の討議の場での発言だが、このとき、金子は同じく大谷派の有力者である暁烏《あけがらす》敏《はや》とともに涕泣していたと議事録に記されていたという。新野は「国体論と真宗が矛盾するという世間からの批判の矢面に立って来た経験が根底にあると思われる」と記している(一四九～一五〇頁)。

皇道・皇学・皇典

昭和期に入る前の時期に、こうした言説がまったくなかったわけではない。石井公成は『近代の仏教思想と日本主義』(石井公成監修、近藤俊太郎・名和達宣編、法藏館、二〇二〇)の「総論　日本主義と仏教」で、仏教学者・宗学者や仏教教団の人々が、書物や論文において「皇道」や「日本主義」の語がいつ頃から盛んに用いられるようになったかについて述べている。「皇道」の語は明治初期から用いられていたが、仏教関連で用いられるようになるのは昭和になってからだ」(二八～二九頁)という。そして、以下のような書物をあげている。

河合陟明『皇道と日蓮主義』（一九三四）、羽入田真人『仏教修行と国体擁護――附・立正安国と皇道の本義』（一九三五）、堀内良平『皇道と日蓮』（一九四一）――以上、日蓮宗系。寺本婉雅『皇道と仏教』（一九三六）――真宗大谷派。椎尾弁匡「皇道仏教」（『護国仏教』一九三八）――浄土宗、佐々木憲徳『恩一元論――皇道仏教の心髄』（一九四二）――浄土真宗本願寺派、山岡瑞円『皇道と密教』（一九四三）――真言宗。

なお、皇道という語はすでに一八六九年の天皇から臣下への問いかけという形の「皇道興隆の御下問」に見えており、明治時代前期には皇道・皇学・皇典などの語が時折用いられ、この概念は元田永孚《ながざね》を通して教育勅語にも影響を及ぼし、一八八〇年代に形成される神職養成機関（皇典講究所、皇學館）においても、その名称にその影響がうかがわれる（島薗、二〇一〇）。

皇典講究所京都分所で学んだ出口王仁三郎が指導者となった新宗教教団、大本は、第二次大本教事件に至る時期の一九一六年から二一年にかけてと、第二次大本教事件に至る時期の三三年から三五年に「皇道大本」を名乗っていた。神社神道や教派神道の人々の間では「皇道」の語はさほど珍しいものではなかったが、それが仏教界でも盛んに用いられるようになったのは一九三〇年代以降ということになる。

日本主義・日本精神と思想統制

石井公成は「日本精神」という語の歴史についても概観しており、明治末から現れていたが例は少なく、大正末期以後に使用例が増えており、安岡正篤『日本精神の研究』（一九二四）、大川周明『日本精神研究』（一九二七）、沼波瓊音《ぬなみけいおん》の東大国文学科での「日本精神ト国文学」という授業（一九二五年〜）、紀平正美《ただよし》『日本精神』（一九三〇）などが例としてあげられている。これらは宗教界というより、アカデミズムや官界に近い人々であり、こうした論説の系譜上に、紀平や文部官僚の伊東延吉《えんきち》らが主導し、文部省の「国体の本義」（一九三七年）があると捉えられている。

こうした動向が文部省の指導や内務省・司法省・軍部等による思想統制と関連深いものであることも石井の指摘するとおりである。「一九三二年、内務省警保局は、日蓮遺文のうちの不敬に当たる文句を削除するよう指示した。反対運動もなされたが、以後も文部省宗務局の指示などがあり、三派合同の日蓮宗は自主的に削除を開始した。また日蓮の曼荼羅本尊の下部に天照大神などが記されていることを右翼や検事が非難して問題となり、抵抗して逮捕する者まで出るに至った」（「総論　日本主義と仏教」三一頁）。一九四三年には日蓮正宗の在家集団、創価教育学会を指導していた牧口常三郎が天照大神崇敬を拒んだとして捕らえられ、翌年、獄死するような事態も発生している。

神聖天皇崇敬や国家神道が諸宗教の上位に立つ規範となる体制は、明治初期にその基礎が形作られ、帝国憲法や教育勅語によって確立されたが、それが国民生活の全体に力を及ぼすようになったのは昭和前期である。

四　信仰の抑圧・統制と神聖天皇崇敬の鼓吹

上智大学事件という転機

昭和前期は宗教集団への抑圧・統制が顕著に行われた時期である。特定宗教への軍部の介入という点では一九三二年の上智大学事件が目立つ例である（拙著『神聖天皇のゆくえ』筑摩書房、二〇一九／西山、二〇〇〇／鈴木、二〇一〇など）。同年四月の靖国神社の臨時大祭後に、上智大学の軍事教練を担当する北原一視大佐が学生たちを引率して靖国神社を訪問し、礼拝するように指示したところそれに従わない学生がいた。カトリックの大学である上智大学の学生には、偶像崇拝を是としない教会の教えに忠実であろうとする者がいたのだ。

これをとがめた軍部が以後、配属将校を派遣しない、と大学を脅した。軍事教練が行えなくなると、兵役義務の短縮が認められなくなるなどで、入学者の激減につながることを見越しての強硬姿勢だった。これを受けて、上智大学学長はローマのカトリック教会本部とも相談して、信徒の靖国参拝、神社参拝を許容する立場を打ち出し、何とか軍事教練が続けられるようにしたが、決着するまでに一年半以上を要している。この時期から、キリスト教への抑圧は次第に強められていく。神聖天皇崇敬を受け入れざるをえなくなるのだ。

一九三五年六月には上智大学教授のヨハネス・クラウスが『教育原理としての皇道』（カトリック思想・科学研究所）を刊行する。クラウスは「神国日本は主に現人神としての天皇を戴き、君民一体、一君万民の大家族国家を形成してゐる」と述べ、天皇による日本国家の統治は「祭政一致」に基づく「日本神道の統治イデオロギー・神道イデオロギー」に由来するとしている。このことを示して、神道学者の阪本是丸は「この書によって神道的用語としての「皇道」は「普遍的」(カトリック)なるものとしてのお墨付きを得たのである」と述べている(「昭和期の「神道と社会」に関する素描――神道的イデオロギー用語を軸にして」一二頁)。

国体論に従わない宗教集団の抑圧

昭和初期には、なお神聖天皇崇敬や国家神道の鼓吹に抗い、独自の社会性をもった仏教信仰を展開する勢力が存在した。妹尾義郎(一八八九~一九六一)は病気で一高を中退した後、日蓮主義に惹かれ、一九一八年頃から本多日生《にっしょう》の統一団の運動に加わる。次第に大正期の「改造」(社会変革)の潮流に共鳴し、仏教を基盤とした超宗派的な宗教社会主義的運動へと向かっていく。統一団の運動から派生した形の大日本仏教青年団を解消し、一九三一年、新興仏教青年同盟(新興仏青)を発足させる。反戦反ファシズムを掲げ、一九三五年には『労働雑誌』を刊行し、最盛期には七千部を刊行した。三七年の段階で、内務省警保局の記録で、一四県一八支部、同盟員一四六名、誌友五二四名を数えたが、一九三七年、治安維持法違反の容疑で約二〇〇名が検挙され、新興仏青は解体を余儀なくされる(大谷、二〇一九)。

新宗教に対する抑圧は、一九三五年の第二次大本教事件、一九三七年のひとのみち教団事件などがよく知られており、本書でも第五章の對馬路人による論考があるが、ここでは新宗教の信徒として厳しい取り締まりを受け、天皇崇敬を受け入れる立場に転向して教祖となった宗教者の例をあげる。

一九四一年に修養団捧誠会という新宗教教団を発足させた出居清太郎(一八九九~一九八三)は、栃木県安蘇郡界村《さかいむら》高萩（現在・佐野市）の貧しい農家に生まれた。信仰深い母親の影響を受けて育ったが、足尾銅山の鉱毒被害に苦しむ渡良瀬川流域の人々の苦難を知り、貧富の差が拡大していく当時の社会状況にも疑問をもってもいたようだ（島薗、一九九九）。東京に出て郵便局員として働くうちに天理教に入信し、やがて天理教から分かれた大西愛治郎の「ほんみち（天理本道）」教団に加わった。ほんみちは一九二八年　天皇の統治を批判するキャンペーンを行ったが、これに加わって不敬罪容疑で一年近く入獄することになる。

特高の抑圧と神聖天皇崇敬の受け入れ（転向）

その後、砲兵工廠で働きながら、独自の信仰集団を育てるようになるが、一九三五年、天皇機関説事件への発言などをとがめられて、またしても不敬罪容疑で拘束されるなど、一九三九年に至るまで入獄を繰り返した。釈放されていた時期も、特高警察が頻繁に訪れ、その動静を見張っていたという。一九二〇年代には貧富の隔たりに疑問をもち天皇による統治の変革を展望する世直し的な要素をもった信仰だったのだが、次第に私生活上の内面的自己変革（心なおし）に教えが限定されるようになっていった。戦時下のマスコミや特高による「思想善導」の成果である。知識人がマルクス主義から親鸞に心を移していったのに対応するような「転向」と言える。

一九四一年に至り、退役した陸軍中将の支持を得て、修養団捧誠会として発足したときには、天皇崇敬を是とする立場に転向していた。その当時に成立し、戦後も維持されている主要な唱え言葉である、「誓《いのり》の詞《ことば》」の一部を紹介する。

かけまくもかしこき　すめみおやのみまえにつつしみおろがみまうさく　とよあしはらのみづほのくに

はあまつしるしのてりにてるかむながらのくに　ことたまのさきはふくにとかしこみてみたみわれいけるしるしあり（中略）

けふよりはじめてまことのみちをふみおこなひまことのわざをよろこびはげみ　すめらみくにのいしずゑとこそつかへなむ　みたみわれいけるしるしあり　あおくものたなびくきはみしらくものむかふすかぎりまことをかざしかことをささげてかしこくも　すめみおやのみたまのまへにかしこみかしこみちかひたてまつる

「すめみおや」「おほみこころ」「みたみわれ」などの言葉は国家神道や国体論との関係が深いものであり、もはや天理教的なコスモロジーの枠組みは見えにくい。戦時中には神聖天皇崇敬の信念の表明が信仰活動の大きな要素をなしていたはずである。戦後は教団全体として強く天皇崇敬を促すことはなかったが、天皇崇敬の念はゆるやかな形で維持されていくことになる。

出居清太郎がこうむった抑圧は、治安維持法と特高警察等による「思想善導」体制によって、神聖天皇崇敬が強化されていった過程を例示している。共産主義、社会主義に惹かれた、あるいは何とか自由主義を守ろうとした学生や知識人が「転向」へと導かれた過程は、思想の科学研究会グループによって研究されている。この研究の導き手であった鶴見俊輔は「もっと重要な仕事として、同じ時代における民衆の転向を主として記述する転向思想史が成り立つと思われる」（思想の科学研究会編、一九五九、二四～二五頁）と述べているが、「民衆の転向」は宗教史研究の課題と重なるところが大きいものである（鶴見、一九九一参照）。

神聖天皇崇敬に人々を向けていく仕組み

治安維持法は当初、共産主義の取締まりを主要な課題として意識して制定されたが、「国体の変革」が次第に強く意識されるようになり、取締りの範囲が拡充していった。一九二八年の昭和天皇の即位大礼はそのきっかけにもなった（荻野、二〇一二）。荻野富士夫は特高の上層部の人々の文章を引き、特高警察は早くから、単に「取締りや治安確保という「消極的待ち構え的態度」に限定せず」、「国民思想の指導」を任務とするという自覚をもっていたと論じている（同、三六〜三七頁）。

神聖天皇崇敬や国体論の鼓吹という点で、戦争の経験とマスコミによる宣伝や煽りがもたらした効果も小さくなかった。一九三二年の上海事変の際の爆弾三勇士の例を取り上げたい。上海事変とは、満州事変後に上海の共同租界周辺で起きた中華民国軍と日本軍の軍事衝突事件である。租界に進駐していた日本軍が中国兵に脅かされ、援軍がくるまでの間、苦戦のなかで英雄的な戦いをしたと讃えられた。なかでも廟巷鎮の戦闘で、鉄条網の高いフェンスを突破するために工兵が破壊筒を持っていって爆破させる作戦で、三人組が引き返してくるのが間に合わず、破壊筒とともに爆死してしまうという事態が生じた。この三人の工兵たちが、「爆弾三勇士」として英雄視されたのだ（上野、一九七一）。

日露戦争では、海軍の広瀬武夫中佐と陸軍の橘周太中佐が軍神として讃えられたが、「爆弾三勇士」は一般兵士が軍神として讃えられる最初の事例となった。軍国美談の新展開である。報道された直後から、三勇士の遺族のための寄付（恤兵金《じゅっぺいきん》）が続々と集まり、なかには、「三勇士の壮烈に感激した」日比谷小学校二年生四〇名が、「可愛いランドセルを背負って」陸軍省恤兵部に来て、小遣いを集めた八円五〇銭を「三勇士にあげて下さい」と差し出したために、「受取った将校も涙ぐんでゐた」というような逸話も伝えられた（『東京朝日新聞』二月二七日）。その日には、侍従武官長（奈良大将）から天皇への三人の死についての奏上があり、「御平生は御沈着そのもの、陛下にも痛く御感動遊ばされたのを拝し、奈良大将は竜顔を仰ぐさへ恐くに堪へず声を飲んで御前を退下した」という（山室、二〇〇七、一九四頁）。三月三日には、「忠魂肉弾三勇士」などの四本の映画が、三月中には八本の映画が封切られた。こうして「天皇にいのちを捧げる」ことを褒め称える気運が養われていった。

五　国家神道と「神道的イデオロギー」の浸透

神社を中心に捉えると見えにくくなる神道

この時期に神道が影響力を強め、国民生活により広くより深く浸透していったことは確かである。だが、この場合「神道」の語で何を指すかによって、その捉え方は異なってくる。わかりやすいのは神社参拝である。学校の生徒が神社参拝、とくに伊勢神宮に参拝する機会が増え、上智大学事件以後は大学生もそれを強いられるようになった。朝鮮のような植民地では小学生の神社参拝が内地以上になり、国内でも戦死者の増加とともに靖国神社や招魂社・護国神社の存在感が増していった。こうした変化については、本巻の第三章、第八章である程度述べられている。また、神社をめぐる制度についても、第二章であらまし述べられている。

しかし、神道の信仰に関わる観念や用語、また考え方やそれにそった実践や行動様式がどのように広められたか、またそれらとの関わりでの政治や社会制度がどのように展開したかについては、本巻でも正面から論じた章はない。筆者は神聖天皇崇敬の歴史をたどることの重要性について論じたことがある（前掲『神聖天皇のゆくえ』）。この場合、神社だけを見ていたのでは見えない側面が大きい。神聖天皇崇敬においては神社祭祀とともに皇室祭祀（や教育）が大きな役割を果たしている。明治以後の国家神道体制においては、「祭政一致」は柱となる理念の一つだが、皇室祭祀がその中核にあった。加えて、神聖な天皇を崇敬する、世界に類のない独自の国家体制という「神権的国体論」がある。憲法学者が大日本帝国憲法体制の基盤をなすと捉えている（佐藤、二〇一五）、この神権的国体論に関わる理念や用語があり、それらをめぐる言説や思想がある。これらが「神道」の信仰内容の主要構成要素であるという認識は、昭和前期にはかなり広く受け入れられていた（藤田、二〇一八）。

「神道的イデオロギー」の影響力強化

一九二六年から四五年に至る時期のこうした神道に関わる制度や言説について、神社神道の側から見た大きな見取り図を示した論考がある。すでに前節でも参照した、阪本是丸の「昭和期の「神道と社会」に関する素描――神道的イデオロギー用語を軸にして」（阪本是丸責任編集『昭和前期の神道と社会』弘文堂、二〇一六）である。この論考の冒頭で阪本は一九四〇年に成立した神祇院から一九四四年六月に刊行された『神社本義』を取り上げ、「神道的イデオロギー」や「神道的イデオロギー用語（神道的用語）」という用語を用いて、この時期の国体論と結びついた神道言説について論じている。阪本は「神道的イデオロギー」を「国家神道イデオロギー」と呼んでいる箇所もあるが（三六頁）、そのわかりやすい説明は以下の箇所であろう。

筆者が『神社本義』に関心を寄せるのは、何よりも『神社本義』が昭和十五年十一月に設置された神祇院の新たな「事務」である「敬神思想の普及」に関する最初にして最後の成果であり、神祇院流の「神道的イデオロギー」の表明と考えるからである。その神祇院の「神道的イデオロギー」を構成する中核的要素となるのが……筆者の称する神道的イデオロギー用語（以下「神道的用語」という。）である。だが一方では、その語句等をめぐってはこれまた様々な「権威ある解釈」が存在した。『神社本義』にはそうした「惟神の大道」や「皇道」、「祭政一致」、「現御神」、「天壌無窮」などの語句等があちこちに鏤《ちりば》められており、例えば「惟神の大道」などの神道的用語を神祇院がどう公式に理解し、説明していたかを知るための最も重要な公的文献と筆者は考えている。（三頁）

「現御神《あきつみかみ》」は「現人神《あらひとがみ》」と同様、天皇自身を神的存在とするもので、昭和初期まではさほど用いられなかった用語である。新田均が示しているように、学校教科書で「現人神」「現御神」あるいは「八紘一宇」が用いられるようになるのは、ようやく昭和一〇年代以降で、とくにアジア太平洋戦争期だという（新田、二〇〇三）。とはいえ、教育勅語の渙発以来、「天壌無窮」を掲げ神聖天皇崇敬を国民に広める上で、学校教育が果たした役割がきわめて大きいことは、拙著『国家神道と日本人』（岩波書店、二〇一〇）で論じたとおりである。

神祇特別官衙設置運動の限定的達成

一方、天照大神が天孫瓊瓊杵尊《ににぎのみこと》に授けた神勅とされる「天壌無窮の神勅」は日本書紀に由来し、「天壌無窮」の語は教育勅語で用いられており、神権的国体論の中核をなす用語の一つであった。では、「惟神の大道」はどうか。この語について阪本は次のように述べている。

「惟神の大道」について同書は、「惟神の大道とは、本居宣長が天皇の天下をしろしめす道であると解してゐるやうに、現御神にましまます天皇が神の御心のままにこの國を統治し給ふ道のことである。天神より承け継がせ給ふた天皇御統治の道であるから、神皇の道又は皇道ともいひ、廣くはこれを神道とも称する」と説明している。……筆者が重要と思うのは、『神社本義』には最も重要な神道的用語である「惟神の大道」ですら明確で具体的な説明がなされていないという事実である。昭和十九年六月の段階に至っても、「惟神の大道」は「神皇の道」や「皇道」と同義であり、広くは「神道」とも称するという説明しか出来ないことに国家（神祇院）の神道的イデオロギーの本質とその限界を見て取ることも可能であろう（三〜四頁）。

神社神道の地域社会での担い手の結合体である全国神職会は、明治中期から神祇特別官衙設置運動を行ってきた。地方の神社や神職の地位は低く、国家による財政的なサポートも少なかった。神社行政は政府の中でも当初は仏教等とともに教部省、後には内務省の社寺局に所属し、一九〇〇年になって内務省宗教局と分かれて内務省神社局の管轄となったが、明治維新期に目指された「神祇官」という国家の頂点に位置する地位とは大きな隔たりがあった。そうした段階から、ようやく一九四〇年になって内務省の外局という形ではあるが、「神祇院」という高い「特別官衙」らしき地位を得たのだったが、全国の神社や神職の立場から見れば、たいへん不十分な体制であり、全国の神社が「国家の宗祀」にふさわしい地位を得るにはほど遠いと感じる者も少なくなかった。

その神祇院から刊行された『神社本義』も「国家神道イデオロギー」をなぞってはいるが、伊勢神宮と皇室祭祀を頂点に、地方の神社も含めて尊ばれるような「敬神思想」が表に出ておらず、地域の神祇信仰を含めた上での神道の側面は抑制的にしか表現されていない、と阪本は捉える。文部省や軍部がそれぞれの思惑で説いてきた、独自の皇道論や日本主義や日本精神論を掲げる学者・論者たち、さらには仏教の立場から皇道論を掲げる人々など、さまざまな担い手が多様な「(国家)神道的イデオロギー」を説く状況が広がっていた。阪本が力点をおいて論じているのは、「神道的イデオロギー」は神職や神社関係者を中心に展開したわけではなく、さまざまな担い手があったのであって、これをあたかも統一した教義があって、神社界・神職層こそがその中心的な担い手であるかのように捉えるのは適切ではない、ということである。

文部省・軍部・内務省の宗教的な働き

では、「神道用語」や「神道的イデオロギー」がまとまりはなくてもかくも広く流布されるようになったのはなぜか。阪本はまず、詔勅等の影響について述べている。たとえば、一九二六(大正一五)年一二月二五日、大正天皇の崩御とともに元号が昭和と改められたが、践祚したばかりの昭和天皇の「朝見の儀」において、「有司」に「億兆臣民ト倶ニ天壌無窮ノ寶祚ヲ扶翼セヨ」との勅語が下された。阪本は「天壌無窮ノ神勅」の用語は昭和前期に広まったが、この勅語の影響が大きいのではないかと示唆している。続いて一九二八年の即位式のときの勅語があるが、それについてはこの総論の冒頭に触れた。

学校教育の重要性についてはすでに述べたが、学校教育に関わる文部省とともに軍部の貢献も大きい。阪本は、陸軍大臣を経て一九三七年に首相となった林銑十郎(八~九・二六~二八頁)や、陸軍皇道派の総帥とされ、二・二六事件後、軍を離れるが、その後、文部大臣を務めたり、国民精神総動員委員会の委員長を務めた荒木貞夫（一八〜一九頁）についてその役割が大きかったことを述べている。そして、両者がともに陸軍の教育総監部の本部長を務めた経歴をもつことに注目している。陸軍の教育総監は高い地位をもち、教育総監部は神聖天皇崇敬思想の普及・強化に力を注ぐ部署である。「祭政教一致」という理念の「教」の部分を文部省とともに軍も担うという意気込みと関わっている。上智大学事件は軍部の役割の大きさを示す例である（一八〜二〇頁）。日中戦争が始まり、やがてアジア・太平洋戦争へと拡大するにつれ、多数の戦死者が出て、陸海軍所管の靖国神社の地位が高まったことも軍部の宗教的役割という点で重要である。

内務省でも神社局と警保局が競って「神道的イデオロギー」の鼓吹を進め、思想検事を擁する司法省もそこに加わる。文部省は一九三五年の国体明徴運動において、今こそとばかり「その存在感を示すために「国体明徴」に全力を投球する姿勢」を示した（二三頁）。「国体明徴」に火をつけたのは在野の日本主義運動家たちだが、軍部も官僚機構もそれを追い風として「神道的イデオロギー」の鼓吹に努めていく。天皇機関説批判をしかけた蓑田胸喜のグループのような在野の神道的皇道的諸集団の貢献も大きい。神社界も並行して「敬神思想」に力点を置きながら「神道用語」の隆盛に貢献するが、けっして主導的な役割を果したわけではなかった、阪本はそう捉えている。多様なエージェントが「国家神道イデオロギー」の鼓吹に多くの力を投じたのは確かだ。

六　本書の構成

各章の主題について

まず、第二章から第八章までについて概観する。

第二章「思想と宗教の統制」(植村和秀)は、宗教団体を位置づける法制が欠けており、ようやく一九三九年に宗教団体法が公布されるに至る経緯について、ついで神社が国家行政上の高い地位を得るべく求めていた「神祇特別官衙」の設置がようやく一九四一年に実現した経緯について論じ、信教の自由を掲げる宗教団体の抵抗がそれなりの力をもっていたことを示している。最後に、一九二六年に成立した治安維持法が果たした役割について述べているが、大きな統制機能を担ったのはこちらである。

第三章「植民地における宗教政策と国家神道・日本仏教」(川瀬貴也)は、主に台湾と朝鮮を取り上げ、現地に根をおろしている諸宗教と、日本から進出する諸宗教を植民地統治に利用しようとする動きと、学校等を利用して神社参拝を剥き出しで強制しようとする動きについて概観している。とくに後者は「同化主義」「皇民化」のエージェントとされたが、反発も大きかった。戦後、日本宗教の影響がほとんど残らないという結果に終わった所以である。

第四章「戦争協力と抵抗」(大谷栄一)は、宗教教団や宗教者を中心に、主に一九三七年以後の日中戦争の時期の、戦争への協力と抵抗について述べている。三七年に国民精神総動員運動が始められ、諸教団は国内での「銃後」の活動、中国での宣撫と文化工作について、また戦争への抵抗の姿勢を示す宗教者の非戦・反戦論の例について述べている。この時期の「協力」はさほどの規模のものではなかったとされるが、その後の時期との対比も必要だろう。

第五章「昭和初期の新宗教とナショナリズム」（對馬路人）は、一九二〇年前後から一九四五年の敗戦前後までの時期に新たに台頭し、急速に拡大した二つの新宗教、ひとのみち教団と生長の家と、すでにそれ以前に発展期を迎えていた大本教を取り上げて、これらの教団の急成長が同時代の日本社会の都市化と深く関わっていたことを示すとともに、愛国主義的な社会や戦時体制に向かう国家との間にどのような葛藤を生じたかについて考察している。

第六章「戦争・哲学・信仰」（藤田正勝）は、一九三〇年代から一九四五年に至る時期の京都帝国大学の哲学教授、西田幾多郎と田辺元、とくに後者の思想の展開について述べている。学問の自由の侵害とされる一九三三年の滝川事件に触発され、「種の論理」を通して国家・民族と個人の自由や普遍的な類の共同性の関係づけを目指したが、一九四一年から一九四三年にかけて皇道論に流されるに至った。しかし、一九四四年以後、その反省から親鸞の宗教思想を媒介に「懺悔道の哲学」へと向かう――以上の過程を解きほぐしている。

第七章「超国家主義と宗教」（藤田大誠）は、米軍が占領政策で用い、続いて丸山眞男が戦時期の天皇制の分析のために用いた「超国家主義」という語を、「超国家」「全体主義」「国家を超える宗教」等の使用例と関連づけて検討し、その意義が不明瞭であることを示している。この語を「昭和維新」の思想分析に用いた橋川文三の影響が今に及んでいるが、分析用語になりえていないとする。

第八章「戦時下の生活と宗教」（坂井久能）は、生活のなかでの宗教、社会史的に捉えられる宗教という観点から戦時下の宗教の変化を描いている。軍隊における営内神社、学校生活における神聖天皇崇敬や神社参拝、戦没者の慰霊は昭和前期、とりわけ戦時期に顕著に浸透度を増した。これは宗教団体から見たのでは捉えられない、この時期の日本社会における宗教実践の重要な変化を示している。

コラムについて

六篇のコラムについて述べる。「霊性の詩学」(若松英輔)では三木清について、「天皇機関説と筧克彦」(西田彰一)では国体明徴運動による筧の天皇理解の変化について、「懺悔のラジオ講演者・永田秀次郎」(坂本慎二)では、東京市長も務めた永田の「懺悔」の語りなどについて、「国体論」(昆野伸幸)では、右派イデオローグの国体言説の動向について、「近代の日中仏教交流」(エリック・シッケタンツ)は日本の対中政策を批判した日本人僧侶の活動も含めて多様な交流について、「仏教の南方進出」(大澤広嗣)では、東南アジアでの宣撫工作に携わった仏教者たちについて、論じられている。七つの章の論考とは異なる視野からの時代の宗教を見る、それぞれに独自の視角が示されている。

方法論からの関連づけ

「はじめに」で述べたように近代日本宗教史を理解するには宗教制度と宗教集団・宗教者に注目することが重要なのはいうまでもない。第二章、第四章、第五章はそこに力点がある。だが、現代の宗教では、制度的に扱われる宗教集団にだけ目を配っているのでは見えない側面が大きい。この総論とともに、第三章、第八章とコラムはそのような視座を重視した叙述が多い。「思想」を扱う場合も、宗教者だけでなく、学者・軍人・政治家・官僚などの名も度々登場する。第六章、第七章はそのことをよく示している。近代日本の宗教史のなかでも昭和前期は、とくに「宗教」概念を問い返す必要が大きい時期である。

参考文献

市川白弦（一九七五）『日本ファシズム下の宗教』エヌエス出版会
上野英信（一九七一）『天皇陛下万歳——爆弾三勇士序説』筑摩書房
大谷栄一（二〇一九）『日蓮主義とはなんだったのか——近代日本の思想水脈』講談社
荻野富士夫（二〇一二）『特高警察』岩波書店
佐藤幸治（二〇一五）『立憲主義について——成立過程と現代』左右社
島薗進（一九九九）『時代のなかの新宗教——出居清太郎の世界 1899-1945』弘文堂
——（二〇一九）「禅・皇道・戦争——皇道禅を導き出したもの」『別冊サンガジャパン増補版　禅——ルーツ・現在・未来・世界』サンガ
杉本五郎（一九三八）『大義（普及版）』平凡社
——（一九四三）『大義（小型版）』平凡社
鈴木範久（二〇一〇）『信教自由の事件史——日本のキリスト教をめぐって』オリエンス宗教研究所
思想の科学研究会編（一九五九）『共同研究　転向』上、平凡社
鶴見俊輔（一九九一）『戦時期日本の精神史　一九三一—一九四五年』岩波書店
西山俊彦（二〇〇〇）『カトリック教会の戦争責任』サンパウロ
新田均（二〇〇三）『「現人神」「国家神道」という幻想』ＰＨＰ研究所
藤田大誠（二〇一八）「「国家神道」概念の近現代史」山口輝臣編『戦後史のなかの「国家神道」』山川出版社
村上重良編（一九八三）『正文訓読　近代詔勅集』新人物往来社
山室建徳（二〇〇七）『軍神』中央公論新社

第二章　思想と宗教の統制

植村和秀

一　近代国家と日本の宗教

近代国家による近代化の一般的傾向

昭和戦前期の日本において、政治と宗教の関係は、政治の優位の下に進行することとなった。日本国家は軍事的に日本史上最強となり、国内の宗教団体は、強大化した日本国家にますます従属的になっていったのである。

昭和初期の日本国家は、第一次世界大戦の戦勝国として一九二〇年の国際連盟創設に参加し、イギリス、フランス、イタリアとともに常任理事国であった。明治維新以来の近代化の成功によって、日本国家は世界強国の座を占めるに至ったのである。一九三三年に国際連盟からの脱退を通告した後も、世界強国としての日本の存在感は、その積極的な軍事活動によってさらに増大した。昭和戦前期の日本国家は、建国以来最大の領域を東アジア、東南アジア、太平洋方面で支配し、日本国民は、これら諸領域で圧倒的に優越的な立場を獲得していくのである。

これに対して、神道系や仏教系の宗教団体は、有力な国際的ネットワークを構築しておらず、そのようなネットワークを有するキリスト教系の宗教団体は、国内で有力ではなかった。しかも、宗教が政治に優位すべきであるとか、宗教が政治権力に対抗すべき、あるいは対等であるべきと主張する思想は、きわめて弱かった。政治が強くなり、宗教が強くならない力関係のなかで、宗教活動と宗教団体は、近代国家の政治権力にますます実質的に管理されていくこととなる。

もとより、近代国家と宗教との関係は、前者が優位に立つのが通例であり、日本の事例もその一例にすぎない。近代国家は、国外の宗教団体からの人的な支配関係を排除するとともに、領域内の宗教団体の武装を解除し、物理的暴力を独占して国家の法による支配を貫徹することに努力してきた。近代国家を支える主権国家の仕組みは、領域支配の完全な実現を目指すものであり、宗教団体もその支配の対象であったからである。それゆえ、宗教団体が連携して国際的に活動することも、武装して国家の権力に服さないことも、国家の法から限定的であれ自立することも、近代国家には基本的に好ましくない、もしくは許容できないことであった。

これに加えて近代国家は、領域内の住民とのあいだに、外面的な関係のみならず、内面的な関係も構築しようとした。住民を国民化し、国家を自分たちの国家と感じさせるようにすることが、主権国家の仕組みを円滑に機能させ、国家の権力を増大させることになるからである。精神面でも生活面でも、国家が住民にとって不可欠のものとなるように、国民国家の仕組みが構築され、その障害となるものは排除され、活用可能なものは活用されていった。要するに、近代国家が推進する近代化において、主権的な国民国家の仕組みは宗教を呑み込んでいく方向に働いたのである。

ただし、そのような一般的傾向は具体的な事例ごとに独自の特徴を有してもいた。昭和戦前期の日本の事例に限定していえば、日本独自の宗教事情と第一次世界大戦以降の二〇世紀的事情とが交錯して、この時期の特徴を形成していたのである。

日本の宗教事情と宗教法・宗教行政

明治維新以降、日本国家は欧米風の近代国家建設へと進んでいった。しかし、神道や仏教などが複雑に絡み合った日本の宗教事情は、キリスト教が主流である欧米諸国とは根本的に異なっており、欧米風の仕組みとの相性が悪かった。それもあって、宗教に関する基本法の制定は明治以来何度も挫折し、宗教団体の運営に限定した宗教団体法が帝国議会で成立したのは一九三九年のことであった。提出時の内閣総理大臣は平沼騏一郎、文部大臣は荒木貞夫、文部省宗教局長は松尾長造である。

最初の宗教法案は、一八九九（明治三二）年に帝国議会に提出され、先に審議した貴族院で否決された。大正期に法案の提出はなく、岡田良平文部大臣が意を決して提出した一九二七年の宗教法案は、貴族院で審議未了となった。宗教団体法案に方針を転換して、一九二九年に勝田主計文部大臣が提出した法案も審議未了となり、一九三五年に松田源治文部大臣が宗教制度調査会に諮問した草案は、後に撤回されることとなった。複雑な宗教事情に由来する四〇年来の懸案は、一九四〇年施行の宗教団体法（昭和一四年四月八日法律第七七号）によって、ようやく法的な区切りが付いたのである。

ただしこの法律は、国家が管理する神社には適用されず、神社に関する基本法の制定はついに実現できなかった。このような法的状況が根本的に変化するのは、一九四五年に宗教法人令（昭和二〇年一二月二八日勅令第七一九号）が施行されて以降のことである。敗戦後、連合国軍最高司令部によって宗教団体法の廃止が命じられ、神社の国家管理が廃止させられて、法的な一本化が実現したのである。

法的に異例な状況は、宗教行政の複雑さとも連動していた。昭和初期の宗教行政は、宗教行政を担当する文部省宗教局と、神社行政を担当する内務省神社局とで別々に行なわれ、神社は宗教ではないとの行政上の取り扱いが継続していた。国家が管理する神道は宗教ではなく、神社行政は宗教行政ではない、という明治以来の政府の方針に変化はなかったのである。

この状況のなかで、経済的不遇への強い不満を持つ神社関係者は、明治以来、神祇特別官衙《かんが》設置運動を繰り返し行ってきた。度重なる挫折の末に、この運動は、神社制度調査会の建議を経て、敬神思想の普及を担当事務に加えた神祇院を内務省の外局として設立することで落着した。長年の懸案は、こちらでも一九四〇年に、一応の行政的な区切りがついたのである。

一九四六年に宗教法人令が改正され、神社も宗教法人とみなされることとなり、複雑な行政状況はついに解消されるに至った。ここまで、文部省が実務の多くを内務省色の強い地方行政に依存し、内務省が文部省内の人事で優位に立つなどの関係はあったものの、近代日本の宗教行政は二元的に進行してきた。これ以降の宗教行政は、中央では文部省に一元化され、現在は、文部科学省の外局である文化庁の担当となっている。ただし、都道府県に実務の多くを依存することは変わっていない。

明治以来の二系統の法律と行政は、後世に複雑な仕組みを積み上げることとなってしまった。神道の一部を教派神道として、神社行政ではなく宗教行政側に組み入れるという工夫や、宗教の基本的な法律の成立が難航し、神社の基本的な法律が制定できなかった経緯は、この複雑さに連動している。以下の第二節では、法と行政、政策の状況を確認し、二〇世紀の政治事情が政策にどのような影響を与えたのかを検討する。次の第三節では、宗教行政を担当する文部省側の動向を追跡し、第四節では神社行政と警察行政を担当する内務省側の動向を追跡していくこととする。

二　法・行政・政策の状況

宗教に関する法的な枠組み

まずは日本の宗教事情と宗教法との関係である。昭和初年に至っても、宗教団体への法的な規制枠組みは、明治一七年太政官《だじょうかん》第一九号布達《ふたつ》が基本であった。明治一七年は一八八四年であり、布達時の太政大臣は三条実美、内務卿は山県有朋である。同布達は、「自今神仏教導職を廃し寺院の住職を任免し及教師の等級を進退することは総て各管長に委任し更に左の条件を定む」として、第一条から第五条を以下のように定めている。

第一条では、「各宗派妄りに分合を唱え或は宗派の間に争論を為す可らず」とし、第二条では、「管長は神道各派に一人仏道各宗に一人を定む可し」とする。第二条では補足として、神道で数派連合の管長を一人置くこと、仏道で各派管長を一人置くことを認めている。第三条以降には、内務卿の認可を得るべき事項が定められている。

第三条には、「管長を定む可き規則は神仏各其教規宗制に由て之を一定し内務卿の認可を得可し」とあり、第四条では、「管長は各其立教開宗の主義に由て左項の条規を定め内務卿の認可を得可し」とある。この条規の項目は列挙されており、神道管長であれば「教規」、「教師たるの分限及其称号」、「教師の等級進退」、仏道管長であれば「宗制」、「寺法」、「僧侶並に教師たるの分限及其称号」、「寺院の住職任免及教師の等級進退」、「寺院に属する古文書宝物什器の類を保存する事」である。第五条では「仏道管長は各宗制に依て古来宗派に長たる者の名称を取調べ内務卿の認可を得て之を称することを得」とある。

この布達が廃止されたのは、一九三九年に成立し、一九四〇年四月一日から施行された宗教団体法の附則によってであった。同第三〇条に、「明治六年太政官第二四九号布告、明治一〇年太政官第四三号布告及明治一七年太政官第一九号布達は之を廃止す」とあり、半世紀以上にわたって法的な効力を有し続けた枠組みは、ここで転機を迎えたのである。なお、同時に廃止された布告の内容は、社寺の財産処分についての規制である。

一八八四年の布達が一九四〇年まで有効であったということは、半世紀以上にわたって宗教に関する基本的な法律を制定できなかった、ということである。その大きな原因は、一八八九年に公布され、一八九〇年に施行された大日本帝国憲法にあった。憲法は、第二八条で「日本臣民は安寧秩序を妨げず及臣民たるの義務に背かざる限に於て信教の自由を有す」と定める一方、神道の位置付けを特に定めず、政治と宗教と神道の関係を曖昧なものとしたのである。しかも、神社に関する基本的な法律は、ついに制定することができなかった。「神社行政を支配した一大法典―神社法というようなものは存しなかった」とは、神社局・神祇院に長く勤務した梅田義彦の言である（梅田義彦『改訂増補　日本宗教制度史〈近代篇〉』東宣出版、一九七一、二四頁）。

また、宗教法人の法的な位置付けも実は不明瞭であった。一八九八（明治三一）年施行の民法（明治二九年四月二七日法律第八九号）は、旧第三三条で「法人は本法其他の法律の規定に依るに非ざれば成立することを得ず」とし、旧第三四条に、「祭祀、宗教、慈善、学術、技芸其他公益に関する社団又は財団にして営利を目的とせざるものは主務官庁の許可を得て之を法人と為すことを得」と定めていた。しかし、民法と同日施行の民法施行法（明治三一年六月二一日法律第一一号）は、旧第二八条に「民法中法人に関する規定は当分の内神社、寺院、祠宇及び仏堂には之を適用せず」と定めていた。同条が明確に削除されたのは、実に、一九五一年施行の宗教法人法（昭和二六年四月三日法律第一二六号）の附則第二五項の改正指示によってなのである。

法と行政と宗教法人との関係は複雑であり、長く「法規の不明不備をかこつ」（井上、一九七二、二四〇頁）状態であった。先述の宗教団体法は、この関係に一応の決着を与えたのである。この決着は、宗教制度調査会や貴族院での審議を受けて文部省と司法省、法制局とで宗教法人の位置付けを再調整するなど、宗教関係者の意向も踏まえてのものであった（林義大「戦前期日本における「宗教法人」制度の成立過程——法人法制としての宗教団体法」『九州史学』第一八二号、二〇一九、六一～七〇頁）。これに対して、同法適用外の神社は公法人として、学説的には営造物法人とされていたものの、その位置付けが関係者の理解を十分に得ていたわけではなかった（河村忠伸『近現代神道の法制的研究』弘文堂、二〇一七、五・四六頁）。

宗教に関する行政の枠組み

それでは行政の状況は、どのようなものであっただろうか。内務省の社寺局は一九〇〇（明治三三）年に神社局と宗教局に分かれ、宗教局は一九一三（大正二）年に文部省に移管された。文部省宗教局は一九四二年まで存続し、改組されて教化局宗教課となり、一九四三年には教学局に吸収されて局内の宗教課となる。さらに敗戦後の一九四五年一〇月には、社会教育局宗務課となっている。神社局は一九四〇年に神祇院に昇格したものの、一九四六年には神祇院が廃止され、内務省も一九四七年一二月三一日に廃止されている。この間、一九四六年に神社は宗教法人とみなされ、文部行政の対象に移っている。令和初年の宗教行政は、文化庁宗務課の担当である。

昭和戦前期の歴代宗教局長は、下村寿一、西山政猪、下村寿一、菊沢季麿、高田休広、松尾長造（一八九一～一九六三）、阿原謙蔵であり、初代で最後の教化局長は阿原である。松尾が東京帝国大学文科大学、阿原が京都帝国大学法学部である以外は、全員、東京帝国大学法科大学または法学部の卒業生である。また、西山と松尾のみが文部省入省であり、他は全員、内務省入省である。文官高等試験には、松尾以外全員が合格している。逆に言えば、一九二四（大正一三）年から一九三二年まで宗務課長（一九二四年改称前は第一課長）であった松尾が、宗教団体法案の成立を期して、一九三七年に大抜擢された、ということである（大澤広嗣「宗教団体法制定と文部省宗教局長の松尾長造」『仏教文化学会紀要』第二二号、二〇一三、四六～五〇頁）。

昭和戦前期の歴代神社局長は、赤木朝治、大海原重義、吉田茂、池田清、石田馨、館哲二、児玉九一、中野与吉郎、飯沼一省（一八九二～一九八二）である。神祇院総裁は内務大臣の兼任であり、副総裁は飯沼であった。全員、東京帝国大学法科大学または法学部の卒業生であり、内務省入省、文官高等試験合格者である。なお飯沼は、一九二八年から一九三一年まで内務書記官兼造神宮主事・神社局総務課長を務め、一九四〇年に神社局長に就任し、同年から初代で最後の神祇院副総裁となって敗戦を迎えている（戦前期官僚制研究会編・秦郁彦『戦前期日本官僚制の制度・組織・人事』東京大学出版会、一九八一参照）。

つまり、昭和戦前期に宗教行政・神社行政を担当した歴代局長は、文部省内務省とも、ほぼ全員東京帝国大学法科大学または法学部の卒業生であり、内務省入省だったのである。

他方、地方庁において宗教行政・神社行政を担当したのは、昭和戦前期にはおおむね、学務部社寺兵事課であった。一九二六（大正一五）年の地方官官制の改正によって、各府県には原則として知事官房、内務部、学務部、警察部が置かれ、社寺及び宗教に関する事項は、学務部の担当となったためである。

なお、神社行政に関しては、「神職・神官の人事権をつうじて、官国幣社は内務省と地方庁が支配し、府県社以下の神社は地方庁が、神宮は内務省が支配する」という仕組みであった（副田、二〇一八、二九〇頁）。ちなみに、一九三六年の神社は、神宮と官国幣社が一九八、府県社が一〇六九、郷社三六〇七、村社四万四八八四、無格社六万一〇九五に上り、神官・神職の総計は一万五八〇〇人であった（副田、二〇一八、五四四頁）。

二〇世紀の政治事情と日本の宗教政策

法や行政による宗教団体への統制それ自体は、近代国家の建設において必要なものである。ただ、日本政府が試行錯誤し、結果として、法律と行政を二系統に分ける宗教政策を採ったことは、日本の事例の顕著な特徴であった。それは、日本の宗教事情を踏まえたものであると同時に、日本の宗教事情を変化させていく動因ともなったのである。

この明治以降の新しい枠組みのなかで、宗教団体は適応したり要求したり、ときに反発したりしながら、さまざまに変容していった。しかも、近代化が進むにつれて新しい問題が国内外に生じ、そちらからも宗教団体は変容を促されていく。昭和戦前期については、とりわけ、二〇世紀の政治事情が強烈な影響を与えていくのである。

二〇世紀の政治事情の画期は、総じて、第一次世界大戦に求められている。この世界戦争は、かつてない規模での人的・物的な損失をヨーロッパにもたらし、ヨーロッパ人の進歩への自信を打ち砕いた。ヨーロッパの没落が声高に語られ、ヨーロッパの勝者も敗者も消耗し、ヨーロッパ外のアメリカやソヴィエト連邦、日本といった諸国家が台頭していく。ヨーロッパを世界の最先端と仰ぎ、ヨーロッパ文明を模倣する理由も必要も、ここで大きく失われたのである。

その一方で、量的にも質的にも、戦争がかつてと次元を異にするものとなったことは、総力戦体制構築の必要性を多くの優秀な人物に痛感させることとなった。あらゆるものが政治化し、戦争が全面的になる状況で、強国としての存続を目指して、各国で新しい動きが目立っていく。総力戦体制とは、「社会総体を戦争遂行のための機能性という一点に向けて合理化するもの」であり、そのための改革を必要とするからである（山之内靖『総力戦体制』ちくま学芸文庫、二〇一五、六六頁）。

ただし、ここでもやはり、一般的傾向は具体的な事例ごとに独自の特徴を持つ。日本では、天皇が絶大な権威と権力を持つとともに、有力な政治集団が分立し、国家運営は暴走し迷走した。陸軍と海軍、内務省などの有力集団が、互いに足を引っ張り合い続けたのである。しかも、一八九〇年施行の大日本帝国憲法は、第一次世界大戦後の世界的変化のなかでも改正されず、その運用は良くも悪くも中途半端なものとなった。アメリカ大統領のような政治的指導力を誰かが発揮することは難しく、ソ連共産党のように政治集団を横に束ねる組織も存在しないまま、日本国家は、総力戦の時代を進んでいったのである。

満洲から東アジア、東南アジアから太平洋などへと戦場が拡大するなかで、内務省や文部省の政策の焦点は、陸海軍と同様に、戦争への総動員にますます合わせられていった。こうして、法や行政による宗教団体への統制は、とりわけ昭和戦前期に戦争への総動員のための統制となり、思想や団体の権力的取り締まりは、人間の主体性の動員と連動していくこととなったのである。

三　文部省の動向と宗教団体法

法案の挫折と宗教団体法の成立

昭和戦前期に文部省が提出した宗教法案は一九二七年に、宗教団体法案は一九二九年と一九三五年に挫折した。一九三九年四月八日に公布され、一九四〇年四月一日に施行された宗教団体法は、まさに、宗教局の長年の懸案の達成であり、日本における政治と宗教の関係に新時代を画するものだったのである。なお、これら法案の関係資料は、龍谷大学宗教法研究会が編集し一九九三年に刊行した『宗教法研究　第一二輯』にまとめられている。

それではなぜ、ここまで法案成立が難航したのか。宗教局長を二度務めた下村寿一は、日本の宗教行政の根本方針が、明治一七年の太政官布達による政教分離制度と憲法第二八条の信教自由の原則の二つにあると指摘し、それらに基づく法律の制定が、複雑な宗教事情のなかで至難の業だった、と回顧している（下村寿一「明治以来の宗教行政」『文部時報』第七三〇号、一九四一、八八～九〇頁）。

文部省の担当は、内務省担当以外のすべての宗教であり、教派神道系、仏教系、キリスト教系、新宗教系の多種多様な宗教団体であった。この複雑な宗教事情のなかで、信教自由をどのように制限し、どのように制限してはならないかは、きわめて難しい問題であった。当時の著名な憲法学者であった東京帝国大学法学部教授の美濃部達吉（一八七三〜一九四八）の解釈を、ここで紹介しておこう。

美濃部は、一九二七年に有斐閣から刊行した『逐条憲法精義』で、信教の自由が制限されるのは、社会的秩序、とりわけ善良なる風俗と両立しない場合、「国家及び皇室に忠順なる義務」、神宮等に不敬の行為をしない義務、兵役や国民教育を受ける義務などを否定したり排斥したりする場合のみとし、それ以外では法律によっても制限できない、と力説している（三九七〜四〇一頁）。これは、信教の自由を制限することも、制限する方法についても慎重を期すべきという主張につながるものである。

しかし日本の宗教政策は、この頃すでに宗教団体の動員へと進んでいた。日本政府は、一九二一年の「第一次大本教事件に見られるように新興宗教団体の取り締まりに意欲を見せるとともに、既成宗教団体を諸種の教化運動に向けて動員すること」を試みていたのである（赤澤、一九八五、一〇九頁）。

赤澤史朗は、一九二七年と一九二九年の法案挫折には、信教自由論が大きな役割を果たしたと指摘し、両法案は「自由な宗教活動一般を規制しようとする」ものであったと総括している（赤澤、一九八五、一六六頁）。政教分離と信教自由、取り締まりと団体動員、これらの流れが渦巻くなかに、挫折した諸法案は立っていたのである。

これに対して、一九四〇年の宗教団体法案の成立は順調であった。その趣旨について、まずは提案者の側から見てみよう。文部省宗教局長松尾長造氏述『宗教団体法解説』は、公布から間もない六月二七日付で仏教連合会から刊行された小冊子である。ここで松尾は、制定の理由として、（一）現行法規の混乱を整理し宗教行政を簡易化すること、（二）宗教団体の法上の地位を明確にすること、（三）キリスト教などの諸教団の法上の地位を確立すること、（四）宗教団体の財産の管理規定を確立すること、（五）宗教団体を保護して国家社会のために活動してもらうこと、（六）宗教団体・宗教結社等の監督規定を整備して不祥事件を予防すること、（七）新宗教や外来宗教に宗教行政上の枠組みを提供することの七つを挙げている（五～一八頁）。そのうえで松尾は、三七の条文を一条ずつ解説し、実施後の影響として以下の六点を挙げている。すなわち、宗教行政の能率増進、宗教団体の活動能力増進、法人化による能力向上、監督規定の明示による活動の敏活化、宗教結社の監督による健全育成、中国大陸方面への宗教的な文化工作の可能性である（三九～四三頁）。

これに対して行政法学者の解説はどうであろうか。前述の美濃部は一九三五年の天皇機関説事件で政治的に失脚させられ、憲法学者として活動できなくなっていた。しかし、研究活動は続けており、行政法学者として、大著の『日本行政法』を有斐閣から刊行している。その下巻は一九四〇年四月一五日付の刊行であり、「保護及統制の法」の章のなかで「宗教及宗教団体」が論じられている。刊行は宗教団体法施行直後であるが、執筆は施行日以前である。

ここで美濃部は、教派神道と仏教が「国家の公認教として行政上特別の保護及び統制」を受けてきたと指摘し、管長の勅任官待遇などの各種優遇を列挙する（五六四～五六五頁）。そして、今回の宗教団体法は神道仏教関係の法令を統一して「近代化」し、キリスト教その他の宗教団体を同列に置いて「新に国家の保護統制の下に置く」ものであるとする（五六六頁）。その解説を要約すると、宗教団体法の要点は以下である。

既存の神道各教派と仏教各宗派の制度はほぼ従来通りながら、それぞれ教規と宗制を詳細にして施行後一年以内に主務大臣の認可を受けなければならない。なお、教派と宗派は法人として認可を受けることが新たにできるようになる。仏教系既存寺院は「慣習法に依り」従来も法人と認められていたが、今回全て法人と明記される。ただし、寺院規則を定めて総代の同意と管長の承認のうえ、施行後二年以内に地方長官の認可を受けなければならない。寺院以外は一括して教会と称し、教会規則を定めて設立と法人化に地方長官の認可を受けなければならない。キリスト教その他の宗教の包括組織として教団の設立を新たに認め、教団規則を作成して設立と法人化に主務大臣の認可を受けなければならない（五六六〜五七一頁）。

宗教団体は教派、宗派、教団、寺院、教会のいずれかであり、これ以外を宗教結社と称する。宗教結社は、規則を定めて組織後一四日以内に地方長官に届出をしなければならない。なお、認可された宗教団体は保護と統制を受け、宗教結社は統制のみを受けることとなる。また、宗教団体法と同日に成立した「寺院等に無償にて貸付しある国有財産の処分に関する法律」（昭和一四年四月八日法律第七八号）は、国が無償貸し付けしてきた土地を、寺院または教会に、その申請を受けて譲渡、もしくは時価の半額で売却することを可能とするものである（五七一〜五七四頁）。

宗教団体法の保護統制

宗教団体法による宗教団体への保護と統制、宗教結社への統制は、その申請と運用の過程で宗教行政の動向に直結させられることとなった。とりわけ既存の宗教団体については、施行後短期間に各種内規を整備し、団体内の手続きを経て、文部大臣や地方長官の認可を受けなければならず、一九三九年頃の時点での行政の動向が特に重要である。なお、松尾局長は成立直後の四月一三日に功成って退任し、阿原謙蔵が宗教局長に就任している。

宗教団体法の作成と制定に際しては、国家管理の神社は対象外とされ、信教自由の論争を考慮して条文が少数に絞られていた。一九二七年提出の宗教法案は一三〇条、一九二九年提出の宗教団体法案は九九条であったのに対し、一九三九年案は三七条である。条文は簡素化され、帝国議会の厳しい審議に耐えるよう作成されている。当時宗教局に勤務した井上恵行《えぎょう》は、この法律では取り締まり規定が「具体的列挙的に設けられ」、「監督官庁の不法・違法の処分」を防ぎ、「新たに訴願・訴訟の道が開かれたのだから」、信教の自由が「さらに強調され確保されたことになったとも考えられる」と一九七二年に評価している（井上、一九七二、二四二頁）。

ただし井上は、「認可するかしないかは、全く所轄庁の自由裁量に任されていたから、法定の一件書類が一切提出されたからといって、必ず認可されるとは限らなかった。その認可の標準の内容も、許可主義の旧制時代にくらべて大同小異で、やはり相当厳重なものであった」とも証言している（井上、一九七二、三九一頁）。宗教団体法には財産管理のための保護規制の条文に加えて、第二二条に、認可された宗教団体のすべてに所得税などを課さないとの優遇が明記されていた（井上、一九七二、二四〇〜二四一頁）。文部省とすれば、優遇を伴う認可は厳密に行なうべきであるし、認可申請をする宗教団体としては、事前相談をして宗教局の指導を仰がざるをえなかった。保護を与えるがゆえに統制を強化する、という関係である。

なお、宗教団体法の条文数は少ないものの、その実施のための宗教団体法施行令（昭和一四年一二月二三日勅令第八五六号）は四三条、宗教団体法施行規則（昭和一五年一月一〇日文部省令第一号）は七五条となっている。この他にも関連する法令は多岐にわたり、文部省や地方庁などへの申請手続きは複雑であった。たとえば奈良県では、学務部社寺兵事課が一九四〇年一一月に『宗教団体法関係法令諸手続集』を非売品として刊行し、そこに奈良県の宗教団体法施行細則（昭和一五年六月一日奈良県令第三〇号）二二条と知事宛申請書類書式を収録し、申請の手引きとしている。

全国の教派、宗派、教団、寺院、教会がいっせいに認可申請を行ない、宗教結社の届出申請も加わるわけであるから、宗教局や社寺兵事課が事務に追われたことは想像に難くない。その申請手続きのなかで浮上してきたのが、宗教団体法第五条第一項にある「教派、宗派又は教団は主務大臣の認可を受け合併又は解散を為すことを得」の規定、すなわち宗教団体の合同である。文部省への認可申請の結果は、既存の神道教派一三派は変わらず、既存の仏教宗派は一三宗五六派から二八宗派となった。合同が多かったのは臨済宗系であり、次いで真言宗系である。これに対して、真宗系はまったく合同をしなかった。

キリスト教系では一九四一年に、日本天主公教教団と日本基督教団の二つが新設を認可された。カトリック教会は前者となり、プロテスタント系は三〇ほどの教派が合同して後者となった。その際、「外国人司祭・宣教師が責任ある地位を保持した例は一つも」ないとの指摘があり、法律にも施行規則にも施行細則にも書かれていないが、「文部省当局による強力な行政指導があった」と推定されている（戒能信生「日本基督教団」キリスト教史学会編、二〇一五、三八頁）。

このように、宗教団体法には法と行政による保護と統制の両面があり、成立後の行政実務にも踏み込んで、その歴史的位置付けを判断する必要がある。真宗本願寺派の宗制を検証した平野武は、宗教団体法に応じた一九四一年の宗制について、本多恵隆執行長の第八九回集会での発言を引用し、文部省が「宗制教規要綱と云うもの」を作成し、「それに準拠」して詳細な規則を定めなければならないとの説明があったと指摘している（平野、二〇一〇、三二頁）。そのうえで平野は、この宗制を以下のように位置付けている。

「天皇と国家へ奉仕を前面に掲げ、管長＝法主の地位を強化し、宗会の地位を弱め内局の優位性を認めた。それはまた、国家による統制をより広く受け入れる体制の創出であった。「法度」が文部大臣の認可が必要である宗制に吸収されることにより、教団が自律的に制定していた部分も国家の統制下に置かれた」（平野、二〇一〇、四〇頁）。

文部省側とすれば、この時点での法や行政による統制は、戦争への総動員のための統制に他ならず、複雑多様な宗教団体をできるだけ管理しやすく動員しやすいものへと誘導したかったのであろう。合同による認可団体の整理も、団体内規のある程度の共通化も、団体内部での責任者の指導力強化も、このような政治事情によると思われる。総力戦対応のための各種業界の改革と同様に、文部省は宗教界の改革に、信仰の内容に頓着せず無遠慮に踏み込んだわけである。

なお、宗教団体法を理解するためには、宗教団体法と同日に可決成立、公布、施行された「寺院等に無償にて貸付しある国有財産の処分に関する法律」も念頭に置いておく必要がある。明治初年に上知令で政府に取り上げられ、一部は後に無償貸与された境内地などが、大蔵省提案のこの法律で、晴れて返還されることとなった。戦争による中断で返還作業は戦後に及ぶものの、これは、宗教団体法で財産管理の方法が明確になり、国有財産を返還する条件が満たされた、という理路なのである。

この法案の成立にも尽力した安藤正純（一八七六〜一九五五）は、「寺院仏堂数で約四万六千、面積で約三千万坪、時価で約一億八千万円の恩典」が認められたと指摘している（安藤正純『政界を歩みつつ』大智書房、一九四三、一八一頁）。そして、仏教界に尽力してきた議員として、「宗教団体法や、寺院境内地の無償譲与が、今日の世の中に、多くの土地を持ち、大きな伽藍を有し、生存競争のうづまきから離れて、生活の保障を受ける人々の、風除けの温床となったのでは甚だ意義がない」と苦言を呈してもいる（一八二頁）。

宗教団体と戦争

宗教団体法はまた、類似宗教やインチキ宗教と呼ばれて冷眼視された宗教団体についても、宗教結社として独立して法の枠組みに入る道を開いてはいた。それはやはり、文部省に「善導」され、戦争への総動員に全力で参加していく道であった。しかしその一方で、内務省が指揮する特別高等警察主導による新宗教系団体の摘発、さらに、司法省の思想検察主導による摘発指示は一九三〇年代後半に積極化しており、それとともに、治安関係者から治安維持法の強化改正を求める声が上がっていた（荻野、二〇〇〇、一〇五〜一一二頁）。新宗教系団体への不信と警戒は、決して緩んだわけではないのである。

キリスト教界においては、宗教団体法で「政府にキリスト教が公認され、各道府県に位置づけられることを歓迎する」雰囲気が内部にあったようである（戒能信生「日本基督教団」キリスト教史学会編、二〇一五、二九頁）。しかし、キリスト教への敵意や不信は根強く、憲兵による介入が引き続き行なわれていた。プロテスタント系が合同した日本基督教団では、教団に所属するホーリネス系の教会が一九四二年に治安維持法違反による摘発を受けている。

なお、関係者への聞き取り調査では、摘発の翌年に行政処分を行なった文部省よりも、宗教団体法に基づく訴願の手続きをせず処分を執行した「日本基督教団への割り切れない思いを抱いていた牧師は多い」との報告もある（上中栄「ホーリネス」キリスト教史学会編、二〇一五、一七二頁）。教団指導部では、戦争のために戦時事務局を編成し、これを日本基督教団戦時報国会へと改組し、各種協力運動を展開していくのに必死だったのであろう（一色哲「戦時体制とキリスト教——日本基督教団の海外伝道と地方教会動員を中心に」天理大学おやさと研究所、二〇〇六、七八～七九頁）。文部省が信仰に土足で踏み込んで、あちこちに心の傷と不和を生み出したとも言えるのかもしれない。

ところで一九三〇年代の終わり頃には、「既成宗教団体の教化能力に対する強い不信感」が議会にも内務省にもあり、不活発不熱心とする苦情が提起されていた（赤澤、一九八五、二三七頁）。それは既成団体の地盤沈下のためかもしれないし、消極的な抵抗だったのかもしれない。その一方で、特に中国方面での仏教界内部の足の引っ張り合いについて、深刻な懸念が語られてもいた。臨済宗建仁寺派から中国大陸に派遣された梶浦逸外は、一九三八年と三九年の皇軍慰問で出会った陸軍の派遣軍幹部や日本系現地政府の要人たちから、「各宗派徒《いたず》らに勢力の争奪に没頭し、肝心の目標を忘るるが如き嫌いありとの嘆声をしばしば聞かされたのは遺憾であった」と一九四一年に記している（梶浦逸外『誠——満蒙支犒軍慰霊の旅』選仏寺尚志寮、一九三九、一六五頁／『和——中支その他犒軍慰霊の旅』選仏寺尚志寮、一九四〇、二九六頁／一九七六年合本再刊版）。

また、一九四三年に大谷大学学長に就任する山辺習学は、一宗祖一宗派への合同強要の背景に、勢力のある仏教宗派が「支那事変」後の現地で「信徒の争奪戦」を行ない、識者官憲の顰蹙を買った経緯がある、と一九四一年に指摘している（山辺習学『仏教の新体制』第一書房、一九四一、二一〇～二一一頁）。挙国一致とほど遠い実情に、文部省で「こうなれば商工業のように合同する必要がある」となって、その意向を受け真宗でも一〇派の代表者が協議を行なわざるをえなくなった、と山辺は指摘している（二一一～二一三頁）。

実際、一九四一年八月には、興亜院文化部長と文部省宗教局長の決定として、「対支進出宗教団体指導要領」と「仏教各宗派対支進出指導要領」が発出されている。現地での競合を避けるため、仏教系団体の進出計画を大日本仏教会興亜局がとりまとめ、興亜院が文部省などと統制することを決定したのである（大澤、二〇一五、三九頁）。

この一九四一年には、神道・仏教・キリスト教の総連合組織として、大政翼賛会系では五月に大日本宗教報国会、文部省系では一二月に宗教団体戦時中央委員会が設立されている。前者は翌年三月に解消され、イスラーム系団体も協力する興亜宗教同盟が新たに発足する。他方、後者は一九四四年に大日本戦時宗教報国会に再編されることとなる。戦時中にも、連合組織は「複数存在」したのである（大澤、二〇一五、二二一～二二三頁）。

大日本戦時宗教報国会は、文部省が一九四四年に宗教教化方策委員会を設置し、その答申に基づいて、教派神道連合会、大日本仏教会、日本基督教連合会などを統合したものである。設立が同年九月まで遅れた事情としては、「政府内で宗教政策の方針が錯綜して、実行されるのに時間を要した」ことが指摘されている（大澤、二〇一五、四七頁）。

イスラームに関しては、一九三八年に東京回教礼拝堂が竣工となり、同年に大日本回教協会が華々しく設立され、日本国内での存在感が増しつつあった。イスラーム関係者には国際的なネットワークによる貢献が一部で期待され、宗教団体法の衆議院での審議に際しては、平沼内閣総理大臣がわざわざ、宗教団体として認可可能であるとの所見を表明している（小村不二男『日本イスラーム史』日本イスラーム友好連盟、一九八八、四二八～四二九頁）。ただ、イスラーム政策によって世界情勢を動かすことは、明らかに、文部省の手に余る難題である。

明治以来の国民国家建設は、宗教関係者に国民意識を広く浸透させ、戦争に際して、その主体性を動員することに大いに成功していた。これは、「宗教勢力と軍との、いわば「相互依存」の関係」（小川原、二〇一四、二一五頁）が成立する一因でもあろう。しかし、戦争への積極的な関与は、必ずしも国民的連帯を保証しない。むしろ、競合する人間や団体、官庁間での対立を惹起したり、対立を調整するための統制で、主導権争いや能力不足といった課題を露呈させたりもする。帝国議会で議員たちは、宗教団体法成立による中国大陸での日本の宗教政策の新展開を求め、荒木文部大臣もこれに応じていた（松谷、二〇二〇、七九〜八八頁）。しかし、総力戦が世界規模で行なわれる現実からすれば、本来なら日本の宗教行政は、はるかに抜本的に改革されねばならなかったはずだったのである。

四　内務省の動向と神社行政・治安維持法

神社行政と日本ナショナリズム

文部省の宗教行政の動向は、内務省の神社行政にも影響を与えていた。飯沼一省の一九六九年の回想によれば、文部省の法案提出の動きを見て、神社の法と制度を検討するために、一九二九年に神社制度調査会が設置された、とのことである（飯沼一省『飯沼一省氏談話速記録』内政史研究会、一九六九、五五頁）。その後、結果として、「神社制度調査会は、神社法をつくることに失敗し、神祇院をつくることに成功」するのである（副田、二〇一八、五九三頁）。

神社行政での難問は、とりわけ、神社は宗教ではないとの行政上の取り扱いにあった。その難しさは、国家が「祭祀」を行なうことと憲法第二八条との両立にあり、神社、仏教、キリスト教関係者など、各方面から不満や苦情が出てくるところにあった。これに対して神社局は、従来の取り扱いを堅持して、「制度的に法令と行政とによって」いわゆる国家神道を作り上げてきた（阪本是丸『近世・近代神道論考』弘文堂、二〇〇七、三八三頁）。神社の宗教性を否定するわけにもいかないが、信教の自由を否定するわけにもいかず、きわめて不自然な形で、神社の国家管理を行なってきたのである。

先に引用した美濃部は、『逐条憲法精義』で、「わが太古以来の古神道又は惟神道」は、「法律上の形式」では宗教と区別されているが、実質的には宗教であり、「わが帝国の国教である」と断言し、それが「わが太古以来の不文憲法である」とする（四〇二～四〇三頁）。神社局の方針には多方面から反論があり、その含意も多様である。「要するに神社の祭祀は、若しこれを宗教であるとすれば、国家的宗教であり、国教である」と『日本行政法』下巻でも断言する美濃部は、「現在の制に於いては宗教的の要素を含んだ儀礼」であり、決して「偏信を強ふるものでない」と強く釘を刺している（五六二～五六三頁）。

神社への参拝強制については、一九三二年の上智大学学生靖国神社参拝拒否問題が重要となる。これは、軍事教練での靖国神社参拝を宗教上の理由で拒否した学生がいたことに陸軍省が反発し、神社関係者の同調や文部省の困惑を招きつつ、満洲事変後の陸軍の存在感を示した事件である（阪本是丸「昭和戦前期の「神道と社会」に関する素描──神道的イデオロギー用語を軸にして」國學院大學研究開発推進センター編、二〇一六、一八～一九頁）。その後の昭和一〇年代の特徴について、神社局・神祇院に考証官として勤務した鳥羽正雄は以下のように回顧している。

「特に事変という戦時的事情が、国運の隆昌、戦勝祈願と個人的な武運長久祈願など、公私の希望によって、神社に対する公私の関係が親密になるとともに、紀元二千六百年という国初の祖神に対する関心が高まり、神社の創立、昇格、祭神の増加、社殿の整備などのことが、非常に増加した。これらの事情が、官制を改正して、考証官、祭務官、教務官の増員、新設となったのである」（鳥羽正雄「神社局の思い出」大霞会編『内務省外史』地方財務協会、一九七七、七九頁）。

明治以来の国民化の蓄積は、勝利している実感ともあいまって、日本のナショナリズムを満洲事変以降に強く盛り上げ、神社への国民的関心を高める方向に働いていた。しかも、一九三九年に平沼騏一郎内閣が発足し、木戸幸一内務大臣が積極的であったことは、神祇特別官衙設置運動の好機到来と神社関係者に受け止められた（鈴木紀彦「神祇院の成立過程の研究」明治聖徳記念学会編、二〇一四、六二〜六三頁）。しかし、関係者の盛り上がりはあっても、結局、一九四〇年に設立された神祇院は独立の官庁とならなかった。内務省が現実的な路線を採り、「費用と手間」を考えて外局案で推進したからである（六五頁）。

この頃の内務省は、官庁としての自己防衛を余儀なくされていた。内務省主導の地方官人事に対する文部省、商工省、農林省の不満に加えて、「日中戦争開始に伴う「戦時」の到来は、一方で厚生省の新設を促して内務省行政に分割と縮小をもたらし、他方では人事機関創設など内閣機能強化を重要課題として浮上させ」ていたからである（黒澤良『内務省の政治史――集権国家の変容』藤原書店、二〇一三、一七一〜一七三頁）。内務省として、この状況で神社行政も手放す、というわけにはいかなかったであろう。

他方、戦死者の激増は、英霊公葬運動を求める声を、神社関係者や在野の一部のナショナリストのあいだに高めていた。戦死者を神式で公葬すべきとの主張である。ただそのためには、一八八二（明治一五）年の内務省達乙第七号が「自今神官は教導職の兼補を廃し葬儀に関係せざるものとす此旨相達候事　但府県社以下神官は当分従前の通り」と定めていることが重大な制約となっていた。しかも、神社関係者の熱意は仏教関係者の反発を招き、政府も積極的な対応をしなかった（藤田大誠「支那事変勃発前後における英霊公葬問題」明治聖徳記念学会編、二〇一四、四七頁）。陸軍省や海軍省も消極的であり、下からの神道系ナショナリズムの盛り上がりは、仏教の社会的な根強さと国民の一般常識による抵抗を受けたのである（赤澤、一九八五、二二四〜二二七頁）。

やがて敗戦となり、一九四五年一一月二〇日の閣議で、堀切善次郎内務大臣は、神宮（伊勢神宮）の制度改革、神社への国家的保護の撤廃、神祇院の廃止と宗教行政の一元化、ならびに以下の「強要又は勧奨」を政府が行なわないことを提案し、了承を受けた。すなわち、「神宮大麻の頒布、国民錬成等の為にする禊、神拝行事、職場に於ける大祓行事、神社に対する団体参拝、学校職場に於ける神殿又は神棚の設置等」である（岡田米夫編『神祇院終戦始末――神社の国家管理分離資料』神社本庁、一九六四、四七〜五一頁）。内務省としては、結局、連合国軍最高司令部の要求に従って神社行政から退却せざるをえなくなったのである。

政治と宗教と神道の複雑な関係は、神社の宗教活動や国民的儀礼としての神社参拝をめぐる軋轢を、国民のあいだに生み出していった。国民化の成功が、神社を公共的なものと感じさせるようになる一方、異質なものを排除せんとする欲求が、神社をめぐっても噴出したのである。なおこの関係に関しては、神社は宗教ではないという旧来の主張に下からの新しい意味付けが加わって、政府の神社非宗教論が質的に変化する状況があったのではないか、との指摘がある（畔上、二〇〇九、三〇六〜三〇七頁）。

いずれにせよ、国家が管理する神社を戦争のために動員すること自体には、特に支障はなかった。しかし、神道系ナショナリズムが下から盛り上がることは、それが過激になればなるほど、神社行政よりも警察行政で対応すべきものとなるのである。

治安維持法と宗教団体取り締まり

昭和戦前期の内務省で警察行政を担当したのは警保局である。警保局長の職責はきわめて重く、昭和戦前期には、再任も含めて二四人が就任している。総力戦体制の構築に向けて、戦争への総動員のための統制が強化されるとともに、警察活動はますます全面的になり、警保局の使命はますます重大なものとなっていった。ただ、総力戦への勝利のためには、人間の主体性をどのように動員できるかが最重要課題であり、思想や団体の権力的取り締まりは、これと連動させられねばならなかった。下からの盛り上がりを弾圧して水を差すことなく、下からの暴発を防いで治安を維持するという難題が、この時期の警察行政に課せられていたのである。

思想と団体の取り締まりについては、明治以来の多様な法的・行政的手段があるにもかかわらず、一九二五年に、治安維持法（大正一四年四月二二日法律第四六号）が公布・施行されることとなった。内閣総理大臣は加藤高明、内務大臣は若槻礼次郎、司法大臣は小川平吉である。なお、衆議院議員選挙法（大正一四年五月五日法律第四七号）、いわゆる男子普通選挙法の成立もこの年である。

治安維持法は一九二八年に緊急勅令で改正され、一九四一年に全面改正された。最初の条文数は七条であったが、全面改正時に六五条に増殖している。第一条の「國體を変革し又は私有財産制度を否認することを目的として結社を組織し又は情を知りて之に加入したる者」という文言は、最初の改正時に目的ごとに分割され、國體変革の目的で「結社の役員其の他指導者たる任務に従事したる者」や「結社の目的遂行の為にする行為を為したる者」などがそこに新たに加えられた。さらに、全面改正後の新第七条では、「國體を否定し又は神宮若は皇室の尊厳を冒瀆すべき事項を流布することを目的として結社を組織したる者」も対象となっている。改正のたびに、取り締まられる対象が拡大されたのである。

この取り締まり強化の方向性のなかで、宗教団体の摘発が続いていく。『最近に於ける類似宗教運動に就て』と題した昭和一六年度思想特別研究員芦刈直巳の研究報告書では、皇道大本教《ママ》事件、扶桑教ひとのみち教団事件、新興仏教青年同盟事件、天理本道事件、燈台社事件、耶蘇基督之新約教会事件、大自然天地日之大神事件、御先神教事件、無宗派基督教事件、如来教事件の詳細が分析され、治安維持法の全面改正が称讃されている（社会問題資料叢書『最近に於ける類似宗教運動に就て』東洋文化社、一九七四、六頁）。芦刈はまた、「思想問題取扱上に於ける宗教事犯」が重大視され、「類似宗教が、右翼、左翼と全く同一視されるに至った」と指摘し（三七〇頁）、「民族的信念たる皇道精神」を基礎として「宗教に対する正邪判断」を下せるとの確信を披瀝する（二頁）。芦刈は大阪地方裁判所判事であり、この報告書は一九四三年に司法省刑事局から刊行されたものである。

警保局保安課が率いる特別高等警察の強化と司法省での思想係検事の配置は、すでに一九二八年から行なわれており、左翼系政治団体の摘発と右翼系政治団体への警戒が行なわれてきた。やがて一九三〇年代後半には、特別高等警察が新宗教系団体、いわゆる「類似宗教」団体に注目するようになり、思想係検事も積極化して、治安維持法違反や不敬罪などでの宗教団体摘発が推進されていく（荻野、二〇〇〇、一〇五～一一一頁）。この流れに沿っての治安維持法の全面改正は、「國體を否定し又は神宮若は皇室の尊厳を冒瀆すべき事項を流布することを目的」とすると判断された宗教団体の摘発を、はるかに容易にしたのである（荻野、二〇〇〇、一五五〜一五六頁）。

なお、特別高等警察による摘発の論理について、政治運動への警戒や呪術迷信への敵意、敵性宗教への不信など、その多様性を具体的に検証していくべきとの指摘がある（小島伸之「昭和戦前期日本の「宗教弾圧」再考――特別高等警察の目的と論理」寺田喜朗・塚田穂高・川又俊則・小島伸之編『近現代日本の宗教変動――実証的宗教社会学の視座から』ハーベスト社、二〇一六、三七五頁）。また、昭和一〇年代に宗教局に勤務した村上俊雄は、ひとのみち教団の摘発や天理教への批判を例として、「内務省はどんどん手をつけてくる。さらに世間は何をしているのだと言ってくる」と一九九六年に回顧している（「戦前の宗教団体法成立の頃――村上俊雄氏インタビュー」『東京大学宗教学年報』第一四号、一九九七、一八一頁）。

宗教団体の取り締まりには、教義や運動に反発する世論の支持や、類似を疑われる他の団体への抑止効果もあったであろう。しかも警察とは別に、憲兵による弾圧や圧迫も加わって、戦時の締め付けはますます強められていった。結局、人間の主体的動員という総力戦の課題は、天皇への国民的信仰によって支えられつつも、軍事官僚も含めた官僚たちによる統制へと限定付けられる傾向にあったのである。そこに現れたのは、二〇世紀の政治事情への対応の一つの事例の特徴であり、日本国家の対応能力の限界であった。多様な宗教団体は、その限界のなかに拘束されていたのである。はたしてそれは、宗教信者としての本意に違うことなのか、日本国民としての本意に違うことなのか。信仰と主体性とナショナリズムをめぐる問題が、人間への問いとして、ここから浮上するのである。

参考文献

赤澤史朗（一九八五）『近代日本の思想動員と宗教統制』校倉書房
畔上直樹（二〇〇九）『「村の鎮守」と戦前日本――「国家神道」の地域社会史』有志舎
井上恵行（一九七二）『改訂　宗教法人法の基礎的研究』第一書房
大澤広嗣（二〇一五）『戦時下の日本仏教と南方地域』法藏館
小川原正道（二〇一四）『日本の戦争と宗教 1899–1945』講談社
荻野富士夫（二〇〇〇）『思想検事』岩波新書
キリスト教史学会編（二〇一五）『戦時下のキリスト教――宗教団体法をめぐって』教文館
國學院大學研究開発推進センター編・阪本是丸責任編集（二〇一六）『昭和前期の神道と社会』弘文堂
副田義也（二〇一八）『増補版　内務省の社会史』東京大学出版会
天理大学おやさと研究所編（二〇〇六）『戦争と宗教』天理大学出版部
平野武（二〇一〇）「宗教団体法下の本願寺派宗制」『龍谷法学』第四二巻第四号
松谷曄介（二〇二〇）『日本の中国占領統治と宗教政策――日中キリスト者の協力と抵抗』明石書店
明治聖徳記念学会編（二〇一四）『明治聖徳記念学会紀要』復刊第五一号

コラム① 霊性の詩学

若松英輔

特殊的であると同時に普遍的であり、時間的であると同時に超時間的であるところに、真の絶対性があるのである。——三木清「親鸞」

一 親鸞と文学・哲学

近代日本で「もっともよく読まれた宗教書」として、しばしば紹介されるのは『歎異抄』と『聖書』である。厳密な統計に基づいているわけではないのだろうが、違和感はない。この二冊をめぐって行われた軌跡をたどるだけで、一冊の本になるだけの精神史を編むことができるだろう。

『歎異抄』あるいは、その語り手である親鸞の言葉に魅了された文学者や哲学者は少なくない。鈴木大拙は『日本的霊性』で、親鸞とその師法然を「一人格」として論じ、妙好人に言及し、その霊性が宗派性を超えた影響を語った。大拙の親友だった西田幾多郎は『歎異抄』と『臨済録』があればよいと語ったと伝えられる。親鸞の生涯を描いた丹羽文雄や吉川英治のような作家だけでなく、亀井勝一郎や吉本隆明のような批評家も親鸞を論じた。歌人の吉野秀雄は「私は歎異抄だけでたりてゐるし、これをもつて世界第一の信仰奥儀《あうぎ》の書とさへ信じてゐる」（「歎異抄とわたし」『やわらかな心』）という熾烈な言葉を書き記している。さらに、一見すると『歎異抄』ともキリスト教とも関係がないように映る漱石の『こころ』にも、この二つの本は痕跡がある。自殺した「K」は、真宗の寺の次男で、『聖書』を愛読し、ロザリオで祈ることもあった。

今日では文学と哲学との間には、見えない壁のようなものができてしまったが、戦後のある時期までその境界もあいまいだった。哲学者の井筒俊彦は、詩人の西脇順三郎を師とし、一九世紀ロシア文学を論じた。それと同時に彼は古代ギリシアの神秘哲学を論じ、イスラームの預言者ムハンマドの小伝を書いた。その筆致は、研究者のそれではいない。まず想起されるのは、小林秀雄の『モオツァルト』なのである。

二　三木清と親鸞

文学と哲学のつながりに溝ができたのは、文学と哲学がそれぞれ、宗教を遠ざけたことに一因があったのではなかったか。

まだ、その関係に破れがない時代、哲学、文学、宗教の問題を一身に背負った人物がいた。三木清である。三木は、時代を牽引する哲学者だが、小林秀雄なども親交があり、浄土真宗と浅からぬ縁があった。そして『聖書』を愛読していた。

いったい我が国の哲学者の多くは禅について語ることを好み、東洋哲学というとすぐ禅が考えられるようであるが、私には平民的な法然《ほうねん》や親鸞の宗教に遙《はる》かに親しみが感じられるのである。いつかその哲学的意義を闡明《せんめい》してみたいというのは、私のひそかに抱いている念願である。（「読書遍歴」）

この一文が記されたのは一九四一年である。だが、この三木の念願は、彼の早すぎた死のために実現されることはなかった。三木は一九四五年六月、治安維持法違反の容疑者を仮釈放中にかくまい、逃亡を手伝ったという嫌疑で逮捕。最初は巣鴨の東京拘置所、そして中野の豊多摩刑務所へと移管され、戦争が終わった九月、同刑務所が劣悪な衛生状態だったため、著しく健康を害し、この世を後にする。

遺稿の一つが「親鸞」だった。このことが広く知られ、彼の親鸞とのつながりが人生の後半の出来事のように見受けられるがそれは事実ではない。むしろ、彼と親鸞、あるいは真宗との関係は、哲学よりも古いのである。

元来、私は真宗の家に育ち、祖父や祖母、また父や母の誦《ず》する「正信偈《しょうしんげ》」とか「御文章《ごぶんしょう》」とかをいつのまにか聞き覚え、自分でも命ぜられるままに仏壇の前に坐ってそれを誦することがあった。お経を読むということは私どもの地方では基礎的な教育の一つであった。こうした子供の時からの影響にも依るであろう、青年時代においても私の最も心を惹かれたのは真宗である。そしてこれは今も変ることがない。（同前）

胎教があるとすれば、三木は母親の胎内にいるときから家族が唱える「正信偈」や「御文章」を母を通じて聞いていたことになる。こうした影響は簡単にはぬぐい去れない。特に三木のような、そうした環境を拒む意思がない者にとっては決定的な出来事になる。特に高校時代に出会った『歎異抄』からの影響は深甚だった。しかし、彼の関心は、真宗に限定されるものではなかった。むしろ、真宗を土台にしながら、さまざまな霊性との対話を求めるようになっていく。

キリスト教の本も読めば、仏教の本も読む。日蓮《にちれん》宗《しゅう》の本も読めば、真宗の本も読む、また禅宗の本を読むこともあるという風であった。そうして一種の宗教的気分に浸るということが慰めであるように感じられた。（中略）それはともかく十分に日本的であるということができるであろう。『聖書』は繰返して読んで、そのつど感銘を受けた本であった。しかし旧約の面白さがわかるようになったのは、ずっと後のことである。『聖書』は今も私の座右の書である。（同前）

三木が「日本的」という表現を用いていることに注目したい。それは、ある特異性を表わすものであったとしても、けっして消極的な表現ではなかった。

日本では古代から「色」を「襲《かさね》る」という。「襲の色目」という表現もある。透けるような裂《きれ》を幾重にも襲ることで、自らの心情を表現する伝統があった。「色」はけっして混ぜない。それは「襲る」ものであるとは、衣においてだけでなく、染めの工程においても重んじられた理法だった。

染織家で随筆家でもある志村ふくみが、色を襲ることをめぐって興味深い言葉を残している。志村は、ある画家が、パレット上で色を混ぜてはならない、と語ったという言葉を受け、次のように述べている。

このことは植物染料の場合、より厳正に決定づけられている。例えば、茜と紅は同じ赤系統の色であるとしても、一方は茜という根からとれた色であり、紅は花びらからとれた色であり、（中略）この二つの色を混ぜ合せればお互いは死ぬのである。反対にこの主調を生かせば、色は輝くのである。（『語りかける花』）

ここで「色」と記されていることは、そのまま霊性にも当てはまる。「混ぜず」に「かさねる」という理法は、芸術だけでなく、哲学、文学、宗教にも通じる。日本では冠位十二階の時代から、人格と職位を「色」によって表現してきた。三木清の「親鸞」は仏教のみならず日本的霊性の「襲」のような作品になるはずだったのだろう。

「親鸞」は不思議な作品である。遺稿の予定は全九章だったようだが、残されたのは五章までの草稿だった。どの章も書き終えられていない。しかし、読む者の胸に浮かび上がるのは、欠落があることがかえって、飛翔のちからを約束している「サモトラケのニケ」を見たときのような衝撃なのである。

未完成という意味ではレオナルド・ダ＝ヴィンチの「聖ヒエロニムス」にも似ているのかもしれない。その時代背景も人物も現代性もすべて、筆が途中で止まっている。それでもなお、比類なき実在感を伴って、その言葉の奥に親鸞が実在する。その熱を帯びた筆致でつむがれた内実は、哲学というより、霊性の詩学というにふさわしい。

この作品の第一章で三木は、親鸞の魅力は「その抒情の不思議な魅力」、それは「彼の豊かな体験の深みから溢れ出たものにほかならない」という。しかし、それに満たされて彼の哲学と信仰を見過ごしてはならない、とも書く。さらに単に「文芸的」「美的」な親鸞像は、この人物の本質をゆがめかねないと述べ、一面的な親鸞像を否む。

三木にとって、親鸞における真善美を一つなるものとして語り得るのは、彼が信じた哲学のほかには存在しなかった。だが、それは彼がいう「語られざる哲学」だったに違いない。「わずかの人によって本当に同情され理解されることを欲する」真に血の通った「哲学」だったのだろう。

第三章　植民地における宗教政策と国家神道・日本仏教

川瀬貴也

一　はじめに

一九四五年の敗戦まで、日本は台湾、朝鮮、そして南洋諸島や傀儡国家たる「満洲国」などの植民地を治める「帝国」であった。つまり、異民族をどのようにして統合し、支配していくかは、当時の日本における大きな課題であった（台湾割譲以前に、北海道や琉球で日本はその「予行演習」をしているのだが）。そしてその統治、統合に際し、「原住民」の人心を掌握するために宗教の力が期待され、様々な教団・宗派もそのような帝国の要請に応じてしまった歴史があるのは否定できない事実であろう。

本章ではこのような「帝国日本」が植民地において、どのような宗教政策を施行したかというテーマを中心に据え、主に神道と日本仏教がいかなる植民地布教を行おうとしたか、そしてそれがどのような帰結を招いたかという問題を扱う。神道はいうまでもなく「日本固有の信仰」の「民族宗教」とされるが、植民地においてはいわゆる「海外神社」が数多く作られた。その多くは、日本からの移民が作った「居留民神社」と言い得るものであったが、日本の近代社格システムの下、官幣大社であった台湾神宮や朝鮮神宮に代表されるような植民地の支配のための国策的神社も建設されたのは周知の事実である。そして戦時色が濃厚になるにつれ、天皇崇敬を軸とした国家神道的政策が植民地の被支配者に強要された、ということについては、これまでも数多くの証言や研究が蓄積されている。そのような帝国における国家神道のあり方を新たに「帝国神道」と呼び、「多民族帝国主義ナショナリズムを用いて国民教化を担った国家神道」の論理を考察するような研究も現れている（青野正明『帝国神道の形成』岩波書店、二〇一五）。また仏教においても、日本仏教とは異なる現地の仏教とどのような関係を結ぼうとしたか、もしくは結べなかったか、そして日本人移民および「原住民」への布教の実態はどのようなものであったかなどが近年明らかになりつつある（中西、二〇一三、二〇一六）。

学術的な方面から見れば、各植民地において、「原住民」の宗教や民間信仰、風習などを調査したことは、欧米の帝国主義国家と何ら異ならない（中生勝美『近代日本の人類学史――帝国と植民地の記憶』風響社、二〇一六）。戦後の人文学もその「成果」を受け継いでおり、いわば現在の我々は「植民地遺産の継承者」と呼ぶことが可能であることも銘記するべきであろう（大澤、二〇一五／木場・程、二〇〇七）。

以下では、日本が領有した順序に沿って、台湾、朝鮮での宗教政策および植民地布教の概要を説明していき、地域を超えた日本植民地共通の問題を最後に提示したいと思う。

二　日本の台湾統治と宗教政策の概要

台湾の領有と「旧慣温存」政策

一八九五年の日清戦争の勝利により清から割譲された台湾では、以前から台湾に移住していた「本島人」にも、当時「高砂族」と呼ばれた「原住民」にも、日本の統治に抵抗する勢力が全島各地に存在し、その平定の道のりは容易なものではなかった。近衛師団を率いていた北白川宮能久《よしひさ》親王も、この台湾進駐の折りに、台南にて病没している（彼はその後、台湾神社の「祭神」となる）。初期の台湾総督（樺山資紀・桂太郎・乃木希典）は、その鎮圧に忙殺された。ようやく台湾が落ち着きを見せたのは、第四代総督の児玉源太郎と民政長官となった後藤新平のコンビが台湾に着任（一八九八年）してからであった。このコンビの時代（一八九八年〜一九〇六年）には、台湾人の様々な習俗や宗教に対して「旧慣温存」の政策がとられた。つまり、台湾における「土匪」の反乱は、日本が旧慣を破壊したことから来るものと見なし、治安に対して問題がない限り、台湾人の習俗や宗教、つまり内面には積極的に関与しないという方針をとったのである。後藤が用いたこの方式は成功を収めたため、後藤以降の支配者も基本的には宗教政策に関し、この「旧慣温存」を踏襲した（蔡、一九九四）。ただし、この時期の宗教政策の本質は、旧慣に対する「尊重」ではなく、台湾から経済的利益を日本がどのように獲得するかが優先されたに過ぎないと言える。以上のように領台初期には、宗教政策は総督府においてさほど重要視されていなかったと言える。

もう一つ指摘しておかねばならないのは、日本が台湾を領有する以前から布教活動をしていた、欧米のキリスト教宣教団の活動である。イギリスやスコットランドから派遣された宣教師（特に長老教会）は台湾各地で教会及び学校、病院を設立しその影響力が大きく（駒込武『世界史のなかの台湾植民地支配』岩波書店、二〇一五）、後に矢内原忠雄が昭和初期に

> 我領台の結果政治、資本、及び教育上本島人在来勢力及び外国勢力の圧倒駆逐が行はれしに拘らず、ひとり宗教に関しては我国民の活動は甚だしく不振にして、本島人在来の寺廟信仰及び外国基督教宣教師の伝道に対して殆ど一指をも加ふる能はず、領台後渡来せる我が神道仏教及び基督教は殆ど凡て在住内地人にのみ関係し、その活動は本島人生蕃人に及ばないのである（矢内原忠雄『帝国主義下の台湾』岩波書店、一九八八、一六六頁）

と述べたごとく、全般的に、日本宗教は台湾人の信仰を集めていなかったことがうかがえる。また、宣教師は本国と密接な連絡を持つので、欧米人から「野蛮」と見なされないように、そして台湾統治の「成功」を宣教師に報告してもらおうとの意図から、総督府は概して宣教師に対しては好意的に振る舞った（このような宣教師への態度は、植民地朝鮮でも取られたものである）。

現地宗教の調査と社寺課

台湾総督府が「旧慣温存」の政策をとったのは先述の通りだが、一九一五年に発生した「西来庵事件（辛亥革命の影響と、民間信仰と林野調査による私有地の没収などが原因となった反乱事件。漢族最後で最大の反乱と言われ、八〇〇名近くが死刑判決を受けた）」により、現地宗教の調査の必要性を痛感した総督府は、その後、宗教制度の本格的な整備に着手することとなった。一九一八年に神社と宗教（在来宗教・内地仏教・教派神道・キリスト教）を管轄とする「社寺課」が設置された。ちなみに、この社寺課は最終的には「文教局社会課社寺係」となるが、植民地台湾では最後まで神社と宗教に対する行政が一体となっており、内務省神社局と文部省宗教局に分離していた本国や、内務局地方課（神社）と学務局（宗教）に分離していた植民地朝鮮とは違った様相を見せていた。

社寺課が最も力を入れたのは、神社関係の制度整備と在来宗教に対する監督であった。行政的には上述のように神社と宗教を同じ部署で管轄していたが、法的には一九二二年に新たに神社法規を宗教法規から独立させる形で整備した。これは総督府が「宗教にあらず」とされた「国家神道」を台湾に根付かせようとしたからに他ならない。そもそも台湾神社（後に神宮）は、仏教の僧侶やキリスト教の牧師が日本から台湾に着任するとき、ほかの一般官民の例にならい、参拝する場所とされた。新たな法制度の下で、地方の神社に公的な予算が配布され、社寺課自らが台湾神社に各宗派の代表を招いて祭祀に参列させた。つまり神社は、本国における「神道非宗教論」と同様に、全ての宗教に超越していると、行事の上からも示したのである（蔡、一九九四、七八～七九頁）。

三　台湾における神道

台湾における神社神道の始まり

旧慣温存を基調とした植民地初期の台湾においては、帝国日本が台湾人の内面に関わろうとする積極的な政策は鳴りを潜めており、一九〇一年に国費で台北に建設された「台湾総鎮守」の官幣大社台湾神社（後の台湾神宮）と、日本にゆかりのある鄭成功をまつる廟から特別に神社に「昇格」した県社開山神社（一八九七年鎮座、台南市）の他は、日本人の集住する地域に多少の神社が点在していたに過ぎなかった（蔡、一九九四、一九頁）。ただし、台湾神社には、植民地神社によくまつられていた開拓三神（大国魂命《おおくにたま》、大己貴命《おおなむち》、少彦名命《すくなひこな》の「国作り」に活躍した三神。北海道神宮や樺太神社、京城神社などの「植民地神社」にも祀られた）の他、前述のように台湾で戦病死した北白川宮能久親王も祭神としてまつられた。なお、北白川宮能久親王の終焉の地であった台南には「台南神社」が一九二三年に鎮座、一九二五年には海外で唯一の国幣中社に列された（菅、二〇〇四）。

植民地台湾において、国家神道的な「敬神崇祖精神」が強調されるようになったのは一九三〇年代からで、それは戦線が拡大するにつれ強化されていった。そこで問題になったのは、台湾人が従来の信仰に対して「冗費」を費やしており、台湾人の「皇民化を妨げている」との認識が総督府や一部のインテリ（台湾人も含む）により表明されたことである。この流れに沿って、いわゆる「寺廟整理」が行われた。すなわち民間信仰の廟を廃止し、神社参拝を「奨励」したのである。これは従来の「旧慣温存」の政策を離れ、皇民化政策の一環としての国家神道政策がより一層台湾人に押しつけられたことを意味する。この寺廟整理運動は一九三六年の総督府主催の「民風作興協議会」にさかのぼるとされる。ここでは神社崇敬と並んで「迷信打破」「陋習改善」が叫ばれ、中国式祖先位牌や神仏像の破却が奨励されるような在来信仰の排斥が広がった。一九三八年から一九四〇年が寺廟整理運動の最盛期となったが、これには寺廟の財産を教化事業などに転用しようとする考えが地方官庁にあったことも拍車をかけた原因ともされる。寺廟整理は日本人指導者や台湾の有力者からも批判されたが、日中戦争が本格化したこの時期、「中国的信仰」を排除しようとする動きとして全島を覆ったのである（宮本延人『日本統治時代台湾における寺廟整理問題』天理教道友社、一九八八）。この寺廟整理によって、全体の約三割以上が統廃合された。この寺廟整理運動が下火になるのは、一九四一年に太平洋戦争にも突入した日本が「大東亜共栄圏」という建前から、南方地域の在来信仰を重視すると表明したことと、米不足を解決するために台湾農民の感情をなだめる必要が出てきたからであった。

台湾における教派神道

いわゆる「教派神道（神道系新宗教）」のうち、台湾に布教しに来たのは天理教、金光教、実行教、御嶽教の四派だが、最も信者を獲得したのは天理教であった。天理教の台湾での活動概要は以下の通りである。

天理教は一八九七年に、山名分教会（現在の山名大教会、静岡県）が組織的な布教を開始したが、この背景としては、天理教の本国における活動は、一八九六年四月に内務省から出された「秘密訓令（各府県に「医薬妨害」「寄付強制」「男女混淆」などの名目で天理教の取り締まりを強化するようにという内容）」によって大きく制約され、その打開を海外布教に求めた、という一面もあった。台中、台北、台南といった都市部で教会も徐々に増加し、一九三四年にはそれらを統括する「台湾伝道庁」が設置された。しかし、日中戦争が始まると活動が困難となり、敗戦後は伝道庁の建物は接収され、日本に引き揚げることとなった。

戦後、台湾の地に残った教会は「嘉義東門教会」一カ所だったが、一九六七年に台湾伝道庁の仮事務所を開設し、一九七二年に「財団法人中国天理教総会」が台湾政府に認可され、新伝道庁は一九七七年に完成している。戦前に植民地で布教された新宗教が戦後も継続したという例は少なく、天理教はその例外の一つであり、後述するが、朝鮮半島における天理教も、台湾同様に戦前からの信仰を守った。

四　台湾における日本仏教

従軍僧からスタートした日本仏教

日本仏教が台湾に渡って来た最初の例は、領台当時、台湾内の反抗勢力を鎮圧しようとしていた日本軍に付き従った「従軍僧（布教師）」である。日本近代史において、従軍僧は日清戦争の際に大谷派、本願寺派、浄土宗から派遣されたことを嚆矢とするが、台湾への派遣はその延長線上のものであったといえよう。出征軍人の慰問及び戦病没者の法事から始まった日本仏教の台湾布教は、台湾の治安が落ち着くと各宗派がこぞって布教所を開設し、日本人移民のみならず、台湾人に向けての布教活動を試み、日本語学校や医療施設なども併設して浸透を図った。しかし、各宗の本山の資金不足と、日本人移民の急増とそれに伴う法事の需要という原因もあり、台湾人よりは日本人相手の活動が主だったものになったのは否めない。

なお、台湾の在来仏教は「在家仏教」と「出家仏教」の二派が存在したが、出家仏教は概ね禅宗であり、日本の臨済宗と曹洞宗に近かったため、両宗派は台湾人に対する布教を広げるため、出家仏教の寺廟と提携関係を結んだ。これらの寺廟を「聯絡寺廟」というが、両宗派にとって台湾人信徒を「吸収」する拠点であったといえよう（蔡、一九九四、三〇頁）。台湾人側からすれば、日本仏教に帰依すると与えられる「信徒証」が「良民証明」と捉えられ、安定した身分を求めて日本の宗派の下に集まったのである。しかし、各宗派の競争が植民地支配の妨げになるとして、一八九八年に総督府は各宗派が現地の宗教施設を支配下に置くことを規制するようになり、勢い日本（内地）仏教は布教活動対象を在留邦人にすることになった。ただし一九一五年の西来庵事件の衝撃もあり、現地仏教勢力の懐柔・日本化を目指す方針が採用され、台湾人僧侶を会員とする超宗派的連合体として一九二一年に「南瀛《なんえい》仏教会」が結成された。これは台湾の民族主義運動が仏教界にも波及し、日本仏教の各宗派別の事業による台湾仏教懐柔策の限界が明らかとなり、台湾総督府初代社寺課課長の丸井圭治郎（彼は南瀛仏教会初代会長でもある）が主導して、日本仏教と提携させるべく結成されたものである（中西、二〇一六）。

戦時期台湾の仏教

一九三〇年代前半には「満州事変」「昭和恐慌」が立て続けに起き、植民地である台湾においても「部落振興運動」という官製運動が始動し、生活意識や思想信仰を統制する傾向が台湾総督府の中で高まっていった。「皇民化・工業化・南進基地化」の三大政策を掲げて一九三六年に着任した小林躋造《せいぞう》総督の下、一九三七年以降の日中戦争からその傾向に拍車がかかり、「敵国」である中国由来の旧慣や伝統は排斥される対象となった。その一例として、一九三七年から、総督府は公葬に神式を採用することを正式に指示した。これは台湾民衆の精神を早期に日本（皇民）化するためであった（中西、二〇一六、二七三頁）。

前述の一九三〇年代後半におこなわれた「寺廟整理」もその一環なわけだが、台湾仏教もその影響を被らざるを得なかった。この「寺廟整理」を奇貨として、当時「皇民化教育」の一端を担うと自負していた日本仏教側に動きがあった。例えば真言宗は本島人への布教を「寺廟整理」をきっかけに積極的に行うことを計画し、「関係寺廟ハ純内地式ニ改造シテ内地人僧侶ヲ駐在セシメ」、内地式儀礼を執行し、皇民化を推進しようとした（松金公正「「廟」の中に「寺」を、「寺」の中に「廟」を――『古義真言宗台湾開教計画案』の背景にあるもの」『台湾の日本仏教』勉誠出版、二〇一八）。このような動きは、総督府がそれまで規制していた「日本仏教諸宗派の台湾寺廟の末寺化」を追認する政策を一九四〇年以降にとったからである。これ以降、数字の上では日本仏教各宗派は信者も説教所も大幅に増加したが（皇民化運動の抑圧に耐えかねた現地の宗教勢力の受け皿になったからである）、日本の敗戦と引き上げにより、水泡に帰したといわざるを得ない。結局台湾では、最初から最後まで常に国家権威に依拠する布教方針しかとることができず、日本仏教が根付くことはなかった。

五　朝鮮における宗教政策と植民地布教

植民地朝鮮における宗教法令の性格

さて、一九一〇年、日本は韓国を併合したが、朝鮮総督府が本格的な宗教政策に乗り出すのは、一九一一年六月に発布した「寺刹令」からである。寺刹令の内容を概観すれば、その柱は、朝鮮仏教の寺院の併合、移転・廃止・名称の変更及び寺院の財産に関しての処分などに対して、全て朝鮮総督の許可を必要とする内容であった。さらに同年「寺刹令施行規則」が発布され、「寺刹令」と同日施行された。この寺刹令施行規則の内容は、まず朝鮮内の大寺三〇を本山として指定し（第二条）、全国一三〇〇余りの寺院と三〇本山（後に三一本山）との本末関係を規定し、トップダウンの管理が行き届くことを眼目としたものであった。

朝鮮総督府は一九一二年初めに各本山の住持を集め、寺法の均一化を図った。注目すべきは法式に関することで、紀元節、天長節（天皇誕生日）など、近代天皇制と不可分の式典の実施が銘記され、尊牌（尊牌とは、天皇など貴人を祀る牌のこと）を本殿前に安置して奉拝することが規定された。儀礼の面からも、朝鮮仏教は「日本化」されようとしていたのである。神道とは直接の関係がないとは言え、仏教という有力な宗教が天皇崇拝と結びつけられたことは、「国家神道システム」の一翼を朝鮮仏教が担うことになったことを意味するだろう。

続いて一九一五年に「布教規則」が施行された。この「布教規則」は、布教を試みるあらゆる宗教を対象とした法令であった。まず、第一条に「宗教ト称スルハ神道、仏道及基督教ヲ謂フ」とあり、公認宗教は、この三教と明文化されたのである（ただし、ここでの「神道」は教派神道を指す）。この法令は朝鮮半島における宗教活動全般を、朝鮮総督の管理下に置くことを最大の目的としていた。この法令は日本人以外の外国人（欧米からのキリスト教の宣教団など）、朝鮮人にも適用された。より重要なのは各教団の朝鮮在住の布教管理者を選定させ、その解任権を掌握したこと（第三〜七条）である。

また、「布教規則」と同時に「神社寺院規則」が発布され、朝鮮内に神社や寺院を設立する際の基準が決められた。

まとめるなら、植民地朝鮮の宗教政策は、「本末制度」などの導入により朝鮮仏教を御用化しつつ、宗教法令の適用範囲を広げ（欧米のキリスト教宣教団や宗教類似の団体）、内地の公認宗教（神道・仏教）を緩やかに浸透させることを企図した「同化主義」、一種の「内地延長主義」であった（川瀬、二〇〇九）。

文化政治期以降の変遷――「神社」行政の独立

初代総督寺内正毅と二代総督長谷川好道の下、いわゆる「武断政治」が行われ、朝鮮人に対して高圧的な統治が行われていたが、その帰結であった一九一九年の「三・一独立運動」の衝撃は大きく、特にこの運動の中心人物が天道教徒やキリスト教徒、仏教徒ら「宗教人」であったことは、総督府に深刻に受け止められた。一九一九年八月に第三代総督に就任した斎藤実は、それまでの武断政治を改め、いわゆる「文化政治」を標榜し、総督府の体制を変革しようとしたが、これも実は同化政策や警察力の強化などを中心としたものであった。一方、その枠の中でのある程度の自由を認め、親日分子を育成することなどに力を注いだ。宗教関係者も当然その「親日分子」として育成される対象であった。

三・一独立運動から総督府の宗教政策も転換する事になる。まず、宗教政策改正の一環として、一九一九年八月に学務局の下に新たに「宗教課」が設けられ、宗教行政に関する事務を担当した。「文化政治」をスローガンとした斎藤実総督と政務総監水野錬太郎は、よくキリスト教宣教師と会合も持ち、積極的に懐柔策に努めた。斎藤と水野の宣教師懐柔策はおおむね成功し、宣教師の「親日化」は促進された。

さて、植民地朝鮮における神社政策の代表かつ帰結点と目されているのは、官幣大社朝鮮神宮の創建であろう。朝鮮半島の鎮守としての朝鮮神宮創建の意向が明らかになったのは、一九一二年二月の帝国議会において、朝鮮総督府予算案に「朝鮮神社及び総督府庁舎新営準備費」が計上されたのを始まりとする。場所は京城の南山《ナムサン》と定められ、三・一独立運動直後の一九一九年七月、内閣告示により「官幣大社朝鮮神社（後に神宮）」の創立が宣言された。しかし、実際の鎮座は一九二五年一〇月まで待たねばならなかった。これほど時間を掛けて建築されたというのは、朝鮮神宮に特別な意味を込めて建設したいという政策者達の慎重さの表れであり、国家神道システムの植民地朝鮮への早期導入は難しいと考えていたことの証左でもあるだろう。

総督府内部の改革や法令に関して述べると、一九二五年一月に学務局宗教課から、内務局地方課に神社行政が移管されたことが大きい。この措置により、官僚機構として「神道非宗教論」を宣言したに等しいからである。また一九三六年八月には「神社寺院規則」が「神社規則」と「寺院規則」に分離され、法規上も「神社と宗教の分離」が明確となった。

六　朝鮮における国家神道システムの内実

神社の祭神について——国家神道の「神学」と神社の「宗教性」

一八七六年の朝鮮開国以降、日本人移民は港湾都市を中心に移住することが増え、それにともない、日本人居留地において神社がいくつか建てられることとなった。

ただ、居留民による神社とはいえ、それらを素朴な民間の信仰心の発露と捉えることはできない。居留民団と領事館などの日本の出先機関との関係は深く、その指導の下に神社は創建されていったのであり、特に日露戦争後には神社の存在は日本の対外進出を支える日本人の優秀性を表し、四方を朝鮮人社会に囲まれた居留地における日本的アイデンティティを支える柱となり、朝鮮に支配権を確立して以降は、有力な居留民神社が「地方鎮守」として読み替えられ、国家神道システムに組み入れられていくからである。

韓国併合以降に設立された全ての神社では、天照大神が祀られている。併合以前には天照大神以外を主たる祭神とした神社も創建されていたが、併合後はそれが見られなくなり、植民地神社の「神学」は斉一化されていった。また朝鮮神宮をはじめとするいくつかの神社では、天照大神に加えて明治天皇が祀られた。明治天皇は日本の近代化のシンボルであり、また韓国併合により朝鮮人民に「仁愛」を施す存在とされたからである。

また朝鮮総督府内務局においては、朝鮮神宮での祈願祈祷、神前結婚式などを不可とする意向があった。

と言うのも、朝鮮神宮が国家の公的祭祀および倫理的施設であり、私的な崇敬対象ではないとしたからであった。これは総督府が、キリスト教学校などに述べていた「神道非宗教論」を貫徹させようとしたこととも関係があろう。ただ、「神道非宗教論」が国家公認のイデオロギーとなり、国民に浸透させられたと言っても、当の神職はそれに対する違和感を最後までぬぐい切れなかったことが、当時の神職たちの証言から読み取れる。朝鮮人に対して「宗教」として振る舞うこともできず、「虚礼」と化した神社参拝に対して、宗教者としての「いらだち」が複数の神職によって一貫して表明されているのである。これは植民者として、朝鮮人の内面に入ることができないという「不安」の表明でもあったであろう。

教育と宗教――「政教分離」と朝鮮神宮、キリスト教

一九一〇年から始まる教育政策において、朝鮮総督府は宗教と教育の分離を表明しており、併合当初に発布された「第一次朝鮮教育令（一九一一年）」施行時においても、朝鮮総督は宗教教育の禁止を明言し、普通学校における宗教教育はもちろんのこと、宗教系の私立各種学校でも、正課としての宗教教育は「改正私立学校規則（一九一五年）」によって禁止されていた。もちろんこれは、キリスト教系学校においては大きな不満の原因となった。

それでは神社はどう扱われたのだろうか。まず結論的に言うと、神社が教育現場において大きな影響力を発揮するようになるのは、一九二〇年代以降である。特に一九二六年以降は、朝鮮神宮の設立が大きく影響している。その背景として、まず「内地」において国民道徳の基礎とされた「教育勅語」と天皇・皇后の写真、すなわち「御真影」が朝鮮半島では普及しなかった、という事情が上げられる。樋浦郷子は、それゆえ

植民地朝鮮においては、児童に対する道徳教育の根幹として、神社が「内地」より重視されたのではないかと述べているが、卓見であろう（樋浦、二〇一三、一四頁）。宗教学的観点から見たとき、これは、「教育勅語」という「信仰 belief」を注入するより、神社参拝という「実践 practice」及び「身体規律 discipline」を朝鮮人児童に叩き込もうとした、と言い換えることもできよう。ちなみに初等教育から高等教育に至るまで、学校儀式に不可欠のものとされた「教育勅語」は、韓国併合当初から朝鮮には不適合と考えられており、普及政策は採られなかった。

朝鮮神宮が初等教育と深い関係を持つようになったのは、総督府の意向と言うより、初代宮司であった高松四郎の考え方によると言う。彼は朝鮮神宮に着任する以前の経験から、小学生に参拝をさせ信仰心を取り戻させ、道徳心も身につけさせるべきであるとの持論を持っていた。彼の思想の表れとして注目されるのは、「修身（道徳）」の教科書を朝鮮神宮に参拝に来た教員に配布し、それを配布された児童が神宮に「御礼参拝」に来るという儀式である。彼は神社参拝が「国家的精神」の涵養になると主張し、総督府も恐らく高松の「道徳心の向上」という言葉に反論することができず、それを黙認していたと思われる。この儀式は朝鮮神宮完成の翌年である一九二六年に早くも開始され、一九三二年には「勧学祭」という名称となり、総督府学務局長が参列するオフィシャルなものとなった（樋浦、二〇一三）。その規模も徐々に大きくなり、一九三〇年代になると、当時「心田開発運動」などのイデオロギー政策を採っていた総督府も、神社を積極的に利用・活用する方針を進めた。この「勧学祭」は後に地方の有力神社でも行われることとなった。総督府も、小学校と神社を地域社会の中心と考えており、この二つはいわばセットとして想定されており、総動員体制下に強制力がより一層高まる「集団参拝」や、「神宮大麻」の頒布にしても、神社は学校（及び児童）に依存せねば、朝鮮人の各家庭に影響力は及ぼせなかった。このように植民地朝鮮においては、学校現場を考察せねば「国家神道政策」は把握することができないのである。

ここでキリスト教系学校と、「神社参拝」を強要する国家神道政策との葛藤を確認しておこう。植民地朝鮮において、初めてキリスト教と神社参拝が問題になったのは、一九二四年のことである。忠清南道の江景公立普通学校に通うキリスト教を信仰する生徒五〇余名が、江景神社の例祭に参加させられた際に参拝せず、教員の休職及び生徒二六名の退学という事態を引き起こした事件である。これは日本本国における同様の事件よりも早いことが注目される（例えば上智大学学生の靖国神社不参拝事件は一九三二年）。この事件は校長が強硬な姿勢を取ったが、この事件の翌年一九二五年の朝鮮神宮鎮座祭においては、キリスト教系学校の参列は強制されてはいない。この時期はまだ総督府としてもあからさまな強硬策は採らず、キリスト教系学校に対し融和的な姿勢を取りつつ、日本に協力的な朝鮮人をピックアップする方策を採っていたのである。先ほど述べたように、一九二〇年代は、総督府もキリスト教系学校に対してそれほど圧力は掛けていなかったが、昭和恐慌を経た一九三〇年代以降は、より一層の国民統合の必要性から、儀礼としての神社参拝を徐々に強要するようになっていった。特に、一九三五年末から三六年初頭に掛けて、平壌にあったミッションスクールに対して平安南道当局は繰り返し圧力を掛け、「国民儀礼」を拒否する学校が認可を取り消され、校長が罷免される事態に至った。この流れを受け、中央の総督府学務局も一九三六年四月に「神社問題に対する通牒」を発して、「神道非宗教論」に基づく神社参拝の義務化を通達した。これにより、ミッションスクールは神社参拝を受け入れて存続するか、拒否して閉校するかという選択を迫られた。ミッショナリー自体も対応が分かれたが、一九三八年九月に長老派が神社参拝決議案を採択し、ここに朝鮮内の全宗派が神社参拝強制に屈することとなった。

朝鮮神宮を頂点とする神社は、総督府当局の思惑とは裏腹に、自らの宗教性を自覚し、修身教科書を配布する「勧学祭」などを通じて、教育現場から自らの地歩を固めようとした。彼らの動きは最初、朝鮮総督府の意向に従ったものではなかったが、戦時体制期となり、朝鮮人を含む全ての人民が動員されることが求められ、総督府は神社の諸活動を追認し、後押しした。つまり、植民地朝鮮における国家神道政策は、行政からの一方的な政策でもなく、神社側の独断専行でもなく、特に教育現場に見られるように相互依存的な関係であったところに、その特徴があったと言えるだろう。

朝鮮における天理教

ここで、教派神道の一つであり、植民地朝鮮で多くの信者を獲得し、戦後もその命脈を保った天理教の事例について紹介しよう。

記録の上では、天理教の朝鮮布教は一八九三年に始まるとされる。しかしこれは「個人布教」であった（天理教は国内外を問わず、自分の身一つで見知らぬ土地に赴く「単独布教」が一般的であった）。しかしこのような初期の朝鮮布教者は、「医薬妨害」などの理由で、日本の官憲から見れば、日本勢力の進出には却って邪魔になる「反文明的」な存在として認識されていた。教団として本格的に布教に乗り出したのは、日露戦争後、朝鮮が日本の保護国となってからである。天理教本部は「韓国布教管理者」を設置し、幹部の一人であった松村吉太郎が一九〇八年にそれに就任した。このことは、天理教本部が、朝鮮半島で困窮している個人布教者を統率し、それぞれが所属教会の支援のもとで布教活動を中央集権的に行うという方向に転換したことを意味していた。
韓国併合後の一九一一年に「天理教朝鮮布教規定」と「朝鮮布教管理所規定」が定められ、改めて朝鮮総督府の認可を受けて、ソウル（京城）に朝鮮布教管理所が設置された。併合前後の機関誌『みちのとも』の論説においては、「遅れた」朝鮮人を精神的に指導する旨が述べられた。例えば、以下に引用するものなどが代表的な論説である。

吾人は天理教の布教師諸君に望む、諸君が内地に於てなしつつある其の真摯熱誠なる「ひのきしん（「ひのきしん」とは、天理教用語で奉仕活動を指す――引用者注）」的生活を、彼等韓民の間に移して、直接に親しく彼等と精神生活を共にしつつ、彼等の事大的に固陋なる精神に此の新らしき偉大なる「ひのきしん」の大道義を鼓吹し、彼等を化して我徒の如く、天を楽み、地を楽み、人を楽しむところの生々活発なる神の生民たらしめんことを（「韓人の救済」『みちのとも』一九〇九年六月号）。

このような論説は、当時の様々な日本宗教の朝鮮布教の時に用いられる典型的なロジックであった。つまり、日本は先進国として、政治・経済面だけではなく、精神的にも植民地を指導する「責務」があり、その精神的な向上を担当するのは日本宗教である、とのロジックであり、これは言うまでもなく各宗教が、自分の存在意義を行政側に認めさせるためのロジックでもあった。
しかし一方で、元々「谷底救済」というように、下層民の救済をスローガンとして挙げていた天理教には、朝鮮人、特に女性という「一番下のもの」から布教するべし、という論調も存在した。朝鮮人への共感も存在し、それが彼等の布教の基礎にあったことも確かなのである。天理教の布教が成功した理由として、実は天理教の教え自体が日本の「国体」からはみ出すところがあったからではないか、と筆者は見ている。実は、朝鮮人信者が天理教の日本中心的な教えに対する違和感や、天理教独自の神話体系が日本の国体に合致していないことを指摘し、表明している事例が機関誌などに散見できる。「病気治し」という言葉をさほど必要としない布教から一歩進んで、教えを朝鮮人信者に浸透させようとしたとき、天理教式の葬儀などの「近代になって形作られた諸儀礼」に朝鮮人は「新しいもの」を発見し、それが一種の「魅力」になったのではないか、との指摘は傾聴に値する（金泰勳『「淫祠邪教」から「世界宗教」へ――天理教の近代経験』立命館大学博士論文、二〇一二）。三・一独立運動直後は信者数を減らした天理教だったが、その後は順調に教勢を伸ばし、一九三八年の統計では布教所数一七六、朝鮮人信者数約二万人を数えた。

解放後、残された韓国人信者は社会全般に見られる反日感情への対応に迫られ、多くの信者もそれをきっかけに信仰から離れたとされる。しかし根強く信仰を続けるものは存在し、後に「大韓天理教（日本の本部から独立）」と「天理教韓国教団（日本の本部教会と連携）」に分裂した。

七　植民地朝鮮における日朝仏教の葛藤

仏教の「利用方針」

先述のように、植民地朝鮮では「寺刹令」が朝鮮仏教を縛る最も大きな法令だった。朝鮮仏教界が完全に総督府に操られることの危機感から、寺刹令に対する反対運動も起きたが、内部の争いもあり結実しなかった。一方この寺刹令は、朝鮮仏教を日本仏教と切り離して個別に管理することを打ち出したものとも言え、朝鮮仏教を日本仏教の末寺として押さえさせるより、総督府の一元的な管理の下、朝鮮民衆の人心安定に利用した方がよいと判断したものとも言えるだろう。このような現地仏教と日本仏教との分離政策は、台湾と類似している。つまり、両総督府とも、日本仏教が現地の仏教をコントロールできるとは見なさなかったのである。

一九一九年の「三・一独立運動」は、その規模も当然のことながら、首謀者とされた「民族代表」というグループが宗教家で構成されていたことも注目された。一九二〇年に書かれた秘密文書（長谷川から斎藤への総督としての引継書の一つであろう）にも朝鮮人宗教者の民族運動に対する警戒が書かれており、露骨な「朝鮮仏教利用方針」が書かれていた。その内容を要約すると以下の通りである。

まず三〇本山を統轄する総本山を京城（ソウル）に設置し、より強力なトップダウンの制度を構築すること、朝鮮人への教化力など朝鮮仏教の潜在力に対する期待、仏教を振興する外郭団体の設置や親日的な人材の育成、日本人顧問の採用など、その「利用方針」があからさまに記されていた。「罪人の感化」「慈善活動」など様々な社会活動を慫慂していることにも注目させられる。つまり、「三・一運動」により朝鮮宗教の潜在力におののいた総督府が宗教管理の必要性を痛感し様々な対策を打ち出そうとしたのが、一九二〇年代初頭の情勢であった。事実、この「引継書」がある意味ロードマップとなり、それ以降の対仏教政策を形成していった。

日本仏教の活動

さて、日本仏教の諸宗派は、植民地においては「開教」「伝道」と言うより日本人移民の後を追いかけていった「追教」的性格が強く、現地人を含めた新しい信徒の獲得には消極的か、もしくは失敗したという評価がほぼ定着している。また「寺刹令」で朝鮮仏教を末寺化できなくなったことも、その傾向に拍車をかけた。植民地朝鮮においても朝鮮人の信徒の獲得に成功していない事実は動かしがたいが、日本仏教諸派の様々な社会事業・活動が存在したことも事実である。これはキリスト教のミッショナリーが学校や病院を梃子に信者を獲得しようとした動きを模倣したものとも言えようし、行政当局に自らの存在意義を示すこともその動機であっただろう。特に真宗大谷派が設置した「向上会館」は、その代表例であるので、簡単にその概略を紹介する（諸、二〇一八）。これは一九二二年に朝鮮人の教育機関として作られたもので、その内訳は当初「宗教部」「修学部」「産業伝習部」という三部門であった。「宗教部」は真宗教義の宣伝を、「修学部」ではいわゆる実業教育（夜学）を、「産業伝習部」では洋服や洋靴の技能教育をおこなっていた。そもそもこの施設の設立のきっかけは、再び三・一独立運動のような「軽挙妄動」を起こさせないよう、朝鮮人の民心の安定を宗教の側面からサポートすることにあったと明言されていた。

日本人の仏教布教者たちも、朝鮮人布教が全く成功しなかったことへの反省があり、その「失点」を取り返すべく、当時の朝鮮総督府の社会事業の一助になることを自らに課し、総督府もその役割を与え続けた。別の例として、当時の貧困層である「土幕民」の精神的教化事業があった。結論から言えば、日本仏教諸宗派の社会事業は、植民地権力の「出先機関」となり、植民地統治の要請を「普遍的な」仏教精神で覆い隠す性格を持っていたと言えるだろう。

朝鮮仏教界の動向と植民地権力との「交渉」

では、日本仏教の「相手役」であった朝鮮仏教は、一九二〇年代以降の文化政治期において、どのような活動を行なったのであろうか。

まず、斎藤実の「文化政治」は、朝鮮側から見れば朝鮮人内部の様々な対立、葛藤を利用した「分割統治」が特徴であった。朝鮮仏教界に対しても、総督府の「寺刹令体制」に従順か否か、日本仏教からもたらされた妻帯制度や肉食を実践するか否かという対立が利用された。斎藤率いる朝鮮総督府は、一九一九年の「三・一独立運動」の経験から、朝鮮の宗教が政治に深く関与することを危険視し、朝鮮仏教を御用化し、親日的な人士をトップに据えるようなプランを抱いていたのは先述の通りだが、一言で言えば、朝鮮仏教界は日本側の「懐柔策」にどう対応するかを迫られたと言える。

一九二〇年代は大掴みに言うと、既得権を守ろうとする住持階層と、それに対抗する青年僧たちが対立していた時代でもあった。青年僧たちの活動は、法の枠内での言論の自由を認めた文化政治期の政治状況に後押しされたものだった。彼らは仏教界の制度改革（寺刹令の撤廃）、財政の統一化、寺刹所有の財産の整理、学問を振興し布教を行うことを主張したが、当局に無視され、当局と近しい住持層にも顔を背けられ、彼らの活動は失敗に終わった。

朝鮮総督府学務局は、一九二二年五月、三〇本山住持会を開催しようとした。学務局は会議に参席した本山住持たちに、新しい統一機関を設立して事業を進めるように指示した。これは総督府側が、朝鮮仏教をより強力に支配するために、自らの意思を体現する中央統制機関の設置を改めて要求したものと言える。結局本山住持たちは「朝鮮仏教中央教務院」という統轄機関を設立することとし、この中央教務院は一九二二年一二月に総督府から財団法人の認可を受けた。こうして朝鮮仏教の「御用化」は一層進んだ。

もう一つ総督府側から朝鮮仏教への介入例として、一九三〇年代後半に総本山設立を慫慂したことが挙げられる。一九二〇年代以降の朝鮮仏教の動きは、朝鮮仏教の自主性の回復と、そのための中央統轄機関の設置を目指す仏教界の「統一運動」であったとまとめることができる。トップダウンの仏教統轄機関の必要性を構想していた朝鮮総督府とはまさに「同床異夢」の関係を続けてきたとも評せるであろう。一九三五年から仏教統一運動が展開されたのには、日本からの働きかけがある意味きっかけとなった。この年には、宇垣一成総督のもと「心田開発運動」というイデオロギー政策が開始され、仏教界もその一翼を担うことを要請された。この政策を実行するために朝鮮仏教側も様々な対応を迫られ、それを担う中央機関の設立を画策したのである。もう一つの原因として、伊藤博文の菩提寺として京城に建てられた博文寺（一九三二年落成）を朝鮮仏教の総本山とすることが朝鮮総督府の諮問機関である中枢院で提起され（一九三四年末）、それへの反発があり、自分達の手で総本山を建設しなければ、という考えを朝鮮側僧侶たちが持ったからでもある。そのような朝鮮僧侶たちの危機感と、地方本山同士の連合協議会での協調が相俟って、一九三七年二月に朝鮮総督府で開かれた住持総会にて、総本山建設が決議され、総督府も同意した。

総督府の意向に沿う形で、朝鮮仏教界は統一運動をおこなっていき、一九三七年からそれまで京城で朝鮮仏教の中心とされていた覚皇寺の移転から総本山の建設は開始され、名称は太古寺（現在の曹渓寺）と決定され、一九三八年一〇月に新たな総本山が完成したのである。朝鮮仏教全体の宗名は「朝鮮仏教禅教両宗」から「曹渓宗」と一九四一年に変更され、この名称は現在まで続いている。

このように朝鮮仏教界は、朝鮮総督府や日本仏教関係者と渡り合いながら、現在まで続く宗派の原型を作り上げていったのである。

八　おわりに

ここまで日本の旧植民地だった二つの地域の宗教政策及び神道と仏教の植民地布教の概要を追ってきたが、まず共通していえるのは、「内地宗教」の日本語中心主義による布教は、ある意味当然のことながら現地人に対して有効性を持たず、その地に根を下ろすことなく、この試みは潰えた。国家権威を常に背後にかかえ、現地人の懐に入ることがなかった神道と仏教の帰趨はある意味当然といえるだろう。

もともと神道信仰のない植民地では当然「（国家）神道」はなかなか定着することができず、植民地権力は繰り返しその場において国家儀礼を開催し、「現地人」を動員することでその「公共性」の確保に躍起となった。植民地における国家神道政策は、「同化主義」の一典型であり、また失敗の一典型でもある。その政策が日中戦争、太平洋戦争期にエスカレートするのは、本国の政治状況と足並みを揃えてのことである。

国家神道政策の「失敗」は、日本の敗戦後、朝鮮半島のみならずほとんどの植民地神社が速やかに破壊、撤去されている事実からだけでも明らかであろう。特に朝鮮半島においては、一九四五年八月一五日の「解放」以降、神社が警察署と並んで朝鮮民衆の「攻撃対象」となった（森田芳夫『朝鮮終戦の記録』巌南堂書店、一九六四、一〇八〜一一三頁）。これはそれだけ神社が、植民地において朝鮮人の恨みを買っていた施設であり、国家神道が植民地人の内面に浸透できなかった何よりの証拠だろう。ある神道家は、朝鮮神宮が完成した際に「ただの一人の鮮人《ママ》も「参拝」した者はなかった」と嘆き（小笠原省三編述『海外神社史上巻』海外神社史編纂会、一九五三、七三頁）、満洲の神社を研究した嵯峨井建は「植民地神社の「失敗」は、現地の神を尊重する「国魂神」の精神（伝統）を忘れ、神道が独善的になったため」と論じたが（嵯峨井、一九九八、二九四〜二九七頁）、結局植民地の現地人にとって、神社神道は最後まで「異邦人の宗教施設」であり続けたのである。今回は紙幅の関係で取り上げなかったが、満洲国においても官幣大社関東神宮（旅順市）や、新京（現・長春市）に創られた「建国神廟（満洲国宮廷の「賢所」に相当）」と「建国忠霊廟（これは満洲国の靖国神社といえる施設）」も、「五族協和」が謳われた満洲国民の統合シンボルとなることが目されたが、当然その機能は果たし得なかった。

ただし、戦前と戦後で、日本の旧植民地の「宗教地形」が全く断絶した、というわけではない。前述のように、天理教は台湾、朝鮮で生き残った。これはある意味ポジティヴな「遺産」だが、解放後の韓国においては、独身制の比丘僧と妻帯僧（これは日本が持ち込んだものである）が争い、前者は「曹渓宗」、後者は「太古宗」を名乗り分裂した。このような対立は「帝国の遺産」、もしくはポストコロニアル問題として取り扱うべき一つの事例と言えるだろう。

戦後、日本は植民地を所持していたことを忘れるかのように過ごしてきたが、旧植民地で目をこらせば、日本宗教の「痕跡」はまだ見つかるのである。

参考文献

大澤広嗣（二〇一五）『戦時下の日本仏教と南方地域』法藏館
川瀬貴也（二〇〇九）『植民地朝鮮の宗教と学知――帝国日本の眼差しの構築』青弓社
木場明志・程舒偉編（二〇〇七）『日中両国の視点から語る植民地期満洲の宗教』柏書房

蔡錦堂（一九九四）『日本帝国主義下台湾の宗教政策』同成社
嵯峨井建（一九九八）『満洲の神社興亡史』芙蓉書房出版
菅浩二（二〇〇四）『日本統治下の海外神社――朝鮮神宮・台湾神宮と祭神』弘文堂
諸点淑（二〇一八）『植民地近代という経験――植民地朝鮮と日本近代仏教』法藏館
中西直樹（二〇一三）『植民地朝鮮と日本仏教』三人社
――――（二〇一六）『植民地台湾と日本仏教』三人社
樋浦郷子（二〇一三）『神社・学校・植民地――逆機能する朝鮮支配』京都大学学術出版会

コラム② 天皇機関説と筧克彦

西田彰一

一 天皇をめぐる憲法論

日露戦争後、西洋列強へのキャッチアップに一段落が着いたことは、日本社会に変化をもたらした。日本は国家としての目標を喪失し、さらに大逆事件や明治天皇の崩御、大正政変の発生を迎えたことで、国民の意識にこれまでにない動揺が走るようになった。それはまた、旧来的な君主主権に基づく国家の在り方に変更を迫るものともなった。

このような状況下において展開されたのが、天皇機関説論争である。天皇機関説論争は、美濃部達吉《みのべたつきち》（一八七三〜一九四八）と上杉慎吉《うえすぎしんきち》（一八七八〜一九二九）がそれぞれの著書を批判したことに始まる。美濃部はその著書『憲法講話』（一九一二）で、天皇を国の最高機関と位置づけ、国民にも主権があると主張する天皇機関説を本格的に展開する。これに対して上杉慎吉は、天皇は国の絶対的主権者であり、国民が主権者であるという考え方は正しくないという天皇主権説を唱えて、美濃部を批判した。この論争は、多くの憲法学者が美濃部を支持し上杉を批判したことで、事実上美濃部の勝利として終わった。その後美濃部の学説は、天皇機関説事件（一九三五年）で、美濃部が右派に排撃されるまで憲法学の権威としてその地位を確立した。

だが、美濃部や上杉の影に隠れがちであるが、独自の憲法論を展開していた人物として、筧克彦《かけいかつひこ》（一八七二〜一九六一）のことはあまり知られていない。筧克彦は、法学と神道を組み合わせる「神ながらの道」(「古神道」)を提唱した人物であるが、これまでその憲法論の具体的な中身についてはほとんど検討されてこなかった。そこで、ここでは筧が大正期から昭和戦前期にかけて、どのような憲法論を唱え、美濃部の天皇機関説といかなる関係性を有していたのかについて述べることとする。

二　筧の憲法学説

筧は明治末期にドイツへの留学経験を経て、西洋諸国にはキリスト教の精神が根づき、国民を統合する精神的基盤になっていることを発見する。この経験から、日本が国家としてこれ以上発展するためには、従来のように単に西洋の制度を模倣するだけではなく、日本の歴史に適合した精神的主軸が必要だと認識するようになった。そこで筧は、精神的主軸として、国の中心となる宗教(国教)を確立することが不可欠であるとしたのである。筧は当初その宗教に仏教を想定していたのであるが、大正の初め頃に、神道のほうが国民の心により共感的に響くと考えるようになり、「神ながらの道」という神道と法学を組み合わせた独自の理論を展開するようになる。

さて、法学と神道を組み合わせた筧の唱える憲法学説はどのような構成をとるのかについてであるが、実は当初は意外にも天皇機関説に近い構図を取っている。石川健治が「権力とグラフィクス」(長谷部恭男・中島徹編『憲法の理論を求めて――奥平憲法学の継承と展開』日本評論社、二〇〇九)で主張していることであるが、元来筧は、美濃部と同じように天皇を国の最高機関と位置づけ、国民にも主権者的権利があると主張する天皇機関説と同じ論理構成を有していた。石川は明治末期の筧の議論に注目してそのように述べているが、同じ構図は筧が「神ながらの道」を唱えるようになった、大正期以降の議論にも存在している。その例として、『国家之研究』(清水書店、一九一三)という著作の一節「帝国憲法の根本義」を取り上げよう。

筧は明治憲法を、天皇が制定した「欽定憲法」でありながら、日本の神々が歴史を通して、明治天皇の時代にこれを結実させた「神定憲法」であると主張する。それゆえに「天子様すら神様のお助をお祈りになって、神の大いなる表現者として之を運用せしめんとお誓ひに」なるのである。また、「吾吾と雖も只憲法によつて統治せられて居る丈けのものではない。憲法の運用については我我も皆責任を持つて居るのである」と「臣民の扶翼」の原理を重視する。天皇も臣民も神々に誓うという筧の用語に修飾されてはいるが、神々の名の下に、かえって天皇の力は制約され、臣民による憲法の運用が重視されるのである。

無論、美濃部と筧は構造的に似ている点があると言っても、その構造を支える手法が大きく異なっている。美濃部が政党内閣という議会と行政を横断する組織を用いて、明治立憲制の円滑な運用を下支えしようとしたとするならば、筧は明治立憲制の維持のために、宗教的修養を最重視する。神々への信仰心を国民に高めさせることで、国家を支える行動を人々が自発的に行うように促す。筧は宗教を通した修養による国民の人格的陶冶を強く望んだのであった。

こうして筧は、美濃部とはその方法が大きく異なるものの、天皇は実質的な実権は握らず、国民が実際の政治を動かすという天皇機関説の構図を用いていた。だが、一九三五年に天皇機関説事件が起きると、個人としては「美濃部君は国賊などではない」と同情的な弁護をしていたと伝えられているものの、学説としては天皇機関説から距離をとり、天皇主権説的な方向へと自らの議論を修正していく。それが『大日本帝国憲法の根本義』（岩波書店、一九三六）である。

三　筧学説の変質

『大日本帝国憲法の根本義』において、筧が初めて用いるようになった「立国大法」という言葉がある。筧は「不文の国法」かつ改正を想定しない法である「立国大法」を、「天皇様即皇国の大生命中に自ら具はりつ、ある法」として位置づける。これは前年（一九三五年）二月に起きた、天皇機関説事件の影響を受けた議論と見てよいであろう。実際、筧の議論はそれまでとは異なる展開を見せている。たとえば、「国務大臣は天皇様に対してのみ其の責に任ずる者であつて、天皇様に代り奉つて帝国議会又は国民に対して責に任ずる者ではない。帝国議会も亦天皇様に対して奉りて輔翼の責に任ずる者にして、国民に対して責に任ずる筈の者ではない」と述べ、従来より天皇にはるかに大きな権限を認める。

他にも、統治の正法大道は「天皇様の中に在り天皇様より出ずる法であり道でありながら、此の正法を守り大道によりて行動することの本たる御方様は　天皇様にまします」と述べているように、国民が天皇に関与する余地がなくなっている。かつてのように、神々の下に国民と一体となって活動する天皇という構図から、天皇は尊いから、国民は当然これを扶翼しなければならないというように天皇を一段高いところに位置づけるのである。さらに、権威と法の関係についても、「権威と法とは、其の運用に於ては相対立し、別々に観念され得べきも、権威は元より人格者の中核であり、主であり、法は是に従ふ」と法に対する天皇の権威の優位を説くのである。

このように、天皇機関説が排斥され、国体明徴が説かれる中で、筧の学説もまた、神々の下に君民一体の国家が運用される構造から、天皇がより一段高い命令を行う構造へと変質し、その結果、本書を著さざるを得なかったのである。筧は何よりも、国家の秩序の安定を最重視しており、この点に関しては終生一貫していた。だからこそ、筧は天皇機関説事件の際に美濃部のように闘う道を選ばず、秩序を安定させ維持する方を選び、天皇機関説から天皇主権説へと変節し、隔絶された主権者としての天皇を宗教的に語ったのである。だが、これによって筧は昭和戦前期の社会に迎合し、天皇崇敬の強化をリードする人物の一人となることを運命づけられたのであった。

第四章　戦争協力と抵抗

大谷栄一

一　はじめに

日本の宗教団体と戦争責任

「「世の光」「地の塩」である教会は、あの戦争に同調すべきではありませんでした。まさに国を愛する故にこそ、キリスト者の良心的判断によって、祖国の歩みに対し正しい判断をなすべきでありました。」（『日本基督教団史資料集』第四巻、日本基督教団出版局、一九九八、三三七頁）

これは、日本基督教団によって一九六七（昭和四二）年に表明された「第二次大戦下における日本基督教団の責任についての告白」（いわゆる「戦争責任告白」）の一節である。日本基督教団は一九四一（昭和一六）年六月に三四の教派が合流して結成されたプロテスタント教会である（土肥、一九八〇、三五二頁）。戦時中に教団の名で戦争を是認して支持し、日本軍の勝利のために祈り努めたことについて謝罪した。

戦後、日本の宗教団体が戦争責任を公に表明したのは、この告白が初めてである。終戦から二二年を経てのことだった。

仏教教団による戦争責任の表明は、さらに遅い。日中戦争勃発から五〇年目の一九八七（昭和六二）年、真宗大谷派の「全戦没者追弔法会」で「慙愧の念」が示された。

その後、浄土真宗本願寺派の宗会決議（一九九一年）、曹洞宗の「懺謝文《さんじゃもん》」（一九九二年）、真宗大谷派の「不戦決議」（一九九五年）、臨済宗妙心寺派の「宗議会宣言文」（二〇〇一年）と続いた（藤野、二〇一五）。すなわち、日本の仏教教団が戦争責任を正式に表明したのは、終戦から四〇年以上を経た一九八〇年代後半以降なのである（いまだこうした見解を明らかにしていない宗派も多い）。

では、一体、日本の宗教団体はどのように戦争に「同調」し、どのような協力を行ったのだろうか。また、戦争に「同調」せず、抵抗した宗教者はどのような考えでどのように行動したのだろうか。そのことを検討してみたい。

なお、近代日本の宗教者や宗教教団の戦争協力は日清戦争（一八九四年～一八九五年）・日露戦争（一九〇四年～一九〇五年）の時期からみられるが、本章では、本巻の位置づけと紙幅の関係から、日中戦争初期（一九三七年七月から数年間）の時期を扱う。また、（新宗教については第五章にゆずり）仏教とキリスト教の動向を中心に「戦争協力と抵抗」の諸相を分析することにする。

先行研究と研究視座

近代日本の仏教とキリスト教の戦争協力と抵抗については、市川白弦『仏教者の戦争責任』（春秋社、一九七〇）、中濃教篤編『戦時下の仏教』（国書刊行会、一九七七）、同志社大学人文科学研究所編『戦時下抵抗の研究――キリスト者・自由主義者の場合』全二巻（みすず書房、一九六八～一九六九）、森岡巌・笠原芳光『キリスト教の戦争責任――《日本の戦前・戦中・戦後》』（教文館、一九七四）が先駆的な研究成果である。以後、半世紀を通じて、数多くの研究の蓄積がなされてきた。

なかでも、近代日本の「戦争と宗教」の問題を通史的・網羅的に論じたのが、小川原正道『近代日本の戦争と宗教』（講談社、二〇一〇）、同『日本の戦争と宗教 1899-1945』（講談社、二〇一四）である。前者では戊辰戦争から日露戦争まで、後者では一九世紀後半から太平洋戦争までの「戦争と宗教（仏教・キリスト教・神道・新宗教）」の関わりが通覧されている。これまでこの研究領域では、基本的に宗教や宗派・教派ごとに研究が行われてきた。その傾向は今も続く中で、小川原の研究は宗教横断的であり、画期的な意義をもつ。

こうした一定の研究蓄積がある中で、近代日本の「戦争協力と抵抗」の問題に切り込むための研究視座について、重要な提起を行っているのが、永岡崇である。永岡の『新宗教と総力戦——教祖以後を生きる』（名古屋大学出版会、二〇一五）は、一八八〇～一九四〇年代の天理教を対象として、国家主義や植民地主義、総力戦といった歴史的事象と交錯することで、教団の教義や信仰がどのように変遷したのかを明らかにした労作である。「新宗教の国策協力・戦争協力という状況においていったい何が起こったのかを記述し」ており（三頁）、新宗教の戦争協力を主題化している貴重な研究である。

「新宗教と総力戦」という課題に答えるために、永岡は近代日本の「戦争と宗教」の関係を次の四つの問題領域に大別する（三〇頁）。

① 戦争への協力
② 戦争への抵抗
③ 戦争への協力／抵抗の外部に展開される宗教活動
④ 戦争経験の振り返り

②については非戦論・反戦論、神社参拝拒否、徴兵拒否が挙げられ、④については戦後の戦死者慰霊・追悼、戦争責任告白、平和運動が具体例として示されている。永岡は、①について「宗教団体や宗教家・信仰

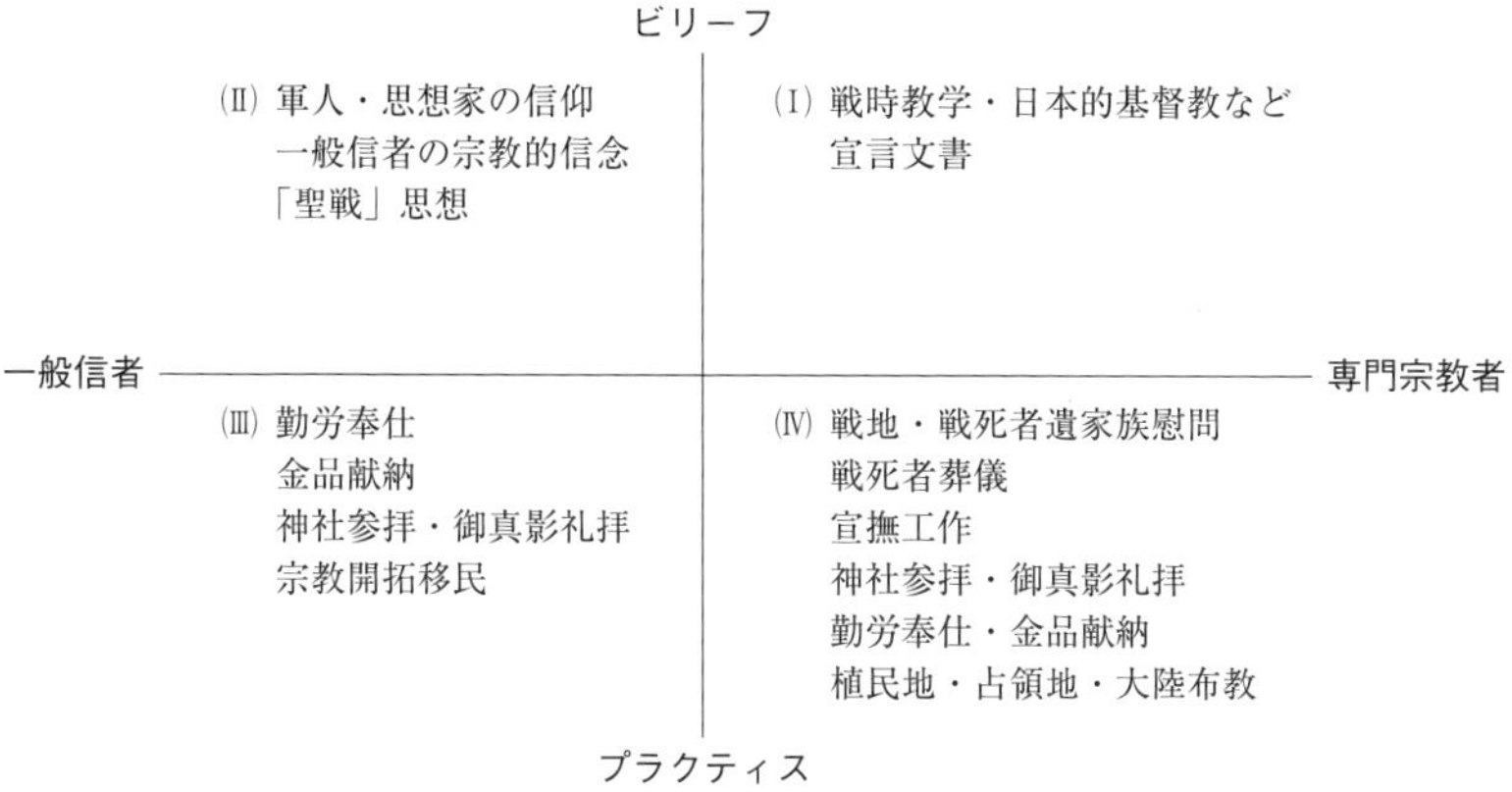

図　宗教団体・宗教者の戦争協力の類型図
（出典：永岡崇『新宗教と総力戦』名古屋大学出版会、2015 年、31 頁）

者の戦争協力」は多様性があるとして、その多様な営みを「宗教団体・宗教者の戦争協力の類型図」として、図のように整理した（ビリーフとは信、言語的に表明される信仰、プラクティスとは行、非言語的・非意味的な慣習行為のこと）。

戦争協力の多様性が大変わかりやすく可視化されている。永岡によれば、（Ⅰ）（Ⅱ）象限の研究が質・量ともに研究の層が厚く、その背景には宗教の戦争協力、戦争と宗教の関係をめぐる研究全体を規制している「ビリーフ中心主義」（によるプラクティスの軽視）があるという。筆者が専門とする近代仏教研究（筆者の研究も含む）でもたしかに（Ⅰ）（Ⅱ）象限の研究が多く、首肯できる指摘である。永岡は「戦争協力のプラクティスがビリーフのありように深い影響を及ぼすこともある」として、「ビリーフとプラクティスの相互作用的もしくは循環的関係」を把捉することの重要性を強調している（三二頁）。

この点も同意できる指摘である。宗教団体・宗教者の大勢が行った「戦争協力」の営為については（Ⅲ）（Ⅳ）象限にも注目を払い、また、「ビリーフとプラクティスの相互作用」に着目することが求められる。本章ではこれらすべての論点を組み込むことはできないが、上記の①と②の問題領域を中心に、(これまで必ずしも研究は十分ではない)(Ⅳ)象限の活動に注目して、分析・記述を行うことにする。

二　日中戦争と総動員体制

日中戦争の勃発

一九三七(昭和一二)年七月七日、北京(当時は北平)郊外で発生した盧溝橋事件によって、日中戦争が始まった。当時の日本政府(第一次近衛文麿内閣)は、当初、「不拡大、現地解決」の方針を採った。しかし、事態はそう推移せず、同月二八日、支那駐屯軍、満洲と朝鮮からの増援部隊、関東軍からなる日本軍が総攻撃を開始し、戦闘が本格化する。翌二九日には日本軍が北京、天津を占領した。八月九日の第二次上海事変(日本海軍の軍人二名が中国保安隊に射殺された事件)によって、戦火は華北から華中にも飛び火した。

同月一五日、近衛内閣は「支那軍ノ暴戻ヲ膺懲《ようちょう》シ以テ南京政府〔当時の国民政府―大谷注〕ノ反省ヲ促ス為、今ヤ断固タル措置ヲトルノ已ムナキに至レリ」(『日本外交年表竝主要文書』下巻、原書房、一九六六、三七〇頁)とする政府声明(暴支膺懲論)を発表し、全面戦争に踏み切る。日本側は中国に一撃を加え、戦意を喪失させる方針(一撃論)に出た。

ところが、日本政府と日本軍の思惑通りにはならず、日本軍の苦戦が続いた。一一月一一日に上海を制圧したものの、日本側の戦傷者は四万三六七二名(戦死者九一一五名)、中国側の戦死者は二五万人前後を数えた（笠原十九司『日中戦争全史』上、高文研、二〇一七、二八五頁）。両者ともにその被害は甚大だった。

上海制圧後、松井石根を司令官とする日本軍は上海から三〇〇キロ離れた南京（国民政府の首都）に入り、一二月一〇日に攻撃を開始し、一三日に占領する。一七日に松井らの入城式が行われた。この過程で多数の一般市民と捕虜を虐殺した南京事件が発生する。

なお、中国との戦闘が発生した当初、日本政府は「北支事変」（七月一一日命名）という名称を用いていたが、事態が拡大した結果、「支那事変」（九月二日）と改めた。「戦争」ではなく、「事変」というのが日本政府の認識だった。日中戦争は宣戦布告なき「戦争」であり、以降、状況は日本にとって泥沼の様相を呈していくことになる。

戦争の発生に日本の宗教界は積極的に応答した。日本軍の侵攻に伴い、日本の仏教界とキリスト教界は中国大陸での布教や伝道を本格化させる。そもそも、中国大陸で正式な布教権を持たなかった日本の宗教勢力が大陸で勢力を拡大するきっかけとなったのが、一九三一（昭和六）年九月の満洲事変と翌年三月の満洲国建国である。日本人移民が増加し、仏教各宗派は満洲地域に布教所を設立した。また、キリスト教界も満洲事変を契機に満洲に積極的に進出するようになる。日中戦争は、満洲と上海地域で活動していた日本の宗教勢力が中国大陸の内部へと入り込んでいくきっかけとなった出来事だった（小川原、二〇一四、一〇六頁）。

仏教界の銃後の活動

では、盧溝橋事件直後からの仏教界とキリスト教界の動向をみていくことにしよう。

七月一一日、日本軍と中国軍との間で停戦協定が結ばれたが、同日、近衛内閣は「不拡大、現地解決」の方針を堅持しつつも、現地へ軍隊を増援・派兵することを閣議決定し、その日の夕方、「華北派兵に関する声明」を発表する。

この声明を踏まえて、翌一二日、文部次官名で宗教諸団体に、「宜しく信徒を教導し正しく時局を認識せしむるに努め以て国民たるの本分を守らしむると共に協力一致弥々国民精神の振作に遺憾なきを期せられ度」（内務省警保局編『社会運動の状況〈復刻版〉』昭和一二年度、三一書房、一九七一、一三一三頁）との通牒が発せられた。一五日には各宗教団体の代表が文部省主催の時局対策協議会に招待され、銃後の活動を要請された。

その具体的な活動として、仏教界（各宗派）には次のような役割が要請された。文部省からの通牒を宗派ごとに全国各地の末寺に伝達すること、各宗派の本山内に恤兵《じゅっぺい》（軍隊や軍人への献金や寄付、それらの送付）担当の特別機関を設置すること、仏教連合会（仏教界の連合組織。一九一二年設立。現・全日本仏教会）からの連絡にもとづき、宗派ごとに具体的な活動方針を樹立すること、一般檀信徒や托鉢行脚等による国防資金、慰問金品の募集、応召家族の慰問、従軍布教師（従軍僧）の派遣などである。いわば、永岡の「宗教団体・宗教者の戦争協力の類型図」における（Ⅲ）（Ⅳ）象限のプラクティスが期待されたことがわかる。これらについて、「相当の実績を収めたる模様なり」と報告されている（同前）。

また、キリスト教界（各教派）は政府の声明が所属教会に伝達されたものの、「其の状況は一般に関心薄く殆ど傍観的態度を示して見るべき活動なく」と、内務省警保局の評価は低い（同前、一三一四頁）。ただし、日本基督教連盟（日本のプロテスタント教会の連合組織。一九二三年結成）が慰問事業費一万円と慰問袋五万個の募集に着手し、日本聖公会や天主公教会（カトリック教会）等の地方教会が熱心な献金募集を試みたことも記録されている。

では、実際に仏教界とキリスト教界はどのような銃後の活動を担ったのだろうか。それを当事者側の記録を通じて検討する。

仏教連合会（以下 仏連と略）は、七月一二日、文部省からの通達を踏まえ、各宗派・全国の支部・百余の全国連絡団体に「北支事変に関する通牒」を送付し、「それぞれの立場に於て機宜適切の方策を講じ一層仏教報国の実を挙揚せらる」よう指示した。一六日には役員が陸軍省を訪れ、慰問使と従軍布教師（従軍僧）の派遣、慰問袋の準備を約束している（『支那事変と仏教徒の動き』仏教振興会出版部、一九三七、一五七～一五八頁）。

一三宗五六派を数えた仏教各宗派は文部省からの通達と仏連の指示にしたがい、戦時体制を整えていく。その一例として、真宗本願寺派（現・浄土真宗本願寺派。以下 本派と略）の取り組みを確認しておこう。ちなみに、一九三六（昭和一一）年末当時、日本の仏教寺院数は七万一一九四ヶ寺を数え、本派は九八〇〇ヶ寺、住職八一〇八名、門徒七二一万二千余名の教勢を誇った大教団である（『仏教年鑑』昭和一三年版、三〇三～三〇四頁）。

七月一五日、千葉康之執行長は門末に向けて「訓告」を発令した。「王法為本ノ宗則ヲ奉スル一宗ノ僧侶須ラク門徒教化ノ重責ヲ空シクスルコトナク億兆一心粉骨砕身以テ無極ノ　皇恩ニ奉答致ス」ため、「挺身教導ノ任」を尽すことを説いた（『本山録事』一九三七年八月一〇日）。この任を遂行するために、本派では七月一九日に大谷照乗連枝（法主の一族）を現地の軍隊慰問に出張させ、二三日には「臨時事務所」を設置した。

この臨時事務所の「職制」をみると、「慰問」と「法務」（軍の帰敬式、本山追弔会、戦病死者納骨）、「情報連絡」等の活動を担うことが記されている。「慰問」として期待されていた具体的な役割は、現地軍隊の布教慰問、現地居留民・避難民への慰問・救護、現地での戦病死者の追弔法要、現地の傷病兵への慰問、特別慰問布教、内地での援護布教、慰問金品の募集と発送、内地の病院等での傷病兵慰問、出征兵・傷病兵・戦死者等への慰問救恤、出征凱旋傷病兵遺骨等の送迎、内地に帰還した避難民の慰問である（『支那事変と仏教徒の動き』、七頁）。幅広いプラクティスとして、「慰問」があることがわかるであろう。

また、四〇万人の会員を擁する本派の仏教婦人会には、出征軍人の家族慰問、共力援助・労働奉仕、現地（出征兵士）への通信を指示した。末寺には、法座や掲示板によって挙国一致の精神作興を説くこと、献金や慰問金品の奨励、出動兵士の歓送、出征兵士の慰問・救護、死傷病軍人家族の慰問、出征兵士の帰敬式、戦病死者の取り扱い等、細かい指令を発した（同前、一一～一五頁）。

こうした本派の銃後の活動は「王法為本ノ宗則」にもとづくものであり、それは「真俗二諦的「真宗」理解の伝統」（赤松、一九八八、一三七頁）に依拠するものであった。「真俗二諦」とは「王法と仏法の別を明確にし、社会生活においては王法を優先させる考え」（新野、二〇一四、一三二頁）であり、近代真宗教団のビリーフであった。すなわち、銃後の活動というプラクティスと真俗二諦というビリーフの関連を認めることができる。

キリスト教界の銃後の活動

一方、キリスト教界に目を転じると、日本基督教連盟（以下 連盟と略）は日中戦争に際して三つの声明を発表している。「非常時局ニ関スル宣言」（七月二二日）、「支那事変ニ関スル声明」（九月一五日）、「支那事変ニ関スル声明」（一一月二四日）である。連盟は満洲事変や第一次上海事変（一九三二年に中華民国の上海共同租界周辺で発生した日中両軍の衝突）の際には日本の中国侵略を是認していなかった。しかし、日中戦争に際しては「今次事変ニ際シ吾等ハ政府声明ノ趣旨ヲ体シ協同一致、奉公ノ誠ヲ效サンコトヲ期ス」（「非常事局ニ関スル宣言」『日本基督教団史資料集』第一巻、一九九七、一八一頁）と、戦争協力を表明するにいたる（カトリックも政府の方針を支持）。

連盟は加盟団体、さらに未加盟団体にも「有効適正なる運動」の方針を指示し、それが実践された。その方針とは、①精神報国運動、②皇軍慰問事業、③文化工作並びに宣撫事業である。先の七月二二日と九月一五日の声明は、①の一環として、各教派の機関誌やキリスト教系の新聞雑誌に広く公表された。また、②として、慰問袋献納運動、華北の日本軍への慰問使の派遣、軍人ホームの開設等の現地事業が実施された（『基督教年鑑〈復刻版〉』昭和一三年版、五九〜六二頁。③については後述）。

連盟に加盟しているきよめ教会（日本ホーリネス系。中田重治監督。教会数二〇〇、会員数九〇六五名）は、キリスト教界の中でいち早く陸軍に寄託する慰問袋を集めた（『中外日報』昭和一二年七月二二日、二面）。

当時、日本のキリスト教界の勢力は、カトリック（天主公教会）が二六一教会（信徒数一〇万八〇名）、日本ハリストス正教会が九〇教会（信徒数一万二二九一名）、プロテスタント諸教派二六団体からなる連盟は二一〇四教会、信徒数三二万五三〇七名を数えた（『社会運動の状況〈復刻版〉』昭和一二年版、一二七九〜一二八一頁）。ほかに、（当時は「基督教系類似宗教団体」と称された）内村鑑三系統の無教会や新宗教があった。キリスト教界の勢力は仏教界と比べると小規模だったが、キリスト教界も銃後の活動に取り組んだのである。

総動員される宗教界

「暴支膺懲」の政府声明が出された九日後、一九三七（昭和一二）年八月二四日、近衛内閣は「国民精神総動員実施要綱」を閣議決定する。国民精神総動員運動（以下 精動運動と略）とは、戦争遂行のために「挙国一致」「尽忠報国」「堅忍持久」を目的とし、日本精神の発揚による挙国一致と非常時の財政経済に対する挙国的協力を求めた国民教化運動だった。

九月九日の「内閣訓令」を踏まえ、一〇日、文部省から地方長官あてに「国民精神総動員ニ関スル件」が発せられ、「国民精神ノ総動員」の実施が全国各地に伝えられた。九月九日から一〇月一二日までは国民精神総動員強調週間、一〇月一三日から一九日までは同第二次強調週間と位置づけられ、ラジオ放送、雑誌『週報』の発行、ポスターやビラの配布、講演会の開催等が行われた（長浜功編『国民精神総動員運動　民衆教化動員史料集成第一巻　内閣情報部『国民精神総動員実施概要』』明石書店、一九八八）。

一〇月一二日、国民精神総動員中央連盟が結成される（会長は有馬良橘海軍大将）。設立時の加盟団体は七四を数えた。その中には全国神職会、神道教派連合会、仏教連合会、日本基督教連盟の名前もあった。宗教界も積極的に参加したのである。

精動運動は、全国の道府県市町村、各種団体を通じて全国各地に国民総動員のためのネットワークを張り巡らした。宗教団体や宗教施設（寺院や神社、教会）は、政府と国民をつなぐそうしたネットワークの結節点として機能することを期待された。

実際に、文部省は九月一八日、宗教団体宛にも精動運動に参加を要請する通達を発し、仏教各宗派はそれに応えた。例えば、当時、一万四二四四ヶ寺という国内最大の寺院数を数えた曹洞宗では一〇月一日、鈴木天山管長名で「告諭」を発表し、「両祖大師〔道元と瑩山のこと―大谷注〕綿密ノ宗風ニ鑑ミ寺院ノ実状ト国民ノ生活トヲ考慮シ徒ニ高遠ノ理想ニ趨リ空論ニ傾クヲ避ケテ国民精神総動員ニ参加シ専ラ堅忍不抜　皇運扶翼ノ願行ヲ精進スベシ」（『支那事変と曹洞宗』日本書店、一九三九、一七頁）と、宗内に伝達している。

また、仏教連合会は一〇月二五日から三日間、東京の芝公園協調会館で時局と国民精神総動員に関する講習会を開催し、松尾長造文部省宗教局長らの官僚・閣僚経験者、椎尾弁匡、花山信勝、常盤大定といった仏教系知識人が登壇した（その講演録は『時局の認識と仏教』として同年一二月に公刊された）。

一方、日本基督教連盟は「支那事変ニ関スル声明」（九月一五日）で「吾等ハ此際祈ヲ一ツニシ進ンデ国民精神総動員ノ挙ニ参加シ、吾等ノ精神作興運動ヲ強化シテ聊カ報国尽忠ノ誠ヲ効サンコトヲ期ス」（『日本基督教団史資料集』第一巻、一八一頁）と、政府からの要望に応える姿勢を示した。先に紹介した精神報国運動の一環として、九月一二日の日曜日に全国一斉に「事変」に関する説教演説をし、祈祷を捧げ、当日の献金を連盟の皇軍慰問事業開設費に寄付した。その金額は約一万三千円に達した（『基督教年鑑〈復刻版〉』昭和一三年版、六〇頁）。

翌一九三八（昭和一三）年四月一日には国家総動員法が制定され、戦争遂行のための総動員体制が整えられていく。その前々日の三月三〇日、東京の日本青年館で文部省が主催した第二回三教代表協議会が催され、教派神道一二派、仏教一三宗五六派、キリスト教二四教派、連合会三団体の代表全九二名が集まった（『文化時報』昭和一三年四月一日、三面）。国民精神総動員、時局を鑑みた宗教振興方策、「支那開教」、宗教団体法について、政府からの要望が伝えられ、質疑応答と意見交換がなされた。

このうち、宗教振興方策が掲げられた背景には次のような事情があった。当時、仏教教団や僧侶たちが銃後の活動をすると、「縁起が悪い」といって忌避されたり、侮蔑される出来事が散見されたという。たとえば、大阪泉南郡で出征軍人の見送りに僧侶が参加するのが喜ばれず、できるだけ見送りを控えてもらいたい、どうしても見送りたい事情があるのなら、僧服での見送りは遠慮してもらいたいという申し合わせができたという（『中外日報』昭和一二年九月二八日、三面）。

こうした風潮に対して、木戸幸一文部大臣は、大いに宗教振興の方策を講じてもらいたいとの要望を伝えた。ただし、その根底は「国体の本義に徹し日本精神を具現するものでなければならず、「時局の要求する宗教なるものは……国家と共に生き、国家と共に歩む宗教」であった（同前、昭和一三年四月一日、二面）。ちょうど一年前（一九三七年三月三〇日）、文部省から『国体の本義』が刊行されており、天皇の神格化と国体の絶対化にもとづく公定イデオロギーに即した「振興」が求められたのである。

実際に、精動運動に際して、真宗本願寺派は「立信報国」を掲げた特別布教活動を、真宗大谷派は「同信報国運動」を、日蓮宗は「国民精神総動員立正報国運動」を、日本基督教連盟は前述の「精神報国運動」をそれぞれ実施しており、「国家と共に歩む」という時局からの要求に応じた活動を展開しており、その姿勢はこれ以降も継続された。

三　中国大陸での宣撫と文化工作

「対支布教ニ関スル件」の通達

第二回三教代表協議会で、木戸文部大臣は三教の代表者たちに「北支布教に関して努力して頂きたい」との協力要請も行った。中国での戦火の拡大に伴い、占拠した地域の宣撫と文化工作はますます重要性を高めており、現在は軍の宣撫班がそれを行っているが、中国に布教施設を有する教団、そうでない教団も「この事業に参画し、友邦の文化の向上に尽力せられんことを望みます」、と語りかけた（『文化時報』昭和一三年四月一日、三面）。

第二回三教代表協議会から四ヶ月後の一九三八（昭和一三）年八月一日、文部省宗教局は「対支布教ニ関スル件」を宗教諸団体の責任者に極秘裏に伝えた。これは、北支那方面軍特務部長による「宗教団体ノ対支那活動指導ニ関スル件」にもとづく通達であり、「大陸布教を軍の統制下に置く決定的な命令」だった（新野、二〇一四、一八六頁）。新野和暢によれば、各宗教団体が作成する大陸布教の計画書や報告書は宗教団体を所轄する文部省が管理していたものの、大陸布教に関する事項は事前に軍当局が指導しており、軍が統制していた。ただし、軍の関与は伏せられていた（同前、一八五頁）。

「対支布教ニ関スル件」では、その意図が次のように示されている。「支那事変」が発生して以来、各宗教・宗派・教団は中国大陸各地で慰問使や従軍僧を派遣し、廃絶や閉鎖した教会所等を復興し、調査を行って開教の準備を進めているかもしれないが、「対支那工作ハ我国刻下ノ最モ重要ナル国策」なので、従来の方法に拘泥せず、「新ナル国策ノ線」に沿って計画を樹立し、実施する必要がある。ついては現場の情勢を鑑み、軍当局とも協議し、「支那布教」に関する方針を定めた、と記されている（JACAR:Ref.B05015007000、対支文化協議会ニ関スル件)。

その「目的」として、こう明記されている。

「布教師ヲシテ住民ノ宣撫ニ当ラシメ対支文化工作ニ寄与セシムルコト」

また、その方法として、①布教師に「善良ナル住民」を信徒に選び、軍の了解の下に保護を与え、治安維持、労役、宣撫等に利用すること、②大規模な日本語学校や医療施設を開設・運営すること、③あらゆる機会を通じて、日本の実力、中国に対する日本の意図、「支那事変ノ由来」、中国の今後の進路、西洋の自由主義的帝国主義、日本文化と東洋文化の本質を理解させること、④各宗教・宗派・教団が協同して大規模な事業を計画すること、⑤現地の状況を鑑み、当分の間は「宗教ノ宣布」は従とすることが示された。

つまり、中国大陸での宗教団体や宗教者の主たる任務は、現地住民の「宣撫」と「対支文化工作」であり、日本語学校や医療施設を設立・運営する文化工作を主に行い、布教活動は二の次にすることが指示されたのである(新野、二〇一四、一八八頁/松谷、二〇二〇、四一頁)。

なお、宣撫工作とは、おもに特務機関所属の宣撫班が担い、軍隊が鎮圧した村や町に入り、情報蒐集と偵察をし、地域の治安維持、住民への親日教育、医療活動、通訳、宿舎の斡旋、施薬等を行うことである(新野、二〇一四、一九一頁)。この役割を宗教者も担ったのである。

仏教界の「前線銃後」の活動

では、実際に仏教界とキリスト教界は、どのように宣撫と文化工作を担ったのだろうか。

仏教各宗派は日中開戦後、早々に慰問使や従軍僧を現地に派遣した。真宗大谷派が藤岡了淳（九月一三日）と藤井草宣（九月一四日）を、真宗本願寺派が（既述した通り）大谷照乗（一九日）を、浄土宗は中村弁康（二一日）をそれぞれ送り、以降、各宗派は続々と慰問使や従軍僧を大陸に派遣した。本派の大谷光照法主は自らが八月一九日に神戸を出発し、約四週間にわたり、華北の戦地と北満洲を慰問している。

前線の兵士を直接慰問して激励する「軍隊慰問」は、「前線銃後（前線における銃後活動）」と呼ばれており（新野、二〇一四、二三九頁）、どの宗派も多かれ少なかれ取り組んだ。

ここで、戦場に派遣された従軍僧による「前線銃後」の活動を取り上げよう。

日中戦争期の従軍僧については、野世英水（一九九一）と寺戸尚隆（二〇〇七）の貴重な研究がある。野世は従軍僧（真宗本願寺派の従軍布教使）の役割を、①戦病死者の葬送（読経及び火葬・埋葬）、遺骨の送還、②兵士への法話・布教、③戦傷病者への慰問、④戦闘への参加、⑤懐中名号（陣中名号）・数珠・聖典等の配布、⑥慰問品・物資の供給、⑦中国民衆への宣撫、⑧本山への戦況・活動状況の報告、⑨出張所・布教所の開設準備、⑩通訳、その他にまとめている（二一一頁）。懐中名号など、宗派によって多少の差異はあるかもしれないが、おおむねどの宗派の従軍僧にも当てはまる役割であろう。

一九三八（昭和一三）年一月一五日、文化時報社の主催によって京都で開かれた「従軍僧座談会」に注目したい。真宗大谷派、臨済宗妙心寺派、浄土宗の従軍僧（と真宗大谷派上海別院輪番）の声が、宗教専門紙『文化時報』に六回にわたって掲載されている。この中で、真宗大谷派の畠山忠雄が自身の体験を次のように語っている。

「戦地に於て布教するかしないかと云ふことが議論される時もありますが、併しこれも時と場合による様です。私は時々お話をして呉れと命ぜられた事もありますが、戦死者が出た時なんかその慰霊と共に生存者に対する宗教的講話をして呉れと部隊長から頼まれた事もあります。」（『文化時報』昭和一三年一月二一日、三面）

これは野世の整理した①と②の役割だが、この慰霊・追悼と布教の関係は、他の従軍僧によっても語られている。妙心寺派の浅井紹徳は「部隊へ布教すると云ふ事は従軍僧として大きな使命でせうが、……護国の花と散つた戦友の弔をすると云ふ事が喜ばれます」と述べたうえで、戦死者がいないうちは従軍僧は邪魔者扱いされていたが、戦闘があって戦死者が出たら兵隊たちのそれまでの態度が一変し、行動を共にしていることも非常に喜ばれ、「之れが即ち大きな布教になるのでせう」と語っている（同前、昭和一三年一月二〇日、三面）。

ここには、戦場における慰霊・追悼と布教の独特の関係性が読み取れる。この浅井の発言を踏まえ、寺戸は「従軍僧が最も必要とされたのは、戦死者が出たときである。要するに戦死者に対する読経が期待されたのである」（寺戸、二〇〇七、一二八頁）と指摘している。すなわち、戦場の従軍僧には戦死者の慰霊・追悼というプラクティスの役割期待が大きかったのである。

ただし、従軍僧が宣撫や文化工作に取り組んでいたこと（取り組もうとしていたこと）も、同時期の『文化時報』で紹介されている。記事によれば、真宗大谷派の従軍僧・諏訪部憲人と秦龍勝は杭州の湖畔公園に忠霊塔を建設したこと、文化工作として杭州の繁華街の中心に軍人ホーム（階上は大ホールとして講演会や座談会に用い、階下を将兵の休憩室に当てる）を建設予定であること、宣撫工作として戦乱からの避難民の物心両面の救護に当たり、中国語の現世和讃を教えようとしていることが報じられた（『文化時報』昭和一三年一月二三日、三面）。

なお、各宗派は華北・華中に別院や布教所等を次々と開設するが、一九三九（昭和一四）年七月一五日時点で、その数は古義真言宗が一二、浄土宗が一二、臨済宗南禅寺派が一、臨済宗妙心寺派が八、真宗本願寺派が二八、真宗大谷派が二五、日蓮宗が二〇、本門法華宗が二ヶ所を数えた。このうち、日蓮宗は日本語学校（蘇州、無錫、南京）、教化事業（上海）、助産事業（場所不明）、日本語教育（同）、施薬事業（漢口）、施食事業（同）といった宣撫と文化工作を行っている（中支宗教大同連盟総務局編「日本宗教団体対支事業概要」『支那事変と曹洞宗』、六〇～六一頁）。

キリスト教界の伝道

一方、キリスト教界はどうだったのか。

日中開戦後、中国大陸で日本の占領地域が拡大すると、日本人居留民が増え、大陸での伝道が活発化した。また、慰問のための派遣もなされた。開戦後、最初に華北の日本人伝道に取り組んだのは、日本基督教会だった（松谷、二〇二〇、一五〇頁）。

日本基督教会は、一九三七（昭和一二）年一〇月八～一二日の第五一回総会で「支那事変下にある我国情」を鑑み、「非常時特別伝道委員会」を設置した。この委員会は華北伝道の準備のため、一一月二六日、石川四郎を視察調査に派遣する。その調査報告書を踏まえ、村岸清彦幹事を翌年二月、北京に派遣した。三月下旬、村岸は北京在住の会員三〇余名を訪ね、四月三日、北京基督教青年会館で「北京日本基督教会」を仮結成し、五月三一日に大使館警察署に設立願いを提出。六月二八日、許可された。設立時の会員は七〇名を数えた（『第五二回日本基督教会大会記録』日本基督教会財務局、一九三八、三一〜三七頁）。

また、日本組合教会は一九三八（昭和一三）年二月に中村三郎を天津に派遣し、天津日本組合教会を設立させ、同年四月、日本メソジスト教会は井上健次郎を天津に、池田鮮《あらた》を北京に送るなど、多くの教派が伝道を活発化させた（松谷、二〇二〇、一五〇頁）。

なお、日本基督教連盟が①精神報国運動、②皇軍慰問事業、③文化工作並びに宣撫事業という活動方針を打ち出したことは前述した。このうちの②（の一部）と③が「北支布教」の活動である。連盟は、②の事業の一環として、海老沢亮（連盟総幹事）と真鍋頼一（日本メソジスト教会社会局長）を慰問使として、一九三七（昭和一二）年九月一七日から一〇月三日まで華北に派遣した。くわえて、一〇月四日から連盟の天津支部の活動として、天津日本租界内に軍人ホーム「憩の家」を開設した。無料入浴、散髪、喫茶、休憩、新聞、書簡用箋などが提供され、毎日約千名の利用があった。また、③の事業として、日中戦争に関する「国際世論の是正運動」を掲げ、同年一二月、加盟団体の指導者四五名の連名で「世界各国ニ在ル基督教指導者ヘノ開書」を発信した（『基督教年鑑〈復刻版〉』昭和一三年版、六一〜六三頁／『日本基督教団史資料集』第一巻、一八〇頁）。

「東亜新秩序」の建設と中支宗教大同連盟の設立

以上のように、政府からの「北支布教」（宣撫と文化工作）の要請に応え、仏教界もキリスト教界も中国大陸での活動に邁進した。

一九三八（昭和一三）年一〇月、日本軍は武漢（二七日）と広東（二一日）を占領したが、国民政府は一一月二〇日以降、重慶に首都を移し、中国共産党の協力によって、粘り強く抗日戦を繰り広げた結果、戦争は長期戦になっていく。

そうした中、近衛首相は一一月三日、第二次近衛声明を発表する。これは「征戦究極ノ目的」が「東亜永遠ノ安定ヲ確保スベキ新秩序ノ建設」であり、この「新秩序」とは「日満支三国相携へ、政治、経済、文化等各般ニ亙リ互助連環ノ関係ヲ樹立」することだった（『日本外交年表竝主要文書』下巻、四〇一頁）。つまり、戦争の目的が日本・満洲・中国による「東亜新秩序」の建設にあるという表明だった。「人の世を神の国と為す為には、信仰と理想を望む東亜の長期建設に邁進するのが東亜の新事態に対する吾等基督者の認識であらねばならぬ」（海老名亮「東亜新秩序の建設と基督教」同編『興亜の使命と基督教』日本基督教連盟、一九三九、一一～一二頁）、と強調されたように、宗教諸団体と宗教者たちは「東亜新秩序の建設」という帝国主義イデオロギーに同調したのである。

翌一九三九（昭和一四）年二月二七日、上海で中支宗教大同連盟の発会式が挙げられた。上海特務部と南京特務機関の立案にもとづいて設立され、近衛文麿を総裁、大谷光瑞（真宗本願寺派前法主）を副総裁とする半官半民の組織だった。理事長は神道部、仏教部、基督教部の各部の部長で互選された（松谷、二〇二〇、一二六頁）。

この組織の目的の一つは「日本からの神道・仏教・キリスト教の宗教者の進出を統御しながら推進し、中国側の諸宗教団体と接触させる仕方で宗教による宣撫工作を展開することだった」（同前、七四頁）。日本の宗教教団はあくまでも「軍の統制下」（新野、二〇一四、一八六頁）で、宣撫と文化工作に取り組んだのである。こうした活動も「宗教団体・宗教者の戦争協力の類型図」の（Ⅳ）象限のプラクティスといえよう。

四　非戦・反戦論の展開

宗教団体への取り締まりの強化

「いよいよ峻厳を極める／宗教出版物取締り／祟るキリスト教平和論／×××も遂に崩壊」と見出しのついた記事が、『中外日報』昭和一二年一二月一一日号の二面に掲載されている。記事には、事変以降、政府は民間の思想傾向（言論、文書行動その他）の取り締まりにすこぶる慎重かつ峻厳なる態度で臨み、「非国家的乃至反戦的傾向」を有する者は徹底的に芟除《さんじょ》する方針であることが記されている。また、マルクス主義が華やかなりし頃に結成された仏教関係の団体（伏字）の幹部たちが留置され、取り調べを受けた結果、その団体が「遂に崩壊」したことが紹介されている。

さらに、東京大学経済学部教授の矢内原忠雄が『中央公論』九月号に発表した論文「国家の思想」が当局の忌諱に触れ、全文を削除されるばかりか、旧著まで発禁にされ、ついには大学を去らざるをえなくなったこと（いわゆる「矢内原事件」）も報じられている。くわえて、一二月三日に出版された政池仁の『基督教平和論』が反戦的との理由で発禁処分になり、即日第二版五百部が押収されたことも報道された。

矢内原も政池も内村鑑三に師事し、無教会主義の立場に立つキリスト者である。その反戦・平和の言論が処分の対象となったのである。

日中戦争勃発後、日本政府の言論統制が強まる中、宗教団体も警察当局の強い統制を受けた。そのきっかけは、一九三五（昭和一〇）年一二月八日に発生した第二次大本弾圧事件だった（第一次は一九二一年）。出口王仁三郎率いる皇道大本に苛烈な弾圧が加えられ、王仁三郎と妻の二代教主・すみをはじめとする教団関係者六一名が治安維持法違反・不敬罪で起訴された。関係団体は結社禁止処分を受け、京都の綾部と亀岡にあった教団の神殿や施設がすべて破却された（川村、二〇一七、三五九頁）。

翌年、警察当局は分散していた宗教警察に関する事務を特別高等警察課（いわゆる特高。内務省では警保局保安課）に移管して統一を図り、宗教団体への視察、取り締まりを強化した。警察当局は各宗教団体の教説の理解、布教活動の調査のため、出版物の内容、公開布教場での言動、公刊された教義書の検討をはじめ、教会や伝道所へのスパイの潜入、牧師・伝道師・信者の言動の観察、尾行など、徹底的な取り調べを捜査当局に指示した（佐々木、一九六八、九四頁）。こうした警察当局の調査・監視は仏教者や新宗教信者にもおよんだ。

そうした取り調べや取り締まりの結果は、一九三六（昭和一一）年以降、特高・内務省警保局が内部向けに発行した極秘の『特高月報』（一九三七年五月から翌年八月までは『特高外事月報』）と毎年度の『社会運動の状況』の「宗教運動」欄に掲載された。

キリスト者の抵抗

「戦時下において積極的に抵抗したキリスト者で「集団」といえるのはほとんど灯台社［現・エホバの証人―大谷注］のみといってよい」（笠原、一九六九、四一～四二頁）、と笠原芳光は述べる。ただし、笠原が詳しく紹介しているように、毎年の『社会運動の状況』（と毎月の『特高月報』）の「宗教運動」欄を手繰ると、少なくない数の「個人キリスト者の抵抗」の記録を見出すことができる。たとえば、『社会運動の状況』をみると、キリスト者の「要注意言動」や「反戦言動」の具体的な事例が紹介されている。

その最たるものが、前述の矢内原事件である。この事件は、日中戦争初期の代表的な言論抑圧事件として知られている（赤江、二〇一七、一二六頁。以下の記述も同書にもとづく）。

『中央公論』昭和一二年九月号に掲載された矢内原の論文「国家の思想」が検閲によって全文削除の処分を受けた。リベラルな大学教授を次々と攻撃していた右翼思想家の蓑田胸喜はすでに前年から矢内原を攻撃していたが、この出来事を契機に蓑田は矢内原を批判する論説を発表し、文部省教学局や内務省警保局に矢内原の言動の問題性を説いて回った。一一月には大学内でも矢内原の言動が問題化され、警察や軍部からの監視も厳しくなった。また、同年一〇月一日に矢内原が行った講演「神の国」の速記録が自らの発行する小冊子『通信』四七号（一〇月号）に掲載されるが、この内容がまた問題化し、結局、矢内原は東京帝国大学に辞表を提出することになる。

この講演では、「日本の国民に向かって言う言葉がある。汝らは速に戦を止めよ！」（『日本平和論大系10 矢内原忠雄』日本図書センター、一九九三、三九七頁）と非戦が説かれた。とくに問題とされたのが、末尾の「一先ず此の国を葬って下さい」との主張だった（同前、一三二頁）。

なお、「個人キリスト者の抵抗」は知識人にとどまらず、末端の教会の信者にもみられた。日本メソジスト教会のある女性信者（小林栄子）の次のような声が『社会運動の状況』に掲載されている。

「今世間では国民精神総動員、滅私奉公と大変乱舞してゐるが果たして之によつて何ものが得られるか疑はしい。今事変下に於ける吾々基督教信者は恰も売国奴の如く称へられ……実《マ》に《マ》認識不足も甚だしい。今吾々の周囲の人は日本精神、大和魂など云つて居るが果して之れが本当の正義であり愛であるか？吾々の信奉する基督精神こそ絶対的正義であり本当の愛である。」（『社会運動の状況〈復刻版〉』昭和一三年度、一一三五頁）

当時、キリスト教は敵性宗教として、新宗教とならび、日本社会では異端視されていた。そうした状況の中で、自らの信仰する「基督精神」にもとづき、国家総動員体制をストレートに批判していることがわかる。

また、警察当局は銃後の活動に対して、日本のカトリック教会は一般的に熱心で積極的だが、英国に本部のある日本聖公会、救世軍、米国に本部のある日本メソジスト教会、日本バプテスト教会、日本基督教会、日本組合基督教会等はおおむね冷淡で形式的・迎合的なものが多い、カトリックに反戦反軍言（行）動が稀なのに対して、プロテスタント諸教派には枚挙にいとまがない、さらには「無教会主義基督教及灯台社等の所謂基督教系類似団体は、概ね事変に反対し反戦反軍的動向を示せり」との認識を、一九三八（昭和一三）年時点で示している（『社会運動の状況〈復刻版〉』昭和一三年度、一一二九〜一一三〇頁）。

仏教者の抵抗

では、仏教界はどうだったのか。

仏教界もまた、集団的な抵抗がなかった。日中戦争期からアジア・太平洋戦争期までの仏教者の「草の根」抵抗と受難の特徴について、伊藤立教は次のように指摘する。他宗教に比べて仏教者の検挙者数は低く、「戦時下に於て戦争に反対し、弾圧に抵抗した事例も質量共に少ないのである。／教団段階での組織的抵抗が少ないのは勿論であるが、個人段階でも積極的意欲的抵抗といえるものはない」（伊藤、一九七七、三二三頁）。

その根拠として、伊藤は『特高月報』『社会運動の状況』に掲載された仏教関係者の検挙者数を紹介している。それによると、一九三九（昭和一四）年が二六六人、一九四〇（昭和一五）年が一〇六人（宗教関係者総検挙者数九一六人）、一九四一（昭和一六）年が一七一人（同一〇八一人）、一九四二（昭和一七）年が一〇八人（同八三四人）である（同前、三二三頁）。

ただし、仏教界には集団的な抵抗の可能性があった。それは、新興仏教青年同盟（以下 新興仏青）の存在である。新興仏青は、一九三一（昭和六）年四月、在家仏教者の妹尾義郎によって結成された革新的な仏教団体である。社会民主主義的な主張によって仏教界の改革と社会の変革をめざした（ただし、伝統教団からは「赤色仏教」と批判された）。

満洲事変発生後の一九三三（昭和八）年四月には、石川県金沢市で催された新興仏青金沢支部で「戦争是か？ 否か？」をテーマとした講演会を実施している。また、反ナチス・ファッショ粉砕同盟や極東平和友の会に加盟し（後者は妹尾の個人加盟）、反ファシズムや国際平和運動にも関わった。

しかし、こうした新興仏青の取り組みは継続しなかった。一九三六（昭和一一）年一二月にまず妹尾が検挙され、翌年一〇月から翌々年五月にかけて、新興仏青の幹部から機関誌の誌友まで約二〇〇名が検挙された。治安維持法によって二九名が起訴され、数名が実刑を受けた（妹尾は戦時下を獄中で過ごした）。日中戦争勃発後から三ヶ月半後に組織は政府当局による弾圧を受け、解体したのである（大谷、二〇二〇）。本節冒頭に紹介した「×××も遂に崩壊」との『中外日報』の記事は、新興仏青を指しているものと思われる（ただし、新興仏青の記事が解禁されたのは翌年である）。

仏教界の抵抗について、伊藤は「個人段階でも積極的意欲的抵抗といえるものはない」と厳しい評価をしているが、「個人仏教者の抵抗」はそれほど少なかったのであろうか。たしかに伊藤が検挙者数を紹介しているように、キリスト者や新宗教信者に比較すると、少ない。とはいえ、『特高月報』や『社会運動の状況』を手繰ると、個人の「積極的意欲的抵抗」といえる言動があったのではないか、と筆者は考える。

その中でも、近年、注目されているのが、真宗大谷派の僧侶で、岐阜県にある明泉寺の住職・竹中彰元《しょうげん》である。大東仁《だいとうさとし》の研究（『戦争は罪悪である――反戦僧侶・竹中彰元の叛骨』風媒社、二〇〇八）にもとづき、竹中彰元の言動を紹介しよう。

竹中は、日中戦争開戦から二ヶ月後の一九三七（昭和一二）年九月から一〇月にかけて、宗教界（とくに仏教界）が戦争に協力していく状況の中、「戦争は罪悪であると同時に人類に対する敵であるから止めたほうがよい」、「此の度の事変に就て他人は如何考へるかは知らぬが自分は侵略の様に考へる」と説き、検挙された。七〇歳の竹中は、陸軍刑法九九条（造言飛語罪）違反で岐阜地方裁判所検事局に送致され、翌年四月に禁固四ヶ月の実刑を受ける。また、彰元が所属する大谷派は、宗派内の司法処分を行い、彰元の僧侶階級を最下位にするとともに、布教使の資格を取り上げた。しかし、彰元は自らの信念を貫いたまま、一九四五（昭和二〇）年一〇月二一日に逝去した。

この竹中の言動は、『社会運動の状況』昭和一二年版の「宗教運動」欄に見出すことができる（ただし、名前が「升中彰元」と誤記されている）。

なお、伊藤は、『社会運動の状況』『特高月報』にみる仏教者取締りの類型として、①反戦言動、②要注意言動（統制上不都合な失言、神社不拝や信仰表明、天皇や皇室と仏教の関わりへの言及、造言、民事的事件）、③軍刑法や一般刑罰への抵触、④戦死者公葬をめぐる神仏抗争の四類型を挙げている（伊藤、一九七七、三一八～三一九頁）。竹中の場合は、①②③に当てはまる、といえよう。

こうした仏教者の言動が『社会運動の状況』『特高月報』に散見することができ、そこには一定数の「積極的意欲的抵抗」があったのではなかろうか。しかし、それらはあくまでも仏教者個人の営為であり、教団レベルでは戦争協力が共通の姿勢だった。

五　おわりに

以上、日中戦争期の仏教とキリスト教の戦争協力と抵抗の問題について検討した。とりわけ、戦争協力については、永岡崇が提起した「宗教団体・宗教者の戦争協力の類型図」を参考にしながら、専門宗教者（僧侶や牧師）による（Ⅳ）象限のプラクティス（慰問、戦死者葬儀、宣撫工作、植民地・占領地・大陸布教）を中心に分析を行った。その結果、仏教界もキリスト教界も国内と中国大陸で戦争協力に取り組んだことが明らかになった（ただし、キリスト教界では教派によって温度差があった）。

一方、キリスト教界では矢内原忠雄や政池仁らの無教会派や灯台社などの新宗教が「反戦反軍」による抵抗の姿勢を示した。また、仏教界でも妹尾義郎と新興仏教青年同盟、竹中彰元らが反戦・非戦論を掲げた（今では名も知られていない専門宗教者や一般信者による抵抗がキリスト教界にも仏教界にもあった）。しかし、そうした試みはいずれも限定されたものであり、仏教界もキリスト教界の大勢は戦争協力を行った。

では、こうした仏教とキリスト教の戦争協力は当局にどのように評価されていたのだろうか。そのことを最後に確認しておこう。

一九三九（昭和一四）年四月に全国各地で開催された「特高ブロック会議」（警視庁、北海道庁、各府県の関係課長を対象とした内務省警保局主催の会議）の資料がある（「特高ブロック会議資料」吉田裕・吉見義明編『資料日本現代史10　日中戦争期の国民動員①』大月書店、一九八四）。この中に「宗教関係ヨリ観タル治安対策」の記載があり、当時の宗教団体の活動状況や治安対策の方針が記されている。その評価がわかる資料である。

当局からみると、宗教諸団体の活動は国民大衆の日常生活に浸透して、その精神生活を強く支配するものだった。しかし、全国三〇万人にのぼる諸宗教教師等は時局に関する活動はないわけではないが、その「実情ハ概ネ微温的」だった（二九四頁）。

日中戦争勃発後、宗教団体が国民精神総動員運動の趣旨に則り、「相当真摯ナル銃後活動」を展開しているが、神道一三派、仏教五六派、基督教二十数派のうち、終始熱心に活動をしているのはわずか十数派（真宗本願寺派、真宗大谷派、古義真言宗、真義真言宗智山派、真義真言宗豊山派、日蓮宗の数派、神道、天理教、金光教、基督教、天主公教会）に過ぎなかった。

また、事変が長期化するとともに、早くも「倦怠ノ風」を生じて、その活動は「逐次低調ヲ辿」っている、とも指摘されている（同前）。

つまり、仏教界とキリスト教界の戦争協力の活動に対しては、当局の評価がきわめて低いことがわかるであろう（さらなる貢献を期待していたわけである）。ただし、だからといって、仏教界とキリスト教界が戦争協力をしていなかったわけではなく、また、その戦争責任が免罪されるわけでもない。

二〇二一年は、戦後七六年にあたる。日本基督教団による「戦争責任告白」から半世紀以上を過ぎた。（専門宗教者も一般信者も含めて）宗教者の「戦争協力と抵抗」を問い直す試みは今後も継続されるべきであろう。さらには、「戦争協力と抵抗」という枠組みにとどまらない宗教者の戦争体験も掘り起こし、検討する必要がある。そうした地道な作業を通じて、近代日本の宗教がどのように戦争と向き合ってきたのかが明らかになり、その戦争責任の所在もより明確になるのではなかろうか。

参考文献

赤江達也（二〇一七）『矢内原忠雄――戦争と知識人の使命』岩波新書

赤松徹真（一九八八）「日本ファシズム成立期の真宗――日中戦争との関係を中心に」『仏教史学研究』三一巻二号

伊藤立教（一九七七）「仏教徒の『草の根』抵抗と受難」中濃教篤編『戦時下の仏教』国書刊行会

大谷栄一（二〇二〇）『近代仏教というメディア――出版と社会活動』ぺりかん社

小川原正道（二〇一四）『日本の戦争と宗教 1899–1945』講談社

笠原芳光（一九六九）「個人キリスト者の抵抗」同志社大学人文科学研究所編『戦時下抵抗の研究――キリスト者・自由主義者の場合』Ⅱ、みすず書房

川村邦光（二〇一七）『出口なお・王仁三郎――世界を水晶の世に致すぞよ』ミネルヴァ書房

佐々木敏二（一九六八）「灯台社の信仰と抵抗の姿勢――明石順三と『黄金時代』」（同志社大学人文科学研究所編『戦時下抵抗の研究――キリスト者・自由主義者の場合』Ⅰ、みすず書房）

寺戸尚隆（二〇〇七）「十五年戦争期の従軍布教――中国における真宗の活動を中心に」『龍谷大学大学院文学研究科紀要』二九号

土肥昭夫（一九八〇）『日本プロテスタント・キリスト教史』新教出版社

新野和暢（二〇一四）『皇道仏教と大陸布教――十五年戦争期の宗教と国家』社会評論社
野世英水（一九九一）「戦時下真宗者の従軍布教――日中全面戦争開始時における」『龍谷大学大学院研究紀要　人文科学』一二号
藤野みどり（二〇一五）「宗教界の歴史認識～戦争責任表明とその後（年表付き）」https://www.circam.jp/reports/02/detail/id=5631、二〇二〇年三月二七日閲覧
松谷曄介（二〇二〇）『日本の中国占領統治と宗教政策――日中キリスト者の協力と抵抗』明石書店

コラム③　懺悔のラジオ講演者・永田秀次郎

坂本慎一

一　永田秀次郎とは

一九三九（昭和一四）年一月、日本放送協会はどのラジオ出演者に興味を持つのか、一般にアンケートを募った。最も票を集めたのは、永田秀次郎（一八七六～一九四三、号は青嵐）である。翌年一～二月、日本放送協会が再度人気投票を行なったところ、再び永田が一位になった。

不動の人気を誇った永田は、淡路島出身の政治家であり、東京市長、拓務大臣などを歴任している。釣りと俳句の趣味でも知られ、ラジオでは主に時事解説や子供向けの修養訓話を行なっていた。

永田は、一九二六（大正一五）年六月一五日、大阪市中央公会堂で開催された大師奉賛会で「私の観たる弘法大師」と題し、自身の信仰について語っている。

私は淡路島の生まれのものでありまして、淡路島は、たいてい多くの家はみな真言宗であります。それで私の家も真言宗でありますから、真言ということを親のそばにおって何もわからん小さい子供のうちからきいて育ってきたものであります。（『真言宗選書』第二〇巻）

東京市長であった一九二三（大正一二）年九月一日、関東大震災に遭った。慰霊のため、篤志家の援助を得て、一九三〇（昭和五）年一一月九日、高野山奥の院に震災霊牌堂を建立している。

二　放送コードと「懺悔」

日本におけるラジオ放送は大正一四（一九二五）年三月二二日に始まった。翌年八月二〇日に日本放送協会が発足しており、逓信省が民間放送を許可しなかったため、戦後に至るまでＮＨＫが国内唯一の放送事業者であった。また、テレビジョン放送の開始は戦後であり、ラジオは戦前において唯一の電気的マスメディアであった。

他の先進国では娯楽放送が中心だったのに対し、日本だけは教養放送が重視された。宗教放送は特に尊重され、多くの仏教者が出演している。特定の宗派の放送はしないという放送コードも確立された。

ラジオにおいて永田は、一分間二〇〇字を目安にして話した。あらかじめ原稿をつくって読み上げるスタイルであり、わざと言い間違えて訂正するなど、聴取者の関心を引くテクニックも駆使した。真言宗について少しでも言及した際には、バランスを取るために「愚禿親鸞」「日々是好日」などの語を同じ講演の中で紹介している。

しかし放送コードを越えて、永田がラジオで多用した真言宗の言葉があった。「懺悔」である。

私が身体の弱かったために得た、懺悔話をいたしますると、身体が弱いと、第一に勇気がないのであります。（一九三〇〔昭和五〕年一〇月八日放送、『梅白し』）

私などは過去半年以上、随分たびたび講演を致しました。そして官吏の選挙干渉についても皮肉なすっぱ抜きを致しました。また政党の腐敗に対しても辛辣な攻撃も致しました。また国民の政治道徳の退廃についても痛烈な批判を致しました。しかしながら決して私だけが良いことをして世間の人が悪いことをしたのだとは申しませぬ。自分たちも悪かったと白状しております。懺悔しております。（一九三六〔昭和一一〕年二月一九日放送、『放送懺悔』）

日本の立憲政治を建て直すには、まず国民自身が自ら責めなくてはだめである。政党が悪いとか、官僚が悪いとか言って、他人を責めている間はだめである。国民自身がまず自ら従来の無頓着を懺悔し、立憲的忠君愛国心を確立しなければならぬのでありま

す。（一九三七（昭和一二）年四月一四日放送、『国民の書』）

著書のルビが正しければ、永田は「サンゲ」ではなく、「ザンゲ」と発音していたようである。漢字で記すと難しいが、口頭では発音しやすく、同音異義語も少ない。真言宗以外でも使用されるので、「懺悔」はラジオ講演に適した語であった。

三　他の出演者との比較

日本放送協会で長くプロデューサーを務めた矢部謙次郎は、ラジオ講演の名手として、永田と共に高嶋米峰（一八七五〜一九四九）、下村宏（一八七五〜一九五七、号は海南）をあげている。高嶋は超宗派の仏教学者であり、実業家でもあった。引退後に自らの会社経営の経験と仏教の知識を織り交ぜた講演を行ない、人気を博した。戦前のラジオ放送は録音を残す習慣がなく、筆記録は出演者側に残っていることが多い。高嶋は、生涯に六〇冊余りの著作を出しており、ラジオ講演の筆記録を多く掲載している。高嶋は、戦前に人気があったラジオ出演者の中で、具体的に何を話したのか、もっとも多く記録が残っている人物である。また、高嶋の超宗派的仏教に触発された友松圓諦（一八九五〜一九七三）、高神覚昇（一八九四〜一九四八）などの僧侶が一九三四（昭和九）年、放送で反響を呼び、仏教復興ブームを起こしたことは戦前のラジオ史において特筆すべき出来事である。

下村は、逓信省勤務の後、朝日新聞副社長、日本放送協会会長などを歴任したメディアの専門家である。復古神道の信仰に篤く、放送では時事解説を得意とし、生涯に八〇冊余りの著書を記している。著作にラジオ講演の筆記録を載せることは高嶋ほど多くないが、著作自体が多いので、同じ時期にラジオでどのようなことを話したのか、見当をつけることができる。

一方、永田の著作は二〇冊余りであり、ラジオ講演の採録も限られている。ラジオで話した内容は、今日一部しか知ることができない。

永田と下村は一歳違いの親友であり、放送局の控室でよく一緒になった。風貌も似ていて共にラジオの有名人であり、地方へ行くと間違えられることもあった。貴族院議員になると、議席は隣同士であった。

四　日中・太平洋戦争において

満州事変が起きると、国内の緊張が高まった。一九三四（昭和九）年四月二九日、東京の電気クラブにおいて、中日密教研究会副会長で政治家の王揖唐を中国から招いた席があり、永田は次のように述べた。

王揖唐先生は、今度ご来朝になりまして、再びお国に帰られましても、あるいは色々の立場上、あまり親日の様子をなされ難い点もありましょうと存じますが、願わくは外は離れていても、どこか一カ所は、（中略）しかと宗教のかすがいを固めていただきたいのであります。かかる宗教的懺悔と諒解とによって両国の交際上、一転機を来すことが出来まするならば、密教の功徳もまた、偉大なるかなと、存ずる次第であります。（『九十五点主義』）

一九三七（昭和一二）年、日中戦争が始まると戦争報道が増加し、ラジオ受信機の普及も加速した。一九四〇（昭和一五）年を境として、政府による放送の統制は厳しさを増し、放送内容はそれまでの「講演者中心主義」を廃止した。放送の「指導性」が強調され、軍人の演説は「国民必聴」となり、ラジオは陸海空に次ぐ「第四の戦力」と位置づけられた。体調不良も重なり、永田のラジオ講演は鳴りを潜めた。

太平洋戦争が勃発すると、緒戦における連戦連勝のラジオ報道に国民は沸き立った。開戦時の受信機の世帯普及率は四五・九パーセント。戦局が劣勢に転じると、ラジオは虚偽の内容を報道し始めた。

一九四三（昭和一八）年九月一七日、永田は太平洋戦争の行く末を見ないまま死去した。享年六七。

下村は、鈴木貫太郎内閣に国務大臣として入閣し、終戦工作に奔走した。一九四五（昭和二〇）年八月八日、ついに昭和天皇との単独拝謁にこぎつけ、終戦と玉音放送を進言した。天皇はこの意見を採用し、八月一五日、天皇の声がラジオを通じて全土に響いた。

内閣総理大臣に就任した東久邇宮稔彦は、九月五日、施政方針演説で、全国民に「総懺悔」を訴えた。「懺悔」は、終戦を象徴する言葉となったのである。

第五章　昭和初期の新宗教とナショナリズム

對馬路人

一　はじめに

本章では、一九二〇年前後から終戦前後までの時期の日本の新宗教の展開について、この時期に台頭（発展）し、注目を集めたいくつかの教団を取り上げてその流れを追うことにしたい。

実はこの時期は近代日本の新宗教史の上では、幕末維新期以来の、新宗教の創設ブームといってよい時代である。戦後のＰＬ教団や実践倫理宏正会、倫理研究所などの倫理運動団体の元となったひとのみち教団や、ブラジルなど海外での展開が著しい生長の家が台頭したのも、また、在家による先祖供養の教えで発展した霊友会やそこから派生した立正佼成会がその組織基盤を築いたのもこの時期であった。創価学会が創価教育学会として活動を開始したのも、手かざしによる浄霊の秘儀で知られる世界救世教のもとになった大日本観音会が療法団体として活動を開始したのもこの時期であった。現在の真如苑が立照閣の名前で活動を始めたのもこの時期である。このように戦後大教団に成長した教団のほとんどはこの時代に生まれ、組織の基礎を作っていると言っても過言でない。

ここでそれらすべてを論じることは困難であるので、その中からひとのみち教団と生長の家を取り上げ、さらに創設の時期はより時代をさかのぼるが、この時期に新たな形で社会的インパクトの大きい宗教・精神運動を展開した大本教をピックアップし、議論をすすめたい。その際念頭に置いているのは、次の二つの視座、あるいは論点である。

一九二〇年代は日本社会の産業化・工業化が本格的な発展の軌道に乗り、都市への人口移動が急速に進んだ時代であった。一九三〇年までの一〇年で二百万人以上の人口が都市部へと移動し、三〇年の国勢調査では都市部の第二次、第三次産業の従事者が第一次産業従事者の数を上回るようになった。都市に流入した人々は社会的絆が弱く、競争的な都市の環境にどう適応するかという課題に直面することになった。一方都市と農村の経済的社会的格差が拡大し、農村部の窮乏や荒廃が進んでいった。そうした状況と新たな新宗教の台頭はどのようにかかわるのだろうか。

また、一九三〇年代、満州事変を契機に、いわゆる一五年戦争の時代へと突入していく。愛国主義が国を覆う時代となる。そうした時代の中で新宗教はどのように振舞い、どのような役割を果したのだろうか。さらにこの時代は政府の政策に沿わない思想・宗教が厳しく統制された時代であった。新宗教の一部もその犠牲になったが、それはどうしてだろうか。

二　ひとのみち教団と都市民向け生活規範の提供

御木徳一の経歴

この時期に大阪で生まれ、都市部の中間層などを中心に急激に教勢を拡大していった教団の一つに御木徳《みきとく》一《はる》を教祖とする扶桑教ひとのみち教団がある。大阪の布施に広壮な仮本殿を構え、昭和一〇年前後には百万の信者数を数えるとされた。新たに台頭したこの時期の宗教としては最も勢いのあった教団の一つといえよう。

徳一は一八七一（明治四）年、愛媛県松山市の商家に生まれた（幼名は長次郎、その後何度か名を変え徳一に）が、そのころ家は没落し、八歳の時に郊外の黄檗宗の貧乏寺に小僧として預けられた。その後京都の本山などで修行・修学を積み、一八九三（明治二六）年に郷里の寺に入るが、いずれも貧乏寺で生活は苦しく、傍らで始めた事業にも失敗。大阪天王寺に出て焼き芋やおでんの屋台引き、通便配達夫などをするが、困窮から解放されなかった。しかも妻が病死し、自分も喘息性の咳に悩まされるなど、様々な苦難が家族を襲った。このように徳一の前半生は、家族を抱えながら出身地方での生活が立ち行かず、大阪という大都会に活路を求めるが、そこでも安定した生計の手がかりをなかなか得られない都市細民あるいは流民の一人であった。

そうした中、一九一二（大正元）年にどんな病気も直すという評判の真言宗系の行者で御嶽教神道徳光大教会を主宰していた金田徳光のところに通い、「お振替」（自分の病気や苦難を徳光に振り替えてもらうという呪法）で喘息を直してもらう。徳一は、呪法の伝授を願い出るが、時期尚早と断られる。いよいよ窮して、一九一六（大正五）年、徳光の許を再び訪ね、その教師として教会住み込みで働くことが許された。

しかし徳光は一九一九（大正八）年に病没し、教会の継承をめぐって幹部の間で内部対立が顕在化し、結局、徳一は教師を免じられる。徳光の教えは一八箇条の処世訓の形で表現されていたが、徳光からあと三箇条が加わって教えが完成すると聞いていた徳一は、それを説く人の出現を待ったが、結局彼自身がその啓示を次々と受けたという。そして彼は「世の中にあらわれたる一切のものは皆人を生かす為にうまれたるものと知れ」という啓示を一九二四（大正一三）年一〇月に受けると、伊勢神宮に赴き新たな宗教団体の「立教宣誓」をおこない、大阪天王寺に御嶽教徳光大教会（後に扶桑教に転属、更に一九三一〔昭和六〕年に扶桑教ひとのみち教団に改称）を開いた。

ひとのみち教団の教え

このように徳一は徳光の教えを継承・発展させる形で、教団の展開を図った。実際、「教訓」と呼ばれた一八箇条の処世訓は、新たな二一箇条の中で継承されたほか、苦難を本人の生活態度や性格の歪みを教える警告として解釈する「神示《みしらせ》」という教え、信徒の苦難を教祖が代わりに引き受けるという代受苦の「お振替」という救済法、教祖が信者の悩みや苦難に神的な直感により直接指導する「神宣《みおしえ》」という救済法などの基本的教えや活動は（その呼び方は若干変わっても）徳一の教団から引き継がれた。「お振替」や「神宣」といった救済法は教団の救済の秘儀の中核的部分にあたることからすると、徳一の教団の基本的部分は継承されたとみることができよう。そしてこれらの救済の秘儀は教祖《おしえおや》のカリスマ的力能に由来するものとされていたので、徳一も教祖として新たな教団のなかで救済の権能の源泉として位置づけられたのである。

二一箇条に拡充された箇条書きの教えは「人訓」と呼ばれたが、それぞれの箇条はほぼワン・センテンスの短文からなっている。第一箇条「かみは一体である　ばんしんなきことを知れ」のような神観についての文から始まり、第三箇条「陛下は国民の親である」といった天皇を中心とする家族国家観を積極的に肯定する社会観を述べたもの、第六箇条「天地は一切のものを育て大きくする」といった自然の生成力を賛美するもの、第七箇条「世の中の一切のものはかげひで持つ」のように陰陽・男女の和合や調和を重視する思想、第一〇箇条「世は鏡、ひとは鏡、子は鏡」のように自己と他者の相互に影響・反映しあう関係を強調するもの、第一二箇条「ひとは天性を働かし中間を守れよ」のように、自己の個性の発揮を促しつつも、周囲との調和への配慮を求めるバランス感覚の必要性を説くもの、第一五箇条「己を虚しくしてひとを尊ぶべし」、第一九箇条「幸福は己を捨つるにあり」に見られるように、小我への執着を超えたところに救いがあるとする表現などからなっている。

「人訓」はあまりに簡潔であるので、この教団では、それらの内容を当時の人々の日常生活の様々な局面に即して応用できるように具体的にわかりやすく解説した『ひとのみち常識』と題された教本を作成している。それは「国家生活」、「人間生活」、「家庭生活」の三部から構成され、それぞれが節ごとに更に細かく細分化されている。

国家生活は、勅語のご聖旨の奉戴、かむながら道、忠義、戦争、法律、訴訟、権利・義務、金銭、貸借、納税、奉仕、職業、商売人の心得、俸給生活者、労働者、農業家、家畜、天候、迷信、発明と創造の二〇節で構成されている。初めの部分では、教育勅語は宇宙の真理のみちとされ、天皇への絶対的な忠誠が説かれている。一方で、法に定められた範囲で権利を行使すべきであり、不当な損害を防ぐためには義理人情にとらわれずに訴訟してよいとされる。

浪費は避け倹約は大切だが、金銭はただ貯めるだけでなく、使われてこそ価値があるとされる。また、職業は与えられた個性を社会的に表現する場であり、それぞれの持ち場で自我を滅却してまことを尽くすべきとされる。そしてこうした指針が、例えば商売人であれば薄利多売、お客様本位、といった具合に、それぞれの職種に即して述べられている。最後に、与えられた場に受動的に適応するのでなく、個性を発揮し創意工夫することの大切さを説いている。

ここで取り上げられている職業の多くは都会的なものである。また法的権利義務や貨幣経済が生活に関わる度合いが高いのも都市生活者であろう。金銭は生かして使うべしというのも都市の経営者に適合的な感覚である。またそうした職業生活のなかで与えられた役割の遂行と個性の発揮とをどう調和させるか悩みがちなのも自己意識に目覚めつつある近代的、都市的生活者であろう。ひとのみち教団は、一方で天皇を中心とした当時の国家秩序を積極的に肯定しながらも、急激に増加しつつあった都市民のそうした新たな悩みや課題に、細やかにかつ具体的に指針を与えようとしているといえよう。

「人間生活」については、我、押し、まこと、終始一貫、真の自由、個性、自尊心、妥協、道理、義理・人情・施し、貧乏心、目上・目下、大将学、修養、道徳、教育及び教育家、学問、ものを習ふこと、芸術、趣味、酒・煙草、朝起・昼寝・朝風呂、運動、旅行、みそぎ、式の二五の節から成っている。

ここでは日々の生活の様々な局面に即して心の働かせ方や行動のあり方・生活態度について具体的に論じられている。始めのほうでは、ひとのみちで説かれる大自然のみちを素直に守り、我儘勝手や片意地強情といった自我を捨て、神より与えられた各人の天性に従い、個性を十分に表現してゆくところに真の自由、真の幸福があるという基本な見方が提示されている。そのうえで自分を良く見せようとする心、他人を羨む心、正邪をあいまいにする妥協、義理・人情への囚われを戒める。上下の人間関係では和合を説き、上位者は下位者に抱擁心と愛をもって臨むよう説かれている。また、修養は絶対の境地に達している教祖から示された「神宣」を実行することとされる。個性の表現が重視されていることから、素直な心情の表現としての芸術、とくに短歌が高く評価される（ただし学問のための学問と同様に、自己目的化した芸術のための芸術には否定的である）。そして娯楽や酒・煙草に関しても、疲れを癒し、心身を爽快にする限り肯定される。

このようにひとのみち教団は個人化した社会で顕在化してくる個人の個性発揮や自己実現の欲求の問題を

正面から取り上げている。そしてそれを一概に否定することなく、むしろそれらとの上手な付き合い方を指導するというスタンスである。基本的には過度な自己へのこだわりを捨てることや他者との和合への配慮の必要性を説きながらも、自己の個性の表現についても、都会的な文化的生活の享受についてもその積極的な意味を評価し、その有意義な生かし方について指導している。都市的な生活環境が広がりつつある中で、いかに自分をコントロールして生を充実させるか、その間のバランスのとり方について、生活場面に即して具体的な指針が提供されているといえよう。

三番目の「家庭生活」は祖孫一心、孝道、縁、恋愛、結婚、妊娠と出産、育児、生家、嫁姑、みだしなみ、料理、食事の仕方の一二節に分かれている。先祖観では、先祖の行いの善し悪しが子孫の幸不幸に反映されるとし、祖先・親・子の縦の繋がりの尊重が説かれている。このように家族の縦の繋がりと並んで、夫婦の横の関係の和合を特に重要視したのがこの教団の特徴の一つといえる。

恋愛は「男女が相倚りて家を成す業わざのかむわざの実現」とされるとともに、我儘勝手でなければ自由な恋愛も良しとされる。それとともに、結婚して夫婦生活を営んで、初めて完全な人としての資格を得るともいう。こうした考えは、宇宙の生成や発展は陰陽の和合によるとする人訓に見られる思考を背景にしていて、夫婦の性の営みや子づくりの奨励や、産児制限や避妊への反対の主張につながってゆく。また、夫婦関係では性愛も含めた愛情が大切なものとされるが、同時に夫は産ます力を持ち、妻の上に立ち、妻は産む力を持ち、夫の心を心としてそれに従うことで和合は達成されるとした。女性のみだしなみも大切なものと説かれているが、それは夫に愛されたいという天性を髪・化粧・衣装を通して表現するためのものだからと説明される。

このように夫婦の愛情や和合の問題にこの教団が特に焦点を合わせている背景には、自分たちの生活をサポートしてくれる社会的な絆が弱く、夫婦が力を合わせることが何よりも必要とされる都市の小家族の増大があると思われる。この時期の日本社会の都市は自営業者と俸給生活者が多くを占めていたが、ひとのみち教団の信者の家族の生業もそうした人々が多くの割合を占めていたことを示すデータもある。そうした人々の抱える課題や不安に、教団は、陰陽の理という自分たちの論理に基づいてではあるが、夫婦の絆を強化する細やかで具体的な指導で応えていったといえるのではないだろうか。

なお、この教団の特色ある活動に朝詣という行事がある。これは毎日朝早く教師や信者が本部や支部に集まり、教師の講話を聞き、体験談などを語り合うもので、そこで朝食も提供された。信者の一体感が深まるとともに、仕事場に通う勤め人や主婦などは朝食の準備からも解放されるメリットもあり、信者の獲得に大いに効果を発揮したと指摘されている。都市民のライフスタイルに適合した布教方法だったといえよう。

このようにひとのみち教団は、都市化の進展とともに増大していった都市の小市民、小家族向けに、自己抑制や集団への一体化・献身を強調し、親子間での家の継承を重視する保守的な道徳観と、各人の個性の発現、愛情（性愛）に結ばれた家族、都会的な合理的人間関係、文化生活の享受といった新しい都市的な価値観や生活スタイルを調和させるための具体的な道徳指針を個人個人に合わせて提供し、それを呪術宗教的方法で問題解決、現世利益と結び付けることで多くの信者を獲得していったといえよう。

三　読書と瞑想の宗教・生長の家

谷口雅春の経歴

生長の家は谷口雅春（生長の家立教前は、正治）が一九三〇（昭和五）年に立教した団体である。一九三六（昭和一一）年に教化団体となり、さらに宗教団体法によって宗教結社となった。

谷口は一八九三（明治二六）年、現在の兵庫県神戸市下にあった烏原村に生まれ、幼くして叔母に引き取られその養子となった。少年時代から文章の読み書きが好きで、少年雑誌に投稿を繰り返し、何回もそれが掲載された。大阪市立市岡中学時代から文学者を志し、早稲田大学高等予科を首席で卒業し、同大学の英文科に進学した。恋愛小説の影響を受け、いたずら心から同郷の女性に恋文を手渡し、なりゆきでその女性と同棲し、妊娠に至る。怒った養父母から支援を絶たれ、生活に行き詰まり、結局、一九一四（大正三）年に大学を中退する。女性と別れ、大阪の紡績工場に勤めるも、遊女から性病を移され神経衰弱に陥り、また資本家のために過酷な労働で酷使される女工の監督の仕事にまわされ、嫌気がさして、ここも退職する。

谷口が悩んだのは自分の性病だけでなく、当時三角関係にあった他の女性にそれを移してしまったかもしれないという不安と罪悪感であった。何とか相手に知らせずその人の病気を治す方法は無いかと、当時流行していた大霊道など様々な心霊術や心霊療法を渉猟するようになる。その中で一九一九（大正八）年、鎮魂帰神の霊術や立替立直しの預言で評判を集めていた大本教（当時は皇道大本）に興味をそそられ京都府綾部の本部を訪ねた。

当時大本は雑誌『神霊界』の刊行など、出版による宣伝、布教活動が活発で、谷口は文才を認められ、雑誌編集に携わることになった。一九二〇（大正九）年には大本で知り合った江守輝子と結婚、質素な衣服を纏い、「大本の聖フランシス」を自称し、求道者のような生活を送った。当時の大本教は立替立直しの切迫感に満ちていて、谷口もその渦中にあった。しかし一九二〇（大正一〇）年、世直し待望のもり上がりを恐れた政府により、幹部が不敬罪容疑に逮捕され（第一次大本教事件）、また谷口が想定していた時期に神の審判（立替立直し）は起こらず、彼は大本を去る。

この時代、弱肉強食の相克社会からの脱却を模索して、西田天香の一燈園、キリスト教社会運動家・賀川豊彦の貧民救済活動、武者小路実篤の「新しき村」など、様々な社会的・求道的な試みがおこなわれていた。谷口はそれらの刺激を受けながら、新たな道の探求に向かった。しかしそれらのどれにも納得できない部分が残った。

谷口の宗教思想にとって決定的な影響を与えたのは、米国のキリスト教ニューソート系の思想家F・ホルムスの著書『心の創造活動の法則』との出会いであった。ニューソートとは、人間の罪深さより善の可能性を強調するキリスト教プロテスタントの流れの一つで、その書物の中には、人間の幸不幸を左右するのはその心の在り方で、人が不幸になるのは自らが自分の心に不幸を思い描き、それに支配されてしまうからだといった主張、神は人間が思念するとおりのものを我々に与えてくれるという思想が述べられていた。神経質で悩みが多く、不安や罪の意識にいつも囚われがちであった谷口には、こうした思想はまさに光明であった。奉仕的生活のため家族の生活にも支障をきたしつつあった谷口は、職業がすでに与えられていると念じ続けたところ、実際一か月ほど後には石油会社に翻訳係として職を得ることができたという。

谷口はこうした方向で思想を深めつつ、それを一燈園の『光』、倉田百三編集の『生活者』といった雑誌に次々に寄稿していった。そして彼は心の修練として毎日合掌静座して黙念する生活を続けていった。するとある日黙念中どこからともなく、「物質は無い…一切現象は念《こころ》の所現にすぎず、一切は無である…有に執着するから苦しむ…あるものは唯神のみである、神の心と神の心の顕現のみである、これが実相だ…実相の心が展開した実相の天地があるだけである」といった声が聞こえてきたという。思わず「これが真理そのものか」と声を上げると、「おまえは実在そのものだ」と自分を讃える天使の声を聴いたという。こうして谷口は神を見出し本当の自分を見出したと確信した。

そして一九二九（昭和四）年一二月、「今、起て！」と行動への強い促しの啓示を受けて、谷口は早速自分の得た新しい思想を世に訴えるべく、雑誌の執筆、刊行に取り掛った。こうして一九三〇（昭和五）年三月一日付けで、雑誌『生長の家』創刊号が発刊された。その中には立教宣言ともいうべき「生長の家の宣言」が掲げられ、この日が生長の家の立教の日とされた。そこには、宗派の枠を超えて、無限生長する生命の道を信じ、その生命の法則に随順して生活すべきこと、また言葉には生命の創化力が宿っていて、その力により人類の運命を改善できること、そして『生長の家』はそのためのよき言葉の雑誌であること、それらを活用すれば病気など生活苦を克服する方法を身につけられることなどが述べられている。そしてこうした思想を広め、人類を救う活動を推進する運動を彼は人類光明化運動と名付けた。

読んで助かる読書の宗教

言葉の力で生活苦などを克服する方法として谷口が具体的に提示したのが「神想観」と呼ばれる瞑想法である。静座し背筋を伸ばし、手を顔の前で合掌し、瞑目して言葉を心の中で唱えるというものである。神想観にはその目的に応じていくつもの種類があるが、例えば「基本的神想観」と呼ばれるものは以下のような文言から成っている。

> 吾れ今五官の世界を去って実相の世界に入る。此処がこのまま実相の世界である。
>
> 神の無限の智慧の海（繰り返し）、神の無限の愛の海（繰り返し）、神の無限の生命の海（繰り返し）、神の無限の供給の海（繰り返し）、神の無限の悦びの海（繰り返し）、神の無限の調和の海（繰り返し）
>
> この大調和の実相の世界にいて、吾れ神の子として神より無限の生かす力の供給を受けつつあるのである。
>
> 神の無限の生かす力自分の中に流れ入る流れ入る流れ入る…
>
> 満たされている。生かされている。満たされている。生かされている。ありがとうございます。ありがとうございます。…
>
> もはや吾れ生くるにあらず、神の命ここにありて生くるなり。

静かに鼻呼吸を繰り返しながら　こうした文言を心身に染み渡らせるように念じるのである。神の大いなる命に生かされている自分を実感するための自己暗示的性格の強い瞑想法といえよう。谷口は教えの賛同者が誰でも実修できるようこの「神想観」を積極的に公開した。

また、雑誌『生長の家』や、それの内容を再編集した『生命の実相』などの出版物も「よき言葉」で綴られた書物とされ、本を読むことで想念が改善され、運命の改善や治病の効果があるとも主張され、実際にそうした効果があったといった報告が寄せられたりした。

　このように言葉の力、言葉で書かれた書物の力を強調する団体として生長の家は誕生した。生長の家にとってそれが発行する書物は、賛同者への広報手段に止まるものではなく、それ自体が主要な救済の手段でもあったといえよう。生長の家は、その意味で、読んで助かる読書の宗教という新たな宗教運動のスタイルを打ち出したのである。

　『生長の家』創刊号は一千部を無料で頒布したが、以後は有料の購読予約制をとり、それを持続的な刊行のための財政的基盤にしようとした。幸いその目論見は功を奏し、購読者は伸びていった。当初、生長の家出版部として始まった出版事業であったが、一九三四（昭和九）年、谷口とともに本部が神戸の住吉から東京へ移転したのを機に、株式会社光明思想普及会という出版会社が立ち上がり、『生命の実相』など谷口の著作を中心に、ニューソート系書籍の翻訳を含め関連書籍が次々と刊行された。このように谷口の団体は、財政的にも書物の頒布で支えられるいわば「出版宗教」の様相を呈した。

　ただし営利会社である光明思想普及会が、そのまま公益活動である宗教・教化活動を担うという組織のあり方には、さすがに疑義が呈され、一九三六（昭和一一）年光明思想普及会から教化活動部分が分離され、別に教化団体・生長の家が設立された（その後、一九四一〈昭和一六〉年に宗教団体法の施行により宗教結社生長の家となる）。これにより出版活動と教化活動は、一応、組織的には分離されることとなった。

　とはいえ購読者たちに教えを浸透させるためには、ただ本の購読を勧めるだけでは十分ではなかった。そこで彼が重視したのは購読者たちの相互研鑽を促すため、誌友会という読書サークルを結成することだった。地域である程度の購読者が生まれると、中心となる人物を選び、そこを拠点に読書会、研鑽会の実施を促した。こうして各地で次々と誌友会が誕生した。一九三六（昭和一一）年には、関東や関西の都市圏を中心としながら、北は北海道から南は九州に至る各地、さらに朝鮮、中国、北米、南米など外地の日本人の間にもそれは広がっていった。こうして各地に誌友会が広がると、谷口はそれらを全日本生長の家誌友連盟に統合し、教化団体としての一体化を高めるとともに、指導者講習会の実施、本部講師の地方派遣、自ら先頭に立っての地方巡教や講演会の開催など、教化体制の充実を図っていった。このように生長の家は、その雑誌を読み、研鑽する読書サークルを核にして発展していったと言えよう。

読む宗教ともいうこうした運動が広まるには、それだけの条件が必要である。単に読み書きができるだけでなく、読書を生活習慣の一部とする人々、さらに単に娯楽のためでなく、そこから心の糧や人生の指針を得ようとする人々が少なからず存在しなければ、こうした読書宗教は育たない。そうした条件を育てたのは、この時期の人々の学歴水準の上昇であり、読書による人間形成を重視する教養主義の文化の普及であろう。いかに生きるべきか、どうしたら人生や社会を良いものにできるか、求道や修養をテーマとした人生論雑誌や著書が花盛りとなった。谷口自身そうした環境の只中に育ち、読書を人間形成の糧としてきた人物である。しかも求道的遍歴の中で自らも宗教的、求道的団体に関わり、求道的メッセージの発信者として、そのメッセージの手ごたえ、反響を感じてきた人物であった。出版活動を主軸にした宗教活動が成立し、発展したのは、そうした環境の成立とその中で培われた彼の経験の蓄積があったためであろう。

谷口のユニークさはそうした人生論雑誌に、想念は現実化するというニューソート流の思想、よき言葉の活用がよき現実をもたらすという大本教などでも重視された言霊学の思想、人は宇宙大生命からの命の供給によって生かされていて、それと調和することで豊かな生命力を享受できるとする近代日本の新宗教の多くに共通する生命主義的救済思想を盛り込むとともに、提供される書物の読書や、その教えを凝縮したよき言葉を意識へ浸透させる瞑想法の実践を通して現世的な救いが実際に可能となると説いたところにあろう。

万教帰一の神示

谷口は一九三〇（昭和五）年から一九三三（昭和八）年にかけて生長の家の教えの柱となるような神示をいくつも提示しているが、その中の一つに「万教帰一の神示」がある。それは、すべての宗教の教えを包容して一つの教えの中に帰一させて、しかもそれぞれの教えに命を与えるような統合的な宗教の確立を目指すという主張である。こうした考えから彼は仏教やキリスト教や神道のさまざまな聖典を取り上げ、生長の家の立場からそれらを解釈しなおすという作業に力を注ぎ、多くの著作が生み出された。これらは人生の導き手として宗教に関心を持つ教養主義の人々にとって魅力的に映ったであろう。またこうした著作は他の宗教の信者たちもその教えを捨てることなく、生長の家の教えを受け入れることを可能とさせる教えであり、他の宗教との摩擦を回避し、自分の教えを浸透させる巧みな布教戦略であったともいえる。

このように彼はあらゆる宗教を認める包容性を説く一方で、それらを統合する中心への帰一の必要性も強調する。ここで彼のナショナリズムや天皇信仰が顕在化する。美濃部達吉の憲法学説・天皇機関説が天皇や国体の尊厳を害うとして問題視され、国体明徴が叫ばれた一九三五（昭和一〇）年、谷口は最初の指導者講習会で古事記の講義を行った。そこで彼は、古事記の天乃御中主神《あまのみなかぬしのかみ》こそ宇宙の真ん中の神であり、天皇はその神の全部の徳を表現しているとし、全国民がその天皇に中心帰一している日本国は、完全な世界がそのままこの地上に現れたものだと論じた。

さらに「天皇信仰」を論じた別の論著では、「すべての森羅万象は天皇の大御いのちの顕現ならざるはなきなり」、「『生命』が尊きは、天皇の大御いのちの流れであり、岐れであるが故…寸時も『天皇のみたまのふゆ』なることを忘るべからず。…忘れるとき、人は悪逆無道の徒となるなり」、「宇宙の大教祖は、天皇にあらせられるなり。ミチとノリとは悉くスメラミコトより出づればなり」などと説いている。宇宙や人間は天皇のいのちの恩恵で支えられていて、すべての人、すべての宗教が天皇に帰一すべきとする。まさに「天皇絶対（神）論」というべき論調である。

国体明徴の声の高まりとともに顕在化し、日本が日中戦争へとのめりこむなかでの発言だけに、また大本教やひとのみち教団への弾圧事件を目の当たりにしながらの発言だけに、谷口の、時代への、あるいは政府への意図的な迎合と解釈できるかも知れない。しかし谷口はすでに大本教の時代から、日本が世界を統一し、天皇が世界の諸王の総主権者となるといった主張を展開していた（『皇道霊学講座』）ことからして、また戦後も若干ニュアンスを変えながらも、一貫して天皇崇敬の思いを熱心に説き続けたことからしても、こうした主張を時代や社会への意図的な順応とみなすことは適当ではないだろう。

それどころか、一九三七（昭和一二）年、天皇の神格について絶対神とは異なると述べている文部省編纂の『国体の本義』に対し、絶対神と見るべきであると質問状を送っているなど、天皇の絶対視は公定の天皇観をはるかに凌いでいるともいえる。谷口の生命主義的救済観において、万物を生かす宇宙の根源的生命という観念に天皇の存在が重ねあわされたことによって、こうした天皇の絶対視へとつながっているといえよう。

国家との関係

谷口は日本が天皇を中心に真理を体現した世界の中心であるから、太平洋戦争は現実的にそのような世界秩序を打ち建てるために行われる価値実現の戦いと位置付けていた。そのため言論面はもとより（ただし、戦時下の物資の統制のため、紙の供給が制限され、刊行していたいくつもの雑誌が廃刊となった）、軍用機や本部道場の献納など戦争への協力を積極的に行っていった。

警察は生長の家に対しては、信者の戦場での奇跡的な生存など、信仰の功徳を説いて教勢の拡大を図っているとの疑いを持って、監視は怠らなかった。しかし谷口は「海ゆかば」のような悲壮な戦死を美化する歌がラジオで流されると、死という否定的な想念をかえって強化するものとして批判する程度のことはあっても、基本的には日本国家を天皇のもとに帰一する地上で最高の国家とみなしていて、政府の政策や活動に直接悪影響をもたらすような活動は見られず、弾圧を被ることはなかった。

谷口の思想は、その天皇信仰を除けば、人は自分の能力についてひたすらポジティブに考えることで、実際により高い能力を発揮でき、成功をつかむことができるとする現代の成功哲学や自己啓発の思想にそのまままつながるものである。また、瞑想を通してほんとうの自分を発見し生きる意味を見出すといった現代的なスピリチュアルな自己探求の在り方にも相通ずる部分が少なくない。その意味で生長の家は現代のそれらの現象の戦前における先駆的な表れと見ることもできよう。

四　大本教と立替立直しのビジョン

出口なおと出口王仁三郎

近代日本の宗教史上、大本教（この教団は時代によりその名称を次々と変えていったので、ここでは通称としてこの呼称を用いる）ほど、波乱万丈の歴史を歩んだ宗教は無かったといって過言ではないだろう。その理由の多くはそれが切迫した世の立替立直しの預言に始まり、出口王仁三郎という傑出したカリスマ的指導者に率いられ、その成就を目指して様々な、そして活発な社会的運動を展開してきたことに求めることができよう。それらが社会に与えた社会的インパクトの大きさもさることながら、それらが大正一〇年、昭和一〇年の二度にわたる大規模な弾圧事件の引き金になったという点でも、特筆される教団といえよう。

大本教は一八九二（明治二五）年、京都府綾部在住の貧乏な寡婦・出口なおに下った世の立替立直しの預言を核として生まれた。その預言の趣旨は、当時の日本社会が「我よし」、「強いもの勝ち」の弱肉強食の獣のような世の中になっているとし、それまで地下に押し込められていた艮《うしとら》の金神《こんじん》が世に現れ世の立替立直しをするので、皆心を改め、水晶のような澄んだ心に立ち返らねばならぬというものであった。なおは神憑りしながらこうした預言を次々に半紙に書き付けていった（それらは「お筆先」と呼ばれた）。

しかし当初はなおの周囲には、こうした預言を重視し、それを世にアピールできる人材がいなかった。しばらくして現れたのが、宗教家を志し遍歴修行中の上田喜三郎（後の出口王仁三郎）という若者だった。彼は一八七一（明治四）年、京都府亀岡の貧農の長男として生まれた。幼少の頃から機知に富み文才に長け、青年時代には獣医学を学び、牛乳やラムネの製造販売を手掛ける傍ら、国学や漢学を学び、狂歌や風刺画に興じるなど多芸多才ぶりを発揮していた。ある時、ヤクザと喧嘩して打ちのめされ、近傍の高熊山の岩窟に一週間ほど籠った。その際神人交流、他界遍歴の神秘体験をしたとされる（後に教典として著される『霊界物語』はこの時の体験をもとにしたといわれる）。それをきっかけとして彼は宗教家として身を立てるべく模索、修行を始める。その中で静岡県清水にあった稲荷講社も訪れ、主催者の長澤雄楯から、本田親徳直伝の鎮魂《ちんこん》帰神《きしん》法（神憑りなど神霊統御の技法）や神道霊学を学んでいる。こうした修行遍歴の中、偶然なおの娘ひさから綾部のなおのことを聞き、一八九九（明治三二）年綾部でなおに面会する。なおの預言に興味を持った喜三郎は、その研究に取り組むとともに、稲荷講社傘下で金明霊学会を立ち上げるなど、なおの宗教活動の合法化に取り組んだ。一九〇〇（明治三三）年、彼はなおの娘、すみと結婚して、出口王仁三郎となり、なおの宗教活動の片腕的存在となる。やがて二人の関係は、しばしば対立をはらみながらも、なおが厳しく正邪を裁き分ける厳《いず》の御霊《みたま》で、立替の警告役、王仁三郎が包容力のある瑞《みず》の御霊《みたま》で、立て直しの実行役と相補う関係と捉えられるようになる。

王仁三郎はなおの筆先に表れる艮の金神を記紀神話に登場する国常立尊《くにとこたちのみこと》（国土の修理固成の神）と解するなど、なおの預言の権威付けを図るとともに、霊の実在を実感させられる鎮魂帰神の霊術の実修で人々の関心を集めた。アイデアマンで進取の気風に富んでいた王仁三郎は、布教の手立てとして活字メディアの活用にも積極的だった。特に一九一七（大正六）年に発刊され、なおの筆先が掲載された雑誌『神霊界』は社会的に大きな反響を呼び、英文学者の浅野和三郎のような知識人やその兄の海軍中将浅野正恭のようなエリート軍人の入信が相次ぐようになった。

教団は名前を皇道大本とし、大正維新のスローガンを掲げ、立替立直しの切迫感を背景に激しい宣教活動を展開した。そこで王仁三郎が訴えたのは、弱肉強食の社会を生み出す金銀為本経済からの脱却、人民の生活を苦しめる租税の撤廃、土地や財産の天皇への返還と国民の幸福という目的に応じた再配分など、資本主義的な弱肉強食の競争社会の全面的転換であった（「大正維新について」）。また彼は、平和な世界の実現のためには、様々な宗教や信仰の違いを超えて、あるいはそれらを包摂して人々を導くことのできる大救世主の出現が求められることも力説している（「国教の樹立について」）。そしてこれらの二つの主張は大正末期から昭和初期に展開される王仁三郎の宗教・社会運動の根本的なモチーフとなってゆく。

なおの預言には当時の社会を支えている権力者への痛烈な批判が含まれていた。その中には天皇への批判と解されかねないものも含まれていた。また、なおの預言が王仁三郎によって記紀神話の神々の世界と重ねあわされることで、天皇制の聖なる神話である記紀神話に対する異端的でしかも現状変革を訴える非常に危険な解釈と受け取られかねないものとなった。これに対し、政府はなおの筆先を纏めた『大本神諭』を皇室への不敬な表現を含むとして発禁処分とするなど、警告を発していたが、教内の立替の切迫感はますます昂進し、日刊新聞を買い取ってそれを訴えるなど、その社会的アピールもますます激しくなった。警戒感を高めた政府は一九二一（大正一〇）年天皇や皇室の尊厳を毀損するものを罰する不敬罪と新聞紙法違反の容疑で、出口王仁三郎、浅野和三郎ら教団幹部を一斉検挙した（第一次大本教事件）。これは宗教団体の幹部が不敬罪で逮捕された最初の事件であった。

五　救世主・出口王仁三郎と救世プロジェクトの展開

大本教の再建

これを機に浅野ら知識人幹部の多くは大本を去ったが、王仁三郎は裁判を闘いつつ、教団と運動の再建に取り組んだ。まず、大本の教義の集大成として、霊界における神々の活躍や世界経綸の様を物語風に描いた膨大な『霊界物語』（最終的には全八一巻）を極めて短期間のうちに口述筆記で書き上げた。

さらに、これまでは視野の狭い排外主義が運動を硬直的で視野の狭いものにしたとの反省から、その方向性を日本の国家改造から、世界の諸宗教や精神運動との交流や提携を目指す国際的な視野をもった活動へと大胆に舵を切った。しかしこれは王仁三郎が大正維新論を捨てて、全く新しい方向に歩みだしたと見るべきではない。むしろすでに大正維新論で掲げた第二の課題の追求へと運動の力点を移していったと見るべきであろう。

運動の方向性が定まると、その動きは急である。それにつながる可能性があるとみられる様々なチャンスやチャンネルに王仁三郎は、時にはリスクや失敗を恐れず、次々と果敢にチャレンジしていった。大正時代の終盤から昭和の初頭にかけて、王仁三郎がこうした課題を追求する中で展開した運動・活動の主なものとして、以下のようなものが挙げられる。①国際語エスペラントの教団挙げての学習、およびそれを通した海外の宗教・精神団体との交流、②中国の新宗教、道院《どういん》紅卍《こうまん》字《じ》会《かい》を始めとする中・朝・ベトナムなどアジアの新宗教運動との提携、③いわゆる「王仁入蒙」④世界宗教連合会の立ち上げ、⑤人類愛善会の結成と展開などである。

①は、おそらく大本とイスラム教系新宗教・バハイ教の出会いをきっかけとしたものと考えられる。バハイ教は創始者のバハオラを救世主的存在と仰ぎ、国家、民族、信仰、階級の違いを超えた人類の平和と統一を求める宗教運動で、エスペラントを活用した諸宗教との連携を模索していた。世界が一人の救世主を仰ぐことで世界の和合と統一が成し遂げられるという発想は、王仁三郎の発想と共通で、彼はエスペラントの採用は世界の諸宗教運動との交流、提携に有効と考えたと思われる。王仁三郎は大本教内でエスペラント学習を熱心に展開するとともに、大本の理念や活動を紹介するエスペラント雑誌やパンフレットを発行し、実際に欧州の平和主義の精神運動団体との交流が進み、そこでの大本認知度が大いに高まった。

②は、道院紅卍字会が日本に提携すべき教団があるという神示を受け、慈善団体でもある同会が関東大震災への義捐米を届けるために訪日した際、大本関係者の紹介もあって大本本部を訪れたのがきっかけであった。同会がフーチとよばれる一種の神憑りによる筆先の神示に基づき活動している点、またその教えが儒教・仏教・キリスト教・イスラム教の五大宗教の教えと通底している（「五教同源」）という教えに基づき、他の宗派との連携に積極的だったことなど、大本教と互いに共通点が多かったことから、両者は意気投合し、提携の話は急速に進んだ。そしてその提携関係は、大本の支部は道院紅卍字会の支部、道院紅卍字会の支部は大本の支部と表現されるほど深まった。

さらに興味深いことは、道院紅卍字会のフーチにおいて王仁三郎が救世主的役割を担う存在であるという神示が出たのである。王仁三郎は大本教においてだけでなく、道院紅卍字会においても救世主として位置づけられたことになる。そしてこうした提携の在り方こそ王仁三郎が構想した世界の宗教の統合の理想的な姿であったと思われる。

大本教はこれをきっかけに、中国の他の新宗教や、普天教など朝鮮の新宗教、カオダイ教などベトナムの新宗教とも提携を目指したが、友好的交流のレベルを超えて、道院紅卍字会との関係までには発展しなかったように思われる。

③は、王仁三郎が一九二四（大正一三）年の初め、保釈中にもかかわらず、少数の側近と日本を脱出し、満蒙の地で、活仏・ダライラマに扮して、現地の軍閥からなる「神軍」を率いて進軍したという出来事である。これは満蒙独立を目指す大陸浪人や陸軍の特務機関の一部、さらにそこで支配や権益を拡大したい現地の軍閥などの思惑が複雑に絡んだ政治的策略というべきものであろう。そのために王仁三郎が担ぎ出されたことは、彼自身もわかっていた。王仁三郎は「神軍」の太上将とされたが、彼自身は活仏として決して武器を携行しなかった。王仁三郎にとってはこうした行動も救世主としてのパフォーマンスであり、アピールであったといえよう。入蒙の目的について、彼自身は、蒙古から新疆へ、さらにエルサレムまで足を延ばし、いずれは中国五台山で世界宗教会議を開き、宗教の連合会を結成すると述べたという。宗教会議については、小規模な形ではあるが、④の形で実現している。このように他から利用されつつも、自分のコンテキストに引き付けてそれを利用するといったしたたかさも、王仁三郎の行動スタイルであった。

このプロジェクトは、その動きを警戒していた当時の満州の軍閥の総帥張作霖の攻撃によってあっけなく潰えるが、日本に帰った王仁三郎は、満蒙に夢を馳せた破天荒な冒険者として一躍人気を高めた。

④は、これまで大本教が進めてきた世界の諸宗教との交流や提携をさらに進めるべく、諸宗教の連合組織

の結成へと動いたものである。一九二五（大正一四）年、道院紅卍字会、救世新教、ラマ教、回教など、主に中国で活動していた宗教団体の関係者が北京に集まり発会式が行われた。また、ほぼ同時期に神戸において、そこで活動している宗教団体、寺社などが集まり「万国信教愛善会」を立ち上げた。これらは主に宗教家や思想家の親睦、融和を図るものであったが、その後あまり展開がみられず、活動の力点は次の人類愛善会に移っていった。

⑤の人類愛善会は、人類は本来同胞であるから、民族、国家、宗教の壁を乗り越えて、平和親睦を図り、永遠に幸福と歓喜に満ちた理想世界を実現するという趣旨に基づき、一九二五（大正一四）年に王仁三郎を総裁として立ち上げられた。これは大本教の内部組織でなく、一般社会向けに開かれた精神運動として組織されたものである。その活動の中心は機関誌「人類愛善新聞」の頒布にあり、それを通して人類愛善の精神の啓蒙、普及が図られた。

このプロジェクトがこれまでと異なるのは、そのためにあえて教団とは別の組織を立ち上げたことである。提携していた道院紅卍字会が会員の宗教（修道）団体としての道院と、対社会的な慈善活動団体としての紅卍字会の二元的組織体制をとっていたのをヒントにしたとも考えられるが、単にそれを模倣しただけではなかった。それは王仁三郎自らその総裁となり、運動の陣頭指揮を執ったことに表われている。王仁三郎の人類平和論の特徴は既にみたように、世界の諸宗教の信仰の違いを超えて人々を導くことのできる大救世主の出現に期待するものであった。自らそうした存在たらんとした王仁三郎は、むしろ大本教という一教団の指導者という立場を超えた精神運動の指導者として人々にアピールするほうが、様々な信仰をもつ人々にも受け入れやすいと考えたのであろう。『人類愛善新聞』の紙面には、王仁三郎の論説や彼への言及記事が頻出するが、彼が大本教の教団指導者であることには触れていない。また一方で、微妙で暗示的な表現ではあるが、彼が救世主にふさわしい霊格を有していることをアピールしていると思われる記事がそこかしこに見られるのである。

この運動のもう一つの特徴は、それまで活動が、教団間の交流や提携、あるいは教団連合の形成といった教団レベル、あるいは教団指導者レベルでの宗教和合の試みであったのに対し、ここでは、新聞の頒布活動という形で、一般大衆に向けたアピールが展開されたことである。実はこの時期、大本教や人類愛善会は、大衆にアピールする博覧会のようなイベントも積極的に開催している。宗教指導者教団間の交流や提携には、それぞれの教団としての立場や利害があり、また関係した宗教指導者間指導者のレベルを超えて、一般信徒にまでは浸透しにくい。こうした限界を超え、その主張を大衆に直接訴え、アピールする方法として打ち出されたプロジェクトが人類愛善会の立ち上げであったといえよう。そのため王仁三郎は賛同者の数にこだわり、百万部頒布の目標を掲げた（その目標は一九三四〔昭和九〕年に達成したとされる）。

このように比較的短期間に次々と展開された王仁三郎の世界平和に向けてのプロジェクトであるが、信仰は異なっても共通に一人の霊格の高い救世主（王仁三郎）を受け入れればそれは達成されるという王仁三郎の主張に即してなされた試行錯誤であったことがわかる。

これらのプロジェクトは一見雑多に見えるが、背後にあるモチーフは一貫している。その時々に生まれたチャンスや可能性を見逃さず、目的の実現に資すると思われる手を次々繰り出していったといえよう。その中で特に成果のあったものは、②の道院紅卍字会との提携と、⑤の人類愛善会の活動であったといえるのではないだろうか。

なおとの関係ですでに言及したように、なおとのコンビにおいて、なおが世界の破局〈立替〉の警告役、王仁三郎は新しい世界の建設〈立直し〉役とされていた。気質的にも王仁三郎はあれこれ積極的に新たな事業を企画、展開しながら道を切り開くというポジティブで、しかも非常に傑出した社会起業家タイプの人物であった。なおがこの世を去り、破局待望論の強かった浅野和三郎ら他の幹部が第一次事件後大本教を去ると、王仁三郎は救世主としてその手腕をより自由に発揮できるようになった。この時期から多様な活動プロジェクトが展開された背景にはこうした事情もあったと考えられる。

戦時下での大本教

そうした王仁三郎は一九二八〈昭和三〉年、自らが救世主としての活動を全面展開することを象徴的に示す、あるいは宣言する「みろく大祭」を挙行した。弥勒菩薩は今から五六億七千万年後に地上に降り、人々を救済するとされる仏であるが、王仁三郎が生誕から丁度五六歳七か月を迎える時期を期して執行されたのである。祭典の中で王仁三郎は、みろくがこの世界で救世の活動をする時が来たことを宣言するとともに、その後自ら神饌の中から三つのリンゴを取り、参列した出口家の人々や職員に大根や頭芋を配った。

この間、国内では世界恐慌の余波で昭和恐慌が起こり、デフレが進行し、農産物価格の下落で農村の窮乏や荒廃が深刻な社会問題となった。都会でも失業が増大し、労使紛争も激化していった。また、対外的にも満州事変の勃発やそれに続く満州国の建国は、諸外国の反発を招き、国際関係は緊迫の度合いを著しく高めていった。こうした中、軍部では国家体制の革新を求める動きが強まり、一部ではクーデタ計画も進められた。民間の国家主義団体の国家革新を求める動きも高揚し、政界財界の要人がテロの標的となった。

こうした時代情勢の変化を受けて、王仁三郎は再び立直しの第一の課題を追求するチャンスを見出した。一九三一（昭和六）年の末、王仁三郎はまず、教内にあった青年部組織・昭和青年会の年齢上の制約を廃し、青年以上であれば誰でも参加できる全教団的組織へと改組し、自ら陣頭指揮にあたるべく、その総裁に就任した（しばらくして対応する婦人組織として昭和坤生会も作られた）。会は、「人類愛善の大精神にもとづき、昭和の大神業のため、献身的活動奉仕をなす」ことをその目的に掲げた。大本教の対社会的活動のまさに実行・実践部隊という位置づけである。

当時政府は危機に瀕した農村対策として、人々の自力更生を促す国民更生運動を呼び掛けていたが、農村の救済に関心の深かった大本教では、挙国更生を呼び掛け、農村向けに陸稲の多収穫栽培の普及活動に取り組むとともに、精神的更生の重要性を強調し、王仁三郎も自ら農民とひざを突き合わせて座談会もおこなった。王仁三郎や講師たちによる各地での講演活動も活発に展開された。

また、昭和青年会は防空展覧会の開催や防空パンフレットの配布など防空思想の啓発活動に力を入れた。さらに、昭和青年会に対しては、軍隊訓練を模した査閲分列式を実施し、集団行動の訓練も行った。このようにこの時期の大本教の対社会的活動は、国内外の危機の深刻化や国民の愛国感情の高まりに合わせるように、愛国主義的な色彩の強いものとなった。ただ、こうした活動を通して示された大本教の社会的なパワーや動員力は、他の民間の愛国主義的団体のそれに対して抜きんでたものがあり、大本教の社会的存在感は大いに高まった。

こうした活動が活発に展開されるなか、一九三三（昭和八）年に教団は名称を再び皇道大本に改めた。その際「皇道大本信条」も発表された。そこでは天照皇大神が「至尊至貴の大神」であるとか、「皇孫」が

「世界統一の基礎を確立」とか、天皇が「世界を知ろし召さるる至尊至貴の現人神」といった超国家主義的ともとれる表現が連ねられている一方で、出口なおの神諭やそこに盛り込まれた立替立直しの教えが真正であること、王仁三郎が「真如聖師」として「神人愛や世界平和」を実現する存在であることが明示されている。高まる国家主義への過剰同調とも見えるが、それが「立替立直し」や救世主＝王仁三郎といった大本教的文脈で語られている点に注意すべきであろう。

こうした活動の展開のうえにさらに国家改造の実現を目指し、大本教の枠を超えた国民的な「精神運動団体」として一九三四（昭和九）年結成されたのが「昭和神聖会」である。王仁三郎が統管となり、黒龍会系のアジア主義者の大物・内田良平を副統管とし、東京九段の軍人会館に三千人の参加者を集め華々しく立ち上げられた。賛同者には、現職の大臣や政治家、将官クラスの軍人、財界人、学者、在野の国家主義団体のリーダーなど多数有力者の名前が挙げられていた。「祭政一致の確立」、「皇道経済、皇道外交の確立」、「国防の充実と農村の隆盛」、「人類愛善の実践」などのスローガンが綱領に盛りこまれた。「皇道経済」の主張の中身は、大正維新の主張で語られたものとほぼ変わらないものだった。

この時期の国家改造運動は軍人が主体の場合、一部のエリートによる実力行使（クーデタ）という方法をとるか、在野の国家主義運動の場合、少数の志士的人物による要人に対するテロという手段に頼りがちであった。しかし王仁三郎はあくまで大衆への訴えにこだわった。賛同者が一千万人に達すれば、社会は変わると語ったとされる。王仁三郎の運動の最大の武器は言葉だった。会は一年間で、全国各地で三千回近い講演会を開催し、百万人を超える参加者があった。賛同者の数は八百万人に上ったという（当時の日本の総人口は約七千万人）。

王仁三郎は大正の末期から一九三五（昭和一〇）年までの比較的短い期間に、救世主の自覚のもと様々な宗教・精神・社会運動を企画するとともに、どれも自ら先頭に立ってそれを担い、エネルギッシュに走り抜けた。それらの形や表現は時代の状況やそれがもたらしたチャンスに応じて変幻自在に対応した。しかし目指した目標は大正時代の構想から一貫していた。そして彼は大本教の王仁三郎から、人類愛善会の王仁三郎へ、さらに昭和神聖会の王仁三郎へと、救世主としての活躍の舞台を確実に高めていったのである。しかしそれは高みに登れば登るほど取り締まりのリスクも増大する、きわどい道でもあった。

六　宗教弾圧の時代

第二次大本教事件

一九三〇年代の後半は新宗教にとって宗教弾圧の時代でもあった。その嚆矢となったのは一九三五（昭和一〇）年の第二次大本事件であった。やはり昭和神聖会の運動が反政府的な政治運動として盛り上がってゆくことが政府にとって脅威であった。そしてそれを抑えるためには王仁三郎と大本を叩くことが肝要と考えてのことであった。そのために、一九三五（昭和一〇）年一二月に大勢の武装警察隊が本部や王仁三郎が滞在していた松江の別院を一斉に急襲し、王仁三郎以下幹部が一斉に検挙された（物々しい逮捕劇となったのは武器隠匿のうわさがあったためであるが、武器は一切発見されなかった）。日本近代史上最大の宗教弾圧事件とされる、第二次大本教事件の勃発である。

最大の弾圧事件といわれるのは、千人近くに及ぶ検挙者数の多さからだけではない。裁判の開始前に京都の綾部と亀岡にあった本部の施設がすべて破却の上、その土地まで売却されてしまったのである。また、第一次事件の際のように不敬罪だけでは大本をつぶせないと考えた警察側は、この摘発で大本教という宗教団体そのものを解散に追い込むことができる治安維持法の適用を図ったのである。ちなみにこの事件は宗教団体が治安維持法違反の嫌疑で摘発された最初の事例であった。このように当局のこの事件への姿勢は、まさに「大本教を地上から抹殺」しようとする徹底的なものであった。

警察側は治安維持法違反適用の根拠を、みろく大祭の執行に求めた。王仁三郎が家族や職員に大根やイモを配った儀式を国体変革の結社の結成にあたるとみたのである。裁判は長期化したが、結局昭和一七年の控訴審で治安維持法違反の嫌疑は晴れた。参加者にも十分に意味が了解されていない象徴的儀式の執行を以て、明確な目的を持った結社の結成にあたるとするのはいかにも強引な解釈で、なにがなんでも大本を解散させようとする当局の強い意志のもとに、この検挙が実行されたことが窺われよう。

この事件は左翼革命運動の取り締まりをほぼ終えた特高警察が、組織的に宗教運動の取り締まりに乗り出した最初の事件でもあった。これを皮切りに、以後、特高警察による宗教団体の検挙が相次ぐこととなる。

次の標的となったのは当時もっとも教勢の伸張の目覚ましかったひとのみち教団であった。ひとのみち教団の場合、すでに見たように大本教のような世直しの思想や運動とは無縁であった。教育勅語を教義として戴くなど、体制同調的性格の強い教団とみなされてきた。にもかかわらずそれが問題とされたのは、皇室や教育勅語を自己の正当化のために利用しているように疑われること、教祖・徳一を天皇より上位の絶対的存在と考えている疑いがあること、夫婦の性愛を奨励するなど「淫靡」な思想を広めていること、「神宣」に頼って医療をおろそかにする傾向がみられることなどであった。大本教の次の検挙のターゲットとして目をつけていたところ、教祖のおつきの娘が教祖に強姦されたと告訴される事件が起こった。しかし、当局の狙いはあくまで教団の解散にあったので、どうしても不敬罪の証拠を見つけたかった。徹底的な調査の結果、徳一が側近に伊勢神宮のご神体は太陽を象徴する檜だと語ったことが判明し、これが不敬罪の根拠とされた。太陽信仰が篤かった徳一は天照皇大神を太陽神として信仰することが不敬とされ、当惑した（教派神道黒住教の主宰神・天照大神は太陽神の性格が強いが、問題視されてはいない）。一九三七（昭和一二）年に教祖は幹部とともに逮捕され、裁判では不敬罪が有罪となった。さらに不敬の輩が使用していた施設だからとして教会施設は閉鎖され、結社も禁止された。とにかくまず教団の解散ありきのあら捜しのような捜査に見える。

これらの二つの事例の取り締まりの経緯を見る限り、取り締まり側は、カリスマ的リーダーに率いられ国家とは別の論理で動くこれらの団体の社会的・政治的な影響力の大きさを警戒し、とにかく団体そのものを禁止し解散させることを最優先し、そのための法理として不敬罪や治安維持法がこじ付け的に持ち出されたという印象をぬぐうことができない。

この後も、警察の手は神道系のみならず、キリスト教系（燈台社、ホーリネス教会など）、仏教系（新興仏教青年同盟、創価教育学会など）へと延びてゆく。思想運動一般にとってそうであったが、宗教にとっても厳しい統制の時代となっていった。

七　おわりに

大正時代の末期から昭和初期に台頭した三教団について取り上げたが、ひとのみち教団と生長の家は、この時期の都市化の進展を背景に、都市を中心に発展した教団といえる。それは都市という社会的な絆の弱い、しかも競争的な生活環境の中で個人として、あるいは小家族としてどのように適応して、よりよく生活することができるか、一人一人の抱える悩みや苦難に対応し、カウンセリングや問題克服のノウハウを提供することを通して成長した団体といえるかもしれない。

これに対し大本教は、どちらかといえば農村部の支持者が多く、都市との経済的、社会的格差が広がり窮乏と荒廃が進む中で、農村の立て直しはどうしたらよいか、そうした課題と向き合ってきた教団である。問題はより社会構造的であり、その構造に手を入れなければ解決は難しい。社会全体の在り方や価値観を変えるための運動が必要となる。大本教は、そうした背景の中で成長してきた運動であろう。

両者の対面している困難の性質、それに対する対応のスタイルはかなり異なるかもしれないが、それは同じ社会が生み出した異なる問題であり、それはコインの表裏のような関係にあったともいえよう。

天皇尊崇のナショナリズムについては、これらの教団に共通している。幕末から明治維新期に台頭したいわゆる民衆宗教といわれる新宗教には、ナショナリズムや神国思想は見られるが、天皇崇拝は希薄である。国家による天皇制イデオロギーの国民への注入は明治以降であるから民衆レベルの話でいえばそのことはさして不思議ではないかもしれない。逆に言えば、明治維新以降に育ち思想形成した教祖たちはその影響を受けているので、天皇崇拝がみられることもある意味自然のことといえる。

しかし、その天皇崇拝の中身についてみると、それぞれ同じではない。上から教化される天皇制イデオロギーの天皇観と、その影響を受けつつ下から再解釈される天皇観は同じとは言えないのである。取り上げた三つの団体の教祖の場合でも、谷口雅春のように公定の天皇観以上に神格化の過剰なものもあれば、王仁三郎のように天皇制の神話に関する異なった解釈が現実の天皇制の変革を要求するケースもある。天皇の神格化は、天皇と国民の一体性を強調すると、かえって人々の天皇に対する期待や願いを過剰に高める効果を持つのではあるまいか。

これらのことは、昭和期の宗教弾圧をどう理解するかという問題ともかかわってくる。少なくとも日本生まれの新宗教についていうと、弾圧の理由は、実は反天皇ナショナリズムの主張ゆえではなく、むしろ天皇ナショナリズムに関する異なった解釈によるものがほとんどである。大本教のケース然り、ひとのみち教団のケース然りである。ここでは取り上げられなかったが、天理教の分派・天理研究会（天理本道）やそこからの分派教団の場合も、天津教《あまつきょう》や神政龍神会の場合もそうした事例と考えられる。このように考えると、この時期の国家と新宗教の関係について、上からの天皇ナショナリズムと、下からの天皇ナショナリズムの交錯やせめぎあいという観点から更に掘り下げる必要があるのではないだろうか。

更に言えば、このことは戦後の新宗教の展開をどう理解するかという問題ともかかわってくる。冒頭で戦後期に大きく発展した新宗教の多くは実は昭和初期に活動を始めていたと指摘したが、戦前・戦中期から戦後社会への転換の中で戦前の上からの天皇ナショナリズム（神権的天皇制）は否定される。このことが新宗教の戦後社会での展開にどのような影響を与えたのか、与えなかったのか、新宗教における戦前と戦後の連続性と断絶という問題を考える場合の論点の一つとなるであろう。

参考文献

池田昭（一九七一）『御木徳近――PL教団』新人物往来社
――編（一九七七）『ひとのみち教団事件関係資料集成』三一書房
――編（一九八二～一九八五）『大本史料集成　Ⅰ～Ⅲ』三一書房
石渡佳美・渡辺雅子（一九九五）「ひとのみち系教団の夫婦観―ひとのみち教団と分派教団の自然社を事例として―」明治学院大学社会学部付属研究所年報二五号
大本七十年史編纂会編（一九六四～一九六七）『大本七十年史』全二巻
小野泰博（一九九五）『谷口雅春とその時代』東京堂出版
川村邦光（二〇一七）『出口なお・王仁三郎』ミネルヴァ書房
島薗進（一九八八）「生長の家と心理療法的救いの思想――谷口雅春の思想形成過程をめぐって」桜井徳太郎編『日本宗教の正統と異端』弘文堂
――（一九八九）「都市型新宗教の心なおし――ひとのみち教団の心理療法的救済信仰」湯浅泰雄編『大系：仏教と日本人3　密儀と修行』春秋社
――（二〇〇六）「抵抗の宗教／協力の宗教――戦時期創価教育学会の変容」倉沢愛子他編『岩波講座アジア・太平洋戦争6　日常生活の中の総力戦』岩波書店
ストーカー、ナンシー（二〇〇七）『出口王仁三郎――帝国時代のカリスマ』原書房
生長の家本部編（一九八〇）『生長の家五十年史』日本教文社
対馬路人（一九九二）「大正・昭和期の新宗教と国家――立て替立て直しをめぐる宗教的緊張」國學院大學日本文化研究所編『近代天皇制と宗教的権威』同朋社出版
寺田喜朗（二〇一九）「戦前期における谷口雅春の国体言説――国体明徴運動の影響をめぐって」藤田大誠編『国家神道と国体論――宗教とナショナリズムの学際的研究』弘文堂
我妻栄他編（一九七〇）『日本政治裁判史録・昭和前期編』第一法規出版

コラム④　国体論

昆野伸幸

一　理解しにくい「国体」

国体論とは、「国体」に関する議論のことであるが、現在、私たちの多くが「国体」ときけば、まず国民体育大会のことを思い浮かべるだろう。しかし、戦前においてはそのような連想などありえず、「国体」とは天皇を唯一不変の主権者としていただく日本固有の国柄を意味する独特な概念であった。そして、そこには革命のない日本の優秀性や自民族中心主義など、とくに戦前に強く現われたイデオロギーがまとわりつくことが多く、民主主義の定着した今では「国体」を正確に理解することは難しい。ただし、それでは当時「国体」のもとに生きた人々なら一般の国民でも十分理解していたのかといえば、実はそうではない。彼らにとってもやはり「国体」とはよく分からないものであり、彼らはあえて説明するまでもないものとして棚上げし、分かったつもりで日常を過ごしていたのである。

今も昔も「国体」が理解しにくいものである以上、国体論を定義することもまた難しい。その難しさを踏まえたうえで、あえて国体論を最大公約数的に定義してみれば、日本の独自性を万世一系の皇統に求め、アマテラスが皇孫に与えたいわゆる天壌無窮の神勅に代表される神代の伝統と、歴史を一貫して変わらぬ国民の天皇に対する忠誠心とが「国体」を支えてきたと強調する議論だといえる。

二　国体論の成立と展開

このような国体論は、大日本帝国憲法の発布（一八八九年）・教育勅語の渙発（一八九〇年）を以て、一九世紀の終わり頃に一応の成立を見る。国体論が形成されるうえで大きな契機となった帝国憲法に関して、二月一一日の紀元節に、賢所《かしこどころ》で皇室典範および帝国憲法制定に関する御告文が奏され、制定が「皇祖皇宗」の神霊に報告されたように、もともと国体論は、天皇の起源を語る神話や宮中祭祀と密接な関係をもち、神道的要素との結びつきが強い。とはいえ、国体論にとって、神道との関係は唯一絶対的というほどのものではない。仏教的国体論やキリスト教的国体論のように、他宗教と結びつくこともあり、国体論は、支配秩序を正当化するうえで都合さえよければ、多様な習合を容認する柔軟性ももつ。

さて、近代の国体論は、前近代までの愚民観をはらんだ尊王論や民を統治の客体にとどめる近世国体論とは異なり、まがりなりにも「国体」の存続において国民の果たす積極的な役割を期待し、主体的な忠義の発揮を要請していたといえるだろう。とはいえ、その際には、日本人はなぜ天皇に忠義を尽くすのか、あるいはなぜ日本の「国体」は素晴らしいのかといった疑問に対する論理的・説得的な解答は用意されず、神話・神勅を背景としたマジカルな権威や日本人であれば当然という思いこみによって糊塗されることとなった。

しかし、一九世紀から二〇世紀へと至る世紀転換期を経て、日本社会の近代化・世俗化に伴い、国民の皇室へのまなざしも神聖性が衰退するようになり、かつ植民地を獲得し、帝国の版図を広げることで「日本人」の範囲が拡大すると、これまでのようなごまかしが通じなくなる。一九一〇・二〇年代には、神話による「国体」の説明は非科学的で、現代の多くの国民には通用しがたいとの認識が広く共有されるようになり、理性的な説明が求められた。この要請に応じるべく、修身を教える教師や国民道徳を講じる教育学者は頭を悩ませたが、よく分からない「国体」の尊厳性を多くの国民に説得的に理解させることができる妙案はなかなか思いつかなかった。

その限界を突くかたちで、一部の神道思想家や宗教者、教化団体は、合理的に理解するのではなくむしろ非合理的に実感することが重要なのだと説き、禊《みそぎ》などの「行」的な実践や静坐、集団体操を通じて「国体」の素晴らしさを体感することができると喧伝していく。多くの国民が「国体」についてよく知らないままでいる現状に対し、合理・非合理いずれにせよ、何らかの対応が求められるなか、政治家、官僚、軍人など国民を統治する側の人たちは、その現実に強い危機感を抱いていた。

三　国体論内部の対立

折しも一九三五（昭和一〇）年、美濃部達吉の天皇機関説が排撃され、国体明徴運動が展開されていく。この運動を踏まえて設置された教学刷新評議会の会議では、明徴すべき「国体」とは何なのか、日本の「国体」が素晴らしいのはなぜなのか――このような疑問をめぐって議論がなされた。文部省思想局が編纂した『国体の本義』は、このような疑問を解消することを目指して、一九三七（昭和一二）年、日中戦争がはじまる直前に発行され、全国の各種学校に配布された。ただし、『国体の本義』は、内容的には明治期以来の伝統的な国体論をほぼそのまま踏襲しており、「国体」に関する疑問の解消には至らなかった。

そのため、日中戦争が本格化し、人的資源も含めてあらゆる要素が戦争遂行に動員される総力戦体制へと国内が編成替えされていくと、『国体の本義』の内容は早くも時代遅れになりつつあった。というのも、国体明徴運動以降、改めて神話的権威に支えられた天皇の神格化や国民が生まれながらにしてもつ勤皇心が強調されたが、これらは、神や天皇という超越者に依存し、自己に内在する先天的要素が発揮されれば自然に問題は解決するといった他人任せで楽観的な考え方に通じ、国民の主体的な後天的努力など神への不信のあらわれ、「非国民」的行為としてむしろ排されてしまいかねないからである。

国民の自発的動員を促すことができないという伝統的国体論の限界を克服すべく、東京帝国大学教授平泉澄《きよし》や大川周明《しゅうめい》、宮内省掌典星野輝興《てるおき》などは、神話的権威や国民に内在する勤皇心などには頼らず、自発的・主体的な国民による翼賛を目指す方向で国体論を再編していく。文部省教学局（思想局が改組）によって改めて編集・刊行された『臣民の道』（一九四一）はむしろこちらの系譜に属する。結局、国体論は、神話・神勅の権威を重視する流れ（三井甲之《こうし》、蓑田胸喜《むねき》ら原理日本社、文部省『国体の本義』等）と、歴史的にみられる国民の主体性発揮を重視する流れ（平泉澄、大川周明、星野輝興等）とに分裂し、対立しあいながら展開していくこととなる。

もともと国体論にとって、他宗教と比べて相対的に神道との結びつきは強固ではあるものの、神話・神勅といった神道的要素の過剰な強調は、国民の主体性発揮を阻害し、かえって総力戦体制の構築を妨げかねない。実際、新しい国体論は、国民の作為的・後天的な忠義心の発揮を優先するため、先天的な国民性の意義を否定し、また日本固有とされる神道的要素を相対化する傾向をもちやすい。その結果、伝統的国体論と新しい国体論との対立はますます激化し、万世一系の天皇という「国体」の根源的な根拠は神勅に求められるのか、それとも国民の主体性に基づくものなのかをめぐって、国体論内部では激論が闘わされる。

そして、新しい国体論と対峙する緊張感にあおられるかたちで、伝統的国体論はますますその思想を極端化し、三井、蓑田の思想に典型的なように、国民の主体性を否定して日本の神々や現人神天皇の権威に頼るような思想・運動を展開していく。その過程で、平泉、大川、星野に対する不敬事件が立て続けに生じることとなる。

とはいえ、新しい国体論が宗教、信仰の意義を否定したわけではなく、伝統的国体論同様に、信仰の意義を強調した。国体論の対立は、一面で信仰のあり方をめぐる衝突でもあったが、国体論総体としては、自由な信仰を阻害する方向で機能した。

第六章　戦争・哲学・信仰

藤田正勝

一　時代の流れのなかで

対外膨張と日本主義思想の跳梁

日本の思想状況は一九三一年に勃発した満州事変の前後を境に大きく変化した。大正の末から昭和の初めにかけて憲政擁護運動が活発になり、普通選挙法が成立するとともに、無産階級が大きな政治勢力となり、社会運動が活発化していったが、他方で、一九二七年の金融恐慌、一九二九年の世界大恐慌の影響を受けて日本の経済は行き詰まりを見せ、それを打開する道を日本政府や軍部は中国進出に求めようとした。それまで社会主義の思想が広がりを見せ、社会運動だけでなく、プロレタリア文学運動なども大きな高まりを見せていたが、この事変前後から、そうした運動が弾圧を受けるようになっていった。その圧力は自由主義的な学問にも及び、一九三三年には京都大学の法学部教授であった滝川幸辰が職を追われ（いわゆる滝川事件）、一九三五年には美濃部達吉の天皇機関説が攻撃された。

日本は、その対外膨張政策により、世界のなかで政治的に孤立を深めていったが（一九三三年には国際連盟から脱退）、それとともに、そうした政策の後ろ盾となる思想の確立が強く求められるようになった。その先駆けとなったのが紀平正美の『日本精神』（一九三〇）や鹿子木員信の『日本精神の哲学』（一九三一）などであり、一九三四年前後には「日本精神」ないし「日本主義」、あるいは「日本的なるもの」をめぐって多くの著作や論文が発表された。雑誌『理想』が一九三三年に「日本精神への志向」という特集を組み、

『思想』もまたその翌年に「日本精神」という特集号を出している。

それより少し遅れるが、西田幾多郎も一九三七年に日本諸学振興委員会哲学公開講演会で「学問的方法」という題で、一九三八年には京都大学の公開講演（「月曜講義」）で「日本文化の問題」という題で講演をし、またそれをもとに一九四〇年に岩波新書の一冊として『日本文化の問題』を出版した。彼もまた声高に「日本精神」、あるいは「日本主義」ということが叫ばれた時代のなかに立っていたのである。これらの講演が行われた一九三七年、三八年は、いわゆる盧溝橋事件を機に、日本軍が華北から華中・華南へと戦線を拡大していった時期に当たるし、国内では、東京大学の矢内原忠雄がこの中国侵略に批判的であったために、その職を追われ、大内兵衛や有沢広巳らの労農派系の大学教授や荒畑寒村らの社会運動家が、人民戦線の結成を企てたとして一斉に検挙されたりした（人民戦線事件）。

このように西田も「日本主義」的な風潮が煽りたてられ、学問の自由や個人の権利が国家の力によって押しつぶされていく時代の流れのなかに立っていたが、しかし単純に時代の潮流のなかに呑み込まれていったわけではない。「学問的方法」や「日本文化の問題」といった講演のなかで西田もたしかに「日本精神」について語っている。しかしそれらの言葉を留保をつけた上で用いている。たとえば「日本文化の問題」において西田は、「外の世界的な文化にぶつかつた今日、どう云ふ風にして世界文化を消化摂取するか、又世界文化に対してどんな態度をとるか」ということが今日的な課題になっていることを述べた後、次のように主張している。「それに就いて一番普通の考へ方は、日本精神で西洋文化を消化して行かうと云ふのだが、……さういふ人は、日本精神といふ特別なものがあり……それを中心として外国文化を纏め総合しようとするのである。丁度蓑虫が葉を集めて自分の周りに巻く（笑声）といふ風なやり方で行かうとするのである。

之は最も浅薄なよくない考へ方と思ふ」(『西田幾多郎全集　第一三巻』岩波書店、二〇〇五、一四頁)。

根拠なく独断的に「日本精神」を宣揚しようとしていた人々とはまったく異なった意味でこの言葉を使おうとしていたことがここからもはっきりと見てとることができる。さらに晩年、戦局が悪化していくなかで、西田は時代の流れを何とか少しでもよい方向へという思いから「国体」という文章を執筆している(それは紆余曲折を経て一九四四年に「哲学論文集第四補遺」という題で『哲学研究』に発表された)。そのなかでも西田は次のように述べ、当時の政府の方針に正面から反対している。「真の国家は、他の民族に対して、共に自己自身を形成する歴史的世界の自己形成の立場に於て結合するのである。……単に排他的なる民族主義から出て来るものは、侵略主義と帝国主義との外にない。帝国主義とは民族利己主義の産物である」(同第一一巻、一九七~一九八頁)。最晩年にも、排他的なナショナリズムや帝国主義的なアジア諸国への侵略に反対し、真の国家とは何かを問いつづけたのである。そういう文脈でこの「国体」という言葉も使われたのである。

二　田辺元の哲学の展開

種の論理

西田のあと京都大学の哲学講座の担当者となった田辺元もまた、そのような時代の流れのなかに立っていた。田辺元は一九一九(大正八)年に東北大学から京都大学に赴任してのち、研究の対象を科学哲学や数理哲学からカントやヘーゲルの哲学に移していき、『カントの目的論』(一九二四)や『ヘーゲル哲学と弁証法』（一九三二）などを発表した。これらの研究を踏まえて、田辺は一九三四年頃から「種の論理」と呼ばれる独自の思想の構築に向かっていった。「種の論理」ということがはじめて言われたのは、一九三四年から翌年にかけて発表された「社会存在の論理」という論文においてである。その後、彫琢が加えられ、一九三七年に発表された「種の論理の意味を明にす」において「種の論理」はまとまった形を取るにいたった。

田辺とハイデガー

京都大学に赴任してから三年後のことであるが、一九二三年から翌年にかけて田辺はヨーロッパに留学した。その折に触れたハイデガーの思想から強い刺激を受け、帰国後すぐに論文「現象学に於ける新しき転向――ハイデッガーの生の現象学」を発表した。これは、『存在と時間』が出版される以前の、生成途上にあるハイデガーの哲学を日本においてはじめて紹介した論文であった。その後田辺は、研究の主たる対象をヘーゲルの哲学と弁証法の問題に移していったが、一九二九年にハイデガーの『カントと形而上学の問題』が出版されると、すぐにそれを取り上げ、それを批判的に検討した論文「綜合と超越」と「人間学の立場」（ともに一九三一年）を発表した。『カントと形而上学の問題』で注目される点の一つは、ハイデガーが「人間学」に強い関心を示している点である。ハイデガーはここで、「人間とは何か」を問うことを通して、より具体的に言えば、人間存在の「有限性」を問うことを通して、存在そのものを解明する地平を拓こうと試みている。そこにはマックス・シェーラーの「哲学的人間学」の構想からの影響を見てとることができる。しかし、シェーラーの「哲学的人間学」という理念の無規定性と、それが哲学のなかで果たす機能の不明瞭さに対しては批判を加えている。ハイデガーは形而上学の基礎づけという課題を「哲学的人間学」に委ねることには同意しなかったのである。それに対して田辺はいま挙げた二つの論文のなかで、「哲学的人間学」のなかにハイデガーよりもより大きな可能性を見いだしている。おそらく自らの哲学を展開するための大きな手がかりがそこから得られると判断したためであったと考えられる。

田辺は「人間学の立場」において、シェーラーの「哲学的人間学」が人間の存在のあり方を離れて、まず存在者としての人間の本質を決定することから出発しようとした点を批判し、それに対してハイデガーが「全体人間としての人間の認識」を問題にした点、言いかえれば、「全体人間の在り方の自覚」としての「自覚存在的存在論」(Existenziale Ontologie) を展開しようとした点を高く評価している。しかし他方で、ハイデガーにおいては人間がどこまでも孤立した存在として捉えられ、共同体との関わりが十分に考察されていない点を批判している。そしてその不十分性を克服するために田辺はこの論文において、自己と他者、さらには個人と共同体との関わりに目を向けた新たな人間学、いな、むしろ新たな哲学、「人間学的哲学」と呼ばれる新しい哲学を構築することを構想している。

三 「種の論理」の形成

「種の論理」を構想した背景とその動機

この「人間学的哲学」の構想は実際には具体化されなかった。その後田辺は自らの思想を「種の論理」として展開していったのである。つまり、「種的基体」である民族や国家の非合理性を類的普遍性へと否定的に媒介する論理を追究していった。田辺はなぜ「人間学的哲学」の構想から離れたのか。「種の論理」が最初に表明された「社会存在の論理」の表題ですでに言われているように、なぜ人間存在ではなく「社会存在」に目を向け、その論理を解明しようとしたのか。その問いに答えるためには、田辺が当時置かれていた時代の状況を視野に入れなければならない。そういう観点から参考になるのは、『田邊元全集　第七巻』の大島康正の「解説」である。そこで大島は、「「種の論理」は、……広く思想の問題としては昭和五年頃から次第に台頭してきた民族主義と、それに基く全体主義への対決が、終始一貫して強い動機をなしてゐた」(『田邊元全集　第七巻』筑摩書房、一九六三、三七五頁)と述べている。ここでも言われているように、当時の「民族主義」的な風潮、そして「全体主義」的な政治の動きと、「種の論理」の構想・展開とは深く関わっている。

そのような時代の状況に田辺の関心をいっそう強く向かわせたのは、田辺が身近で経験した滝川事件であった。滝川事件は、言うまでもなく、京都大学法学部の滝川幸辰の『刑法講義』や『刑法読本』が、そのなかの内乱罪や姦通罪に関する見解を口実に発禁となり、時の文部大臣鳩山一郎が小西重直京大総長に滝川の罷免を要求した事件である。この事件が田辺にとって大きな意味をもったことを、家永三郎は『田辺元の思想史的研究』のなかで、学生の立場でこの事件に関わった久野収から直接聞いた話をもとに、「十五年戦争開始以後の急速に進行するファッシズムの動向に、田辺がはじめて直面せざるを得なかったのは、一九三三(昭和八)年の滝川事件ではなかったかと思われる」(家永三郎『田辺元の思想史的研究』法政大学出版局、一九七四、四七頁)と記している。

田辺自身、「種の論理」に関わる諸論文のなかで、なぜそれを構想したのか、その動機について語っている。具体的に言えば、「論理的」な動機と「実践的」な動機という二つの動機があったことを語っている。「論理的」な動機とは、「哲学そのものの方法」(『田邊元全集　第六巻』四六六頁)を確立するために、論理の本質である推論を構成する類と種と個との媒介関係から出発して、「絶対媒介の論理」を打ちたてようとする試みを指す。それに対して後者、つまり「実践的」な動機については、田辺はたとえば「種の論理に対する批評に答ふ」(一九三七)のなかで次のように述べている。「その最初の動機は、国家の個人に対する強制力の由来を尋ね、その強制の合理的根拠を探るといふことであつた」(同第六巻、三九九頁)。また「種の論理の意味を明にす」においては、その目的が、「国内に於ける強力なる、国家統制に直面して、それに処する合理的原理を求めるにあつた」(同第六巻、四五四頁)ことを主張している。先に見た時代状況がこの「国家の個人に対する強制力」という言葉に反映していることは言うまでもない。言論や思想の自由に関する国家による個人の統制に理性的な根拠があるのかどうか、あるとすればどのような根拠であるか、それにいかに対処することができるのか、といった問題関心が「種の論理」の出発点にあったことをここから見てとることができる。

個と全体の抗争

田辺によれば、国家の個人に対する強制力は、「個人が其内から生れ、其中に包容せられるところの、種族的なるもの」(同第六巻、四四九頁)、つまり「種的基体」に由来する。そこで考えられているのは「血と土とに結付く直接的種的統一」としての氏族や民族、さらには民族国家である。その純粋な形を田辺は、レヴィ・ブリュールが分析したトーテム社会のなかに見いだした。それを支配するのは「分有法則」(loi de participation）である。つまり、そこでは個を全体へと一体化する力が働く。しかし、その成員である個人は、この一体化の力に対抗し、独立自主性を主張する。「分有」ではなく、「分立」がその本質をなす。分立し、全体に対抗しようとする個の自由意志を田辺はニーチェの言葉を借りて「権力意志」と言い表している。それに対して種的な社会は、このような全体から離れ、その統合力を簒奪しようとする個に対して、それを抑圧し、否定しようとする。まさにこの二つの力の対立抗争が先鋭化した時代に生きているという意識が田辺のなかにあったと言ってよいであろう。

その対立抗争を克服し、種の盲目的で閉鎖的な統合を「無限全体的なる人類社会の絶対的開放性」へともたらすことが課題として意識されていた。それは田辺によれば、権力意志である個の否定を通してはじめて実現される。しかしそれは単なる否定ではなく、同時に肯定でもある。権力意志としての自己の否定は、個が「人類の成員」として――「真の個人」として――生まれることでもある。この否定即肯定という絶対否定的転回によって、人類の成員としての個人が形成する国家、つまり「人類的国家」が成立する。

この転回は、直接的な統一体としての種――民族国家――が「人類的普遍性」を獲得することでもある。類的社会は、種と無関係に成立するのではなく、その直接的な統一を媒介として、つまりそれが基体となって成立する。個の否定を通して、種が類へと変化を遂げるのである。「類化せられた種」が成立すると言われている。それは種という基体の上にはじめて成立するものであるが、しかし他方、それは種の直接性の否定を通して実現されるのであり、両者が明確に区別されなければならないことを田辺は注意している。このことを田辺は次のように言い表している。「民族国家も亦人類的国家に止揚せられても、その種たる性格を失ふのでなく、たゞ種の直接統一が類の絶対否定的統一に止揚せられて、否定即肯定的に段階を異にし現れるのである」（同第六巻、一三三頁）。したがって、「人類的国家」においても社会全体による個人の統制は残る。ただ、その統制は単なる強制ではなく、「理性に由つて自律に転ぜられる」。この直ちに自律でもある強制のなかに、田辺は、国家の個人に対する強制力がもちうる「合理的原理」を求めようとしたと言ってよいであろう。

四　国家の問題

人類的国家

「種の論理」は論文「種の論理の意味を明にす」において一応完成した形を取るにいたった。しかし、時代の流れは田辺に「国家」の問題をめぐってさらに思索を加えることを迫った。とくに一九三九年に発表された論文「国家的存在の論理」において田辺はその問題を中心に据えて自らの思想について論じている。

もちろん、すでに見たように、「社会存在の論理」や「種の論理の意味を明にす」においても国家の問題は論じられている。「種の論理」は、個の自己否定を通して種が類化されることを、言いかえれば、人類的普遍性を獲得した国家が形成されることをめざすものであった。それと同時に、直接的な統一体としての民族国家と、種の類化を通して形成される「人類的国家」とが、明確に段階を異にした存在であることが強調されていた。「国家的存在の論理」においても、この区別は維持されている。田辺はここで直接的な種的基体――民族国家――の絶対化に強く反対している。そのような立場は、「世界歴史の下す世界審判により破滅を宣せられる」（同第七巻、三六頁）とまで述べている。さらに、「全体主義の実力的侵略戦争謳歌がそのまゝ承認せられ難い」（同第七巻、九一頁）ものであることをも明確に指摘している。当時としては考えられないほど踏み込んだ発言であったと言うことができる。

あいまいになった人類的国家と現実の国家との区別

他方、この論文においては、先に述べた直接態としての国家と類化された種としての国家との区別があいまいになっている点も指摘しなければならない。たとえば国家は「社会の存在と歴史の生成とが人間の行為に媒介」されることによって成立する「最も具体的なる存在」であると言われているが、それはもはや現実の国家から明瞭に区別されえない。さらにこの論文において「応現《おうげん》」の概念が導入されたことが、先の区別をいっそう見えにくくしている。「応現」とは、仏教で仏ないし菩薩が衆生の素質に応じて身を現すことを意味する言葉であるが、それを用いて、国家が「絶対の応現的現成《げんじょう》」であることが言われている。この概念の導入は、現実の国家が絶対的なものを実現したものとして解釈される可能性を明らかにはらむものであった。もちろんそれを直接意図したものでなかったことは、先の種的基体の絶対化を否定する文章からも見てとれるが、しかし現実の国家をそのまま肯定する可能性を開くものであったことも確かである。

田辺はこの論文の翌年、一九三九年の五月から六月にかけて京都大学学生課主催の日本文化講義（「月曜講義」と呼ばれた公開講義）において六回にわたって講演を行った。そしてその記録を『歴史的現実』という表題のもとに、翌年の六月に学生課叢書の一冊として（同時に岩波書店からも）出版した。そこでは「国家的存在の論理」においてよりもいっそう明確に、人類の普遍的な立場と国家とを同一視する方向へと歩を進めている。ここでも種（種族）の閉鎖性が個人の自由な行為により人類的普遍性へと高められるという考え方は維持されているが、しかしそれが実現されるのは国家においてであるという考えが強く打ちだされている。そのような立場に立って次のように言われている。「日本の国家は単に種族的な統一ではない。そこには個人が自発性を以て閉鎖的・種族的な統一を開放的・人類的な立場へ高める原理を御体現あそばされる天皇があらせられ、臣民は天皇を翼賛し奉る事によつてそれを実際に実現している」（同第八巻、一六六頁）。大きな力を振るった当時の国家観・天皇観にそのままのみ込まれ、個人の自由な行為が、天皇を翼賛する行為と同一視されてしまっている。

時代に流される田辺

一九四一年に発表した「国家の道義性」と題した論文では、田辺は国家の「道義性」の問題を取りあげ、国家と国民とのあいだに成立すべき道義的な関係について論じており、そこにこの論文の特徴がある。国家がそのうちに有する無形の理念としての「道義性」によってこそ国家と国民の統一が実現され、諸国家の共存が可能になることが言われている。しかしそこで道徳の第一義とされたのは、個人が、その生存を負う国家に対して自己を献げることであった。国家はその存立のためには個人の生命を犠牲にすることも許されるとも言われている。これまで田辺の哲学の一つの軸を形成してきた「自由」がこの「道義性」の背後に隠れる形になっている。

同じく一九四一年に発表された「思想報国の道」においては、そのような考えをさらに進めて次のように述べている。「思想の自発性を重んずることが如何に必要であるとしても、思想を放任することは現状の逼迫が之を許さない。思想者も国民としてかゝる放任を求むべきではなく、進んで国家に貢献する覚悟が必要であり、否、既に国策に順応して報国の実践にまで進んで居なければならぬ」（同第八巻、二二三～二二四頁）。哲学者もまた、言論の抑圧をはじめ、国家が積極的に推し進める政策に順応すべきであることが主張されるに至っている。ここでは、当初田辺の国家理解が有していた批判性がすっかり影を潜め、ただ時代に流されるだけになってしまっている。『歴史的現実』の第一回目の講義のなかで田辺は、「我々が歴史的現実に関心を持つのは、それから殆ど堪へ切れない圧力を加へられてをり、我々自身の希望とか要求とかがその前には全く無力であり、それが我々には抵抗することの出来ない力としてはたらいてゐるからであります」（同第八巻、一二一頁）と述べているが、文字どおり、その圧力を跳ね返すことができず、それに押しつぶされ、追い詰められていった軌跡をここに見ることができる。いま見たような田辺の国家論は、哲学者だけでなく政治学者の関心をも引いた。南原繁も一九四二年に刊行した『国家と宗教――ヨーロッパ精神史の研究』のなかで、田辺の「種の論理」に立ち入って論じている。そこで南原は「種の論理」が現実の国家の「神性」を根拠づけるものとして働く可能性を指摘している（『国家と宗教――ヨーロッパ精神史の研究』岩波書店、一九四二、三〇〇頁）。

田辺は一九四一年に「国家の道義性」や「思想報国の道」などの論文を発表したあと、太平洋戦争開戦ののちは敗戦まで、何回かの講演を除いていっさい論文を発表せず、沈黙を貫いた（西田がこの間に「知識の客観性について」や「数学の哲学的基礎づけ」、「場所的論理と宗教的世界観」など数多くの論文を発表したのと対蹠的である）。この沈黙の理由について田辺は自ら積極的に語っていないが、おそらくいま述べたような国家理解に対する反省と、そこから生まれてきた「懺悔」（次節で詳しく取りあげる）とがそれに関わっていたのではないかと考えられる。

戦争中の講演

いま述べたように、田辺は戦争中、論文をいっさい発表しなかったが、その沈黙のあいだをぬって何回か講演を行っている。それを通してわれわれはこの沈黙期の田辺の思いを垣間見ることができる。一九四三年五月に田辺は「死生」と題した講演を行っている。これは京都大学の学生課が「月曜講義」の一環として「大東亜建設の理念」という題で連続講演を企画したときに、その一回目として行われた講演であった。しかし田辺は直接この「大東亜建設」という問題を取りあげるのではなく、「学業を直接に役立てることのできない所で銃をとつて死生の間を馳駆《ちく》されねばならない」（同第八巻、二四六頁）学生たちの希望を容れて、「死生」の問題、つまりいかに死と向きあうべきかという問題を講演のテーマとした。最初、一般的な問題としてこの死と生の関わりが論じられたあと、議論は結局、当時の時代状況のなかでいかに生き、いかに死ぬかということに収斂していった。具体的に言えば、田辺は学生たちに、「今日おかれてゐる国家の危急といふ時は、もはや平常時の如く我々は国と自己とに隔りをおくことは許されない」、「直ちに国に身を捧げるのである」（同第八巻、二六〇頁）と語りかけている。学徒出陣が始まったのはその年の末であるが、それを先取りするような言葉がそこで語られている。

一九四三年一〇月には『京都帝国大学新聞』に「征《ゆ》く学生におくる 贐《はなむけ》の言葉——入隊の真義を自覚せよ」と題した文章が発表されている。この文章は、おそらくは同年一〇月に文科系の学生に対する徴兵延期が撤廃され、一二月から入隊することが決まった学生たちの壮行会で話をするつもりのものであったと考えられる。そのなかで田辺は、「軍人として日本精神を体得するのは、日本人が日本人となる関門といふべきものである。諸君は此関門を通過し、特に国家の殊遇に報ゆる為に、幹部候補生としての重責を自覚して、率先死生の関頭を突破し、死するも生くるも唯大君の御為といふ皇軍の精神を実践しなければならぬ」（同第一四巻、四一六頁）と記している。死生の問題に迷うことなく君国のために命を捧げることこそが「無上の光栄」であることを学生たちに堂々と語りかけている。おそらくその言葉を胸に抱いて戦地に赴いた学生も多くいたと考えられる。これらの言葉は、カントの批判哲学をつねに自らの思想の導きとしてきた田辺が時代の波にのみ込まれ、その批判の目を失ってしまったことを示している。そのことに気づいたとき、「懺悔」が彼にとってなすべき唯一のことになったのであろう。

五　懺悔

学徒出陣と懺悔

田辺が「懺悔」ということについて語りはじめたのは一九四四年頃からである。最初にその言葉が出てくるのは、一九四四年二月に第一高等学校第二回文化祭で行った講演「文化の限界」においてである。そこで田辺は、「私の懺悔……この国の中に於けるいろいろの不都合、無いことの願はしいやうなことに就いて、自分に責任がある、自分が微力であるからであり、自分が怠慢で為すべきことを為さないからである」と述べ、「懺悔といふことが思想でなく、文化でなく、教へでなく、私の生活の全内容なんである」（同第八巻、三〇二〜三〇三頁）と語っている。「この国の中に於けるいろいろの不都合」のもとに何を考えていたのか、その責任がなぜ田辺にあるのか、それらの点について田辺は具体的に語っていない。おそらくはいま述べた学徒出陣が深く関わっているのではないかと考えられる。自らも田辺のもとで学び、学徒出陣していった辻村公一も、『現代日本思想大系　第二三巻「田辺元」』の「解説」でそのような解釈を示している。そこで辻村は、「懺悔」を告白するに至った機縁について、「少なくともその一つは一九四三年十二月一日のいわゆる学徒総動員ではなかったかと思われる。先生は学生を非常に愛された。その学生の大半をこの総動員は先生から奪い去った。それが現実の端的な事実であるとすれば、それは先生にとってその標榜せる「現実哲学」の敗北として痛感されたとしても不思議ではない」（『現代日本思想大系　第二三巻「田辺元」』筑摩書房、一九六五、四六頁）。

懺悔道の思想

この変化は心境の変化、あるいは内的な体験というものにとどまらず、田辺の哲学に対する考え方そのものを大きく変えるものであった。そこから「懺悔道」ということが言われるようになった。そのことを語ったのが、一九四四年の一〇月二一日に京都哲学会講演会における「懺悔道――Metanoetik」という講演であった。この講演は同じ年の一〇月から開始された京都大学での特殊講義「懺悔道」と内容的に重なるものであったと考えられる。田辺はこれらの内容を一九四六年に岩波書店から刊行した『懺悔道としての哲学』にまとめあげた。京都大学の特殊講義の最終講義は一九四四年一二月一九日に行われたが、午前一〇時一五分から午後五時近くまで、七時間近くにわたって休憩なしに行われたという。親鸞の『教行信証』について論じたものであり、それが『懺悔道としての哲学』の第六章、第七章に仕上げられていった。「懺悔道――Metanoetik」のなかで田辺がまず強調したのは自らの無力であった。一方で「私人として国内の不合理な事に関して憤を感ずる」と語りつつ、他方、戦争のただ中にあって具体的に対処する方策を見いだしえず、「実践的に無力であると言ふのみならず、知識に於ても深く無力を感ずる」(『田辺元哲学選Ⅱ「懺悔道としての哲学」』岩波文庫、二〇一〇、一六頁)と述べている。『歴史的現実』や「思想報国の道」のなかで語られた国家理解が表面的で抽象的なものにとどまり、現実の国家のあり方にはとどかなかったこと、そのために、学問や言論の自由が制限されていくことに積極的に抵抗することができず、結局は時代の流れに流されるままになったこと、そして自らの哲学がそれに抵抗する支えになりえなかったことがその根底にあったと考えられる。その無力さに対する慚愧の念、加えて自らも学生を戦場に駆り立てる役割を果たさざるをえなかったことに対する罪責感が、おそらく田辺に「懺悔」を強いたのであろう。

懺悔は、田辺にとって、ただ自らの過誤を悔い、自らの無力を恥じるというにとどまらず、「全く自己を放棄」するということに、――『懺悔道としての哲学』「序」の表現で言えば――「絶望的に自らを抛《なげう》ち棄てる」ということにつながった。この自己の抛棄《ほうき》が田辺の懺悔の重要な要素をなしている。それと同時に田辺はそこで、ある根本的な転換を経験した。それを次のように表現している。「全く自己には何も出来ぬと言つて頭を下げた時私には不思議な事が起つた。全く無力だと言ふ所に立つ事に依つて、今まで焦り続けて居た不安・焦慮から救ひ出されて、非常に開かれた所に出た」(『田辺元哲学選Ⅱ』一八〜一九頁)。それは、無力の極限において、自己の生や行為を可能にしている、自己を超えた他者の力に出会うという経験であった。その力は、キリスト教的に言えば「愛」であり、仏教的に言えば「慈悲」ないし「大悲」であると田辺は述べている。懺悔とともに、信仰の問題が田辺にとって自分自身の、そして生死にかかわるのっぴきならない問題として意識されるようになってきたことが見てとれる。

六　懺悔と親鸞の信仰

田辺と宗教の問題

宗教の問題については、すでに「死生」の講演においても論及されている。そこでは、賢者はその信仰において直接神に身を献げることが可能であるが、凡夫はそのあいだに国を置き、国を通してはじめて神と結びつきうることが言われている。「人は国を通して現実に身を捧げるものとして具体的存在をもつてゐる」(『田邊元全集　第八巻』二六〇頁)という表現からも見てとれるように、国家に力点を置いて宗教の問題が理解されている。またどこまでも一般論として宗教の問題が論じられている。それに対して「懺悔道――Metanoetik」においては、自らの実存、あるいは自らの生き死にに関わるものとして宗教が問題にされている。

なぜそこで宗教の問題が論じられたのか、そのことと、田辺が一九四四年に入ってから「懺悔」という言葉を口にするようになったこととが深く関わっていると考えられる。懺悔、無力の自覚と自己の抛棄、そしてその無力の極限において絶対的な他者によってそこから救い出されたという自らの経験と関わって宗教が問題にされている。それまでも田辺はいくども親鸞の教えに触れていたが、しかし、とくにそこから生きていく上での力を汲みとるということはなかったように見える。それに対して「懺悔道――Metanoetik」では、懺悔の経験を通して「浄土真宗の教え、親鸞の教えが私の中で特別な働きをして来る事を感じた」と述べている。それを手がかりにして、無力の自覚の極限にあった田辺は、ふたたび歩みはじめる力を得たのである。そのことを次のように言い表している。「私は親鸞が真宗の道の上に仏教の苦闘者として歩んだ道を哲学の道において踏む事を課せられた」(『田辺元哲学選Ⅱ』二一頁)。

『教行信証』と懺悔道

このような関心から田辺は親鸞の『教行信証』に目を向けている。『懺悔道としての哲学』の「序」で田辺は、この書において『教行信証』を「懺悔道として読解することに力を注いだ」と記している。そのためにまず親鸞の信仰がどのようなものであったのかを田辺は『教行信証』から読み取ろうとしている。たとえば次のように言われている。「此書〔『教行信証』〕の全体が懺悔に裏付けられ懺悔に支持推進せられるものなることは些《いささか》の疑を容れない。教行信証の領解の鍵は一に懺悔にある。自ら懺悔して悲歎述懐を親鸞と共にするものでなければ、此書を味読することは出来ない筈である」(『田邊元全集　第九巻』三三頁)。親鸞の信仰の根底にあるのは懺悔であり、その「猛火」によって『教行信証』が「支持推進」されているのを田辺は見たのである。

田辺が『教行信証』の読解においてとくに問題にしたのは、いわゆる「三願転入」の問題であった。その際、道しるべになったのは、田辺が『懺悔道としての哲学』の「序」のなかで触れている武内義範の『教行信証の哲学』(一九四一)であった。そこで武内は、「三願転入」の問題を軸に『教行信証』全体を貫く論理の解明を試みている。

「三願転入」は、『無量寿経』で説かれている法蔵菩薩の衆生救済のための願、つまり四八の誓願のうちの第一九願、第二〇願、第一八願で語られる宗教的な境地を、自力に執着した抽象的な段階から本来の他力的な宗教的意識への発展のプロセスとして捉える立場から、この信仰の深まりを言い表した概念である。この「三願転入」を田辺は、まさに懺悔の道として、つまり、「自力修行の衆生自らに於ける、極重悪人なりとの懺悔、従つて自力の無力に対する随順的絶望」（同第九巻、一九三頁）、そしてそこにおいて生じる根本的な転換の歩みとして解釈している。田辺の「三願転入」の解釈の特徴は、このようにそれを懺悔の道として解釈した点にあるが、それとともに、この歩みを固定したプロセスとしてではなく、交互媒介的に捉えた点にもその特徴が見いだされる。具体的に言えば、第二〇願から第一八願への転入が、一方向的な転換ではなく、そこにつねに懺悔の悲痛を回避し、自力的な念仏に安住しようとする転落の可能性が存在すること、したがって第二〇願には第一八願へのステップという意味だけでなく、同時にその「疎外態」という意味があることを田辺は述べている。そこからまた、懺悔が決して一回的なものでなく、不断に繰り返される必要があることが言われている。

七　懺悔道としての哲学

このように『教行信証』の読解を通して、とくにその「三願転入」の理解に注目することによって田辺は親鸞から「指導教化」を受けようとした。しかし、『教行信証』を「懺悔道として読解する」ということは、それを哲学の立場から解釈することではなかった。親鸞の他力の信仰を哲学的に解釈して「浄土真宗の哲学」を説くことが、田辺の意図したことではなかった。自らが目ざしたものを次のように言い表している。「親鸞教を哲学的に解釈するのではなく、哲学を懺悔道として親鸞的に考へ直し、彼の宗教に於て歩んだ途に従つて哲学を踏み直さうと欲するのが、現在の私の念願である」(同第九巻、三二頁)。

ここに明確に表明されているように、単に親鸞の教義を哲学的に解釈することではなく、哲学それ自体を「懺悔道」として立て直すことが田辺の目ざしたことであった。つまり、親鸞の教えは、「哲学そのものの他力的転換を推進し、その行くべき方向を自らの業によつて指導する」ものとして受け取られたのである。そのような意味で、「親鸞は私の哲学に於て学ぶべき師であり指導者である」と言われている。このような観点から『教行信証』は読まれた。「哲学を懺悔道として……踏み直す」というのは、このように懺悔の道を歩んだ親鸞の信仰から「誘発的指導」を受けながら、一方では理性的哲学を「批判解体」し、そこに哲学を懺悔道として新たに打ち立てることを意味したと言ってよい。

それでは、哲学を懺悔道として新たに打ち立てるとは具体的にどういうことを意味したのであろうか。その点について以下で見ておきたい。すでに見たように田辺の懺悔の中心にあったのは、自己の無力さの自覚であった。田辺はそれを同時に哲学ないし理性の無力としても理解した。「苛烈なる現実に処して迷ふ所なく、その指導に従つて歴史を超貫する力を、不断にそれから汲み取ることが可能なる如き理性的哲学」(同第九巻、三六頁)がすべてその根底から崩れ去った、というように田辺は述べている。しかし田辺は、無力の自覚の極限において絶対的な他者の力に出会い、それによってふたたび生かされたように、理性に支えられた哲学――「自力の哲学」とも言われている――が掃蕩されたその廃墟に、ふたたび哲学が「復興」されるのを経験したのである。もちろんそれは「自らを抛ち棄てた私の、自力を以てする哲学」ではない。むしろ「他力が、私をして……行ぜしめる」哲学であることを田辺は強調している。それが「懺悔道」であり、「懺悔道としての哲学」である。

それはもはや通常の意味の哲学ではない。そのことを言い表すために田辺は「哲学ならぬ哲学」という表現を用いている。「哲学ならぬ」と言われるのは、哲学がひとたび抛棄されたあとに現れるものであるからである。しかしそれが「哲学ならぬ哲学」と言われるのは、それが哲学の否定を経たものであれ、やはり「哲学の目的とした窮極の思索、徹底的自覚といふ要求を満たさんとするもの」(同第九巻、四頁)だからである。

理性の哲学を超えるメタノエティク

この「哲学ならぬ哲学」としての「懺悔道」を田辺はMetanoetikという言葉でも言い表している。マタイ福音書に見えるバプテスマのヨハネの「悔い改め」(μετάνοια)という言葉を手がかりに造られた言葉である。μετάνοιαという言葉は、μετά(後から)とνοεῖν(見る、思う、考える)とから造られた言葉であり、自らの行為を後から振り返って思うこと、後悔することを意味する。田辺は自らの懺悔をその言葉に重ねたのである。それと同時に、MetanoetikにはNoetikを超えるものという意味を込めることができることも、田辺がこの言葉を用いた理由の一つである。Noetikというドイツ語は現在でもときおり使われるが、νοεῖνに由来する言葉であり、認識ないし思惟に関する学を意味する。そのなかに田辺はνοῦς（知（理））のνοεῖνする働き、言いかえれば、西洋の哲学全体を特徴づける「理性の哲学」（田辺の表現に従えば「理観」）を見ていたと言ってよいであろう。Metanoetik はそれを超えるもの、Meta-Noetik、つまり「超理観」ないし「超理性学」を意味した。つまり田辺はこの Metanoetik という言葉で後悔、ないし懺悔という意味とともに、理性の哲学を超えるものという意味をも言い表そうとしたのである。「懺悔道」という言葉では十分に言い表しえないものを補うために、この Metanoetik という言葉を併用したと言ってよいであろう。

さて、その「懺悔道」としての哲学の主要な部分をなすのは、いま引用した「超理観」ないし「超理性学」という言葉が示すように、理性ないし理性的哲学に対する批判であった。もちろん、哲学はもともと理性に対する批判を含むものであると言うこともできる。その典型がカントの理性批判である。田辺もまたそのことを認める。しかし彼によればカントはその批判する理性そのものを批判の対象とすることはなかった。その意味でカントの批判哲学は理性全体を批判するものではなかった。そのように批判の主体である理性を批判の外に置くのではなく、それをも批判の対象とする徹底的な理性批判を田辺は要求したのである。つまり、「自力的なる理性の哲学が、現実との対決に於て避け難き二律背反に陥り、カントの理性批判が示した、知識を制限して信仰の立場に立つ、といふ如き自力の処理を容さないやうな絶体絶命の窮地に於て、支離滅裂、七花八裂の絶対の分裂に、進んで身を任す」（同第九巻、八〜九頁）ことを要求したのである。このような理性の徹底した批判を田辺は「絶対批判」という言葉で呼んでいる。田辺の理解では、理性批判はこのような絶対批判にまで徹底されてはじめて理性批判でありうる。このような意味での「絶対批判」が懺悔道の中心的な課題をなすと言ってよい。

実際、田辺はそのような理解に基づいて、この書においてカント、ヘーゲル、シェリング、ニーチェ、ハイデガー、エックハルトなどの思想に対する批判を行い、その「解体」を試みている。しかしそれはただ単にそれらを「七花八裂」の分裂へと導こうとしたものではない。むしろそれらを「懺悔道的に再興発展せしめ」ることがその意図であったと考えられる。その「批判解体」を通して懺悔道に具体的な内容を付与することを田辺は意図したのである。

八　懺悔道の社会性

このように田辺は「自力の哲学」を解体し、そこに「他力の哲学」を改めて打ちたてようとしたのであるが、それは哲学のなかに、あるいは自己のなかに閉じた営みではなかった。『懺悔道としての哲学』の第六章、第七章で親鸞の思想について詳しい検討を行なったあと、最後の章で「懺悔道の展望としての宗教的社会観」について論じている。この章の題が、懺悔道の一つの特徴をよく表している。つまり、懺悔道は決して個の自覚として、自己のうちに閉じたものではない。むしろ他者に、あるいは社会に開かれている。それは「社会的共同の立場」において真に具体的なものとなると言ってよい。

先に述べたように、田辺は、懺悔の極限において転換を可能にする他者の力を「愛」とも、また「大悲」とも表現しているが、その働きは自己の「死復活」で完結するのではなく、むしろ、再生を果たしたものに、いまだそれを経験しないものへと働きかけ、絶対の救済の働きを媒介することを求める。そのことを田辺は次のように言い表している。「自己のすくひは他人のすくひに転ぜられることにおいて、はじめて証しせられる。このやうに絶対無即愛の媒介となり、みづから愛の教化を実践するのが哲学である。悟道即伝道といはれるわけである」(『懺悔道としての哲学』梗概」同第一四巻、四二三頁)。田辺は懺悔道の立場を説明するために、しばしば浄土教で言われる往相《おうそう》と還相《げんそう》という概念を用いているが、自らの再生が往相とすれば、この「愛の教化」は還相ということになる。

そしてこの「愛の教化」を基礎とした社会の実現という課題にまで田辺の目は向けられていた。『懺悔道としての哲学』の最終章では、「相共存協力して相互教化的に秩序的平等の社会を実現する」(同第九巻、二六五頁)ことが、「歴史の要求」であることが言われている。そのような観点から田辺はキリスト教に関心を寄せ、一九四七年には『実存と愛と実践』を、その翌年には『キリスト教の弁証』を出版した。これは田辺が、「現世否定の寂静主義的傾向」を有する仏教よりも、むしろ「具体的なる歴史的社会的基盤の上に立つキリスト教」(同第一〇巻、一〇~一一頁)から、このような平等の社会を実現するための具体的な指針を得ることができると考えたことを示している。

参考文献

『西田幾多郎全集』全二四巻(二〇〇二~二〇〇九)岩波書店

『田邊元全集』全一五巻(一九六三~一九六四)筑摩書房

家永三郎(一九七四)『田辺元の思想史的研究』法政大学出版局

辻村公一編(一九六五)『現代日本思想大系23「田辺元」』筑摩書房

南原繁(一九四二)『国家と宗教――ヨーロッパ精神史の研究』岩波書店

藤田正勝編（二〇一〇）『田辺元哲学選Ⅱ　「懺悔道としての哲学」』岩波文庫
細谷昌志（二〇〇八）『田辺哲学と京都学派――認識と生』昭和堂

コラム⑤　近代の日中仏教交流

エリック・シッケタンツ

一　日中仏教交流の先陣

一九世紀、西洋列強の進出は、東アジアにおける地域秩序の再編成をもたらした。明治維新は幕府の鎖国令の終わりを意味し、二百余年もの間下火になっていた日中仏教交流の再始動を可能にした。

先陣をきったのは、浄土真宗東本願寺派の小栗栖《おぐるす》香頂《こうちょう》（一八三一～一九〇五）。一八七三年のことである。日本へのキリスト教の進出を危惧した小栗栖は、仏教国による連盟を目指して一年間中国（当時・清）に滞在した。そして、中国仏教はその生命力を失ったと判断し、連盟を結成する前に中国仏教を復活させる必要があると結論した。彼の考えはその後日本で広まり、中国仏教を復興させることができるのは日本人だけという使命感を生み出した。日本では様々な中国伝道が企画されたが、中国において公的な布教権を獲得できなかったため、日本人仏教者の活動は主に租界や植民地に限定された。

一方、当時の中国仏教界においても、改革を目指す革新派が現れた。その代表的な人物は在家信者の楊文会（一八三七～一九一一）と僧侶の太虚（一八九〇～一九四七）である。彼らはいちはやく近代化を成し遂げた日本仏教を強く意識し、特にその教育制度を模範としようとした。明治・大正期に見られる日中仏教交流の主な特徴は学問的な交流にある。日中双方の仏教者が逸失した経典を補完しあうだけでなく、中国人仏教者は日本の仏教研究の方法や成果を積極的に受容し、高野山や比叡山などに留学した。こうした仏教交流の一つの頂点は、一九二五年に東京で開催された東亜仏教大会である。日本、朝鮮半島、台湾の参加者と共に、中国からも太虚を中心とした多数が参加した。

日本は中国での布教権を持たなかったが、個人のレベルで活躍した日本人仏教者も存在した。その典型的な事例は「支那通」として知られていた水野梅暁《みずのばいぎょう》（一八七七～一九四九）である。水野はもともと曹洞宗で出家した僧侶で、後に浄土真宗西本願寺派の第二二法主大谷光瑞と出会い、所属を本願寺派に転じた。一九〇一年、水野は上海に渡り、東亜同文書院に在籍しながら、湖南省を中心に活動した。一九〇三年には長沙で僧学堂という教育施設を設立し、仏教という枠を超えた活動を行った。帰国後、中国分析の雑誌『支那時報』を創刊し、外務省のアドバイザー的な役割を果たした。日本政府の対支文化事業（後の東方文化事業）にも多大な貢献をした。水野梅暁の事例は特殊であるが、仏教交流は純宗教的な活動だけでなく、当時の日中間の政治関係とも連動しながら展開したことを示している。

二　昭和の日中仏教交流

昭和に入ると、日中間の仏教交流は政治的色彩が強くなる。一九二七年の第一次山東出兵、一九三一年の満州事変勃発、そして翌年の上海事変や満州国成立など、悪化していく両国の関係は双方の仏教者の愛国心を煽り立てた。太虚をはじめ、中国人仏教者は中国や日本の新聞や雑誌に投書して日本の侵略行為を批判し、日本人仏教徒に平和への連帯を訴えた。しかし、日本仏教界からは公的な反応がないだけでなく、中国人仏教者の態度を批判する声もあがった。満洲国の建国が両国の仏教者にもたらした緊張関係を代表する出来事は、一九三四年に開催された第二回汎太平洋仏教青年大会への中国代表の不参加である。しかし、まだこの時期には双方が交流を保つ努力に期待し、日本では日華仏教研究会や日華仏教学会、中日密教研究会が成立している。これらの活動は、教団の枠組みを超えるだけでなく、国家の枠組みをも越えようとしたものであった。

一九三〇年代の日中仏教交流において代表的な人物は、

浄土真宗大谷派の藤井草宣《ふじいそうせん》（一八九六～一九七一）と古義真言宗の吉井芳純《よしいほうじゅん》（一八九六～一九八九）である。藤井は水野梅暁に触発され、一九二八年から一九三一年まで東亜同文書院で学び、太虚派や上海の世界仏教居士林（在家居士団体）など、中国仏教界と幅広く交流した。満州事変後、彼は日本の軍事行動を批判的に捉え、国家や教団の枠を超えた仏教者の日中提携を主張し、日中仏教学会を設立し、太虚を中心とした中国仏教者との交流を目指した。しかし、その後の日中関係の悪化で活動の停止を余儀なくされた。

　吉井芳純は、海外での伝道活動と中国密教の復興を夢見る理想主義者であり、自ら中国留学を目指して一九二六年から四年間北京に滞在した。その際、北京政府の要人たちと知り合ったことがきっかけとなり、一九三一年に中日密教研究会を設立し、翌年天津に活動本拠地を設けた。活動内容は、密教に関する人材育成と密教信仰にもとづく日中親善である。「研究会」の名前は、中国における布教権の問題を避けるための方便だった。中日密教研究会の中心メンバーは段祺瑞や王揖唐など著名な政治家だったため、外務省はこの組織に対し、悪化していく日中関係によい影響を与える可能性を期待し、支援した。密教研究会の人的ネットワークの拡大は軍部も注目するところとなり、中日密教研究会は華北（中国北部）における日中間の政治活動に巻き込まれていった。日中戦争の勃発後、北京で成立した対日協力政権の主要メンバーには中日密教研究会の会員が多く見られた。

　他方、中国東北部における満州国の成立は、中国布教権のなかった日本仏教の諸教団に対して新たな活動の場を提供した。国家の要請によって仏教諸教団が満州国に入り、日本人居留民を対象とした布教活動を行うだけでなく、現地の仏教に対しても指導権を持てるようになった。満州国では満州国仏教護法会（一九三四年）が成立し、日本人仏教者は現地仏教組織の顧問役となり、日本語学校、幼稚園、学校などで教育や慈善活動を行い、国家の政策に同調して現地の社会に働きかけるという活動を行った。

　日中戦争勃発後、文部省は各宗派に布教師の派遣を命じ、満州国で始まった活動は占領地全体へ拡大された。

日本仏教の諸教団は軍隊の戦略上の必要からも動員され、文化工作や宣撫活動に参加した。現地仏教を監視し、親日的な僧侶を養成するためにいくつかの組織が成立した。そのいずれも日本人仏教者が顧問的な役割を果たした。満州国では満州仏教総会（一九三九年）が設立され、華北では仏教同願会（一九三八年）が成立し、華中（中国江南地域）では中支宗教大同連盟（一九三九年）がこの役割を果たした。

日中戦争勃発後、藤井草宣は北京や南京、上海などの日本軍占領地で活躍し、中支宗教大同連盟の理事を担ったが、ここでも日本の対中政策に批判的な発言を隠さなかった。一九四三年、藤井は帰国後、特高警察に逮捕された。吉井は中国における宗派代表権をめぐって、一度は真言宗本部と対立するものの、その後も宣撫工作にも関わりつつ、密教信仰を広めるための活動を敗戦まで続けた。藤井と吉井の事例は、一九三〇年代における日中仏教交流と政治との複雑な関係を示している。研究蓄積が進みつつある「戦時の宣撫活動に動員された教団仏教」とは異なる日中仏教の「交流」に対する眼差しを可能にする貴重な事例であろう。

三　戦時中の中国人仏教徒

中国人仏教徒には日本の侵略から逃れる者、抵抗する道を選ぶ者、そして占領地に残留する者がいた。満州国では革新僧侶如光（生没年不詳）が活躍し、華北占領地では僧侶ら倓虚（一八七三～一九六三）と円瑛（一八七八～一九五三）、仏教研究者周叔迦（一八九九～一九七〇）、および在家浄土信者夏蓮居（一八八四～一九六五）など、活躍した著名な仏教徒も少なくなかった。日中戦争中、中国の僧侶が日本への留学生として多数派遣され、訪問団の交換もしばしば行われた。満州仏教総会・仏教同願会・中支宗教大同連盟を通じた戦時中の日中仏教者の「交流」は複雑な背景があり、この分野の検討課題はまだまだ多数残されている。

第七章　超国家主義と宗教

藤田大誠

一　はじめに

表題にある「超国家主義」と「宗教」、実はどちらの語も一筋縄ではいかぬ代物である。このうち「宗教」なるコトバについては概念史研究が進み、今や「宗教」が時代を越えた普遍的概念という前提で行われる日本宗教史研究はあまりにナイーブである（山口輝臣「アナクロニズムはどこまで否定できるのか——歴史を考えるコトバ」東京大学教養学部歴史学部会編『東大連続講義　歴史学の思考法』岩波書店、二〇二〇）。

他方、「超国家主義」なるコトバはどうだろうか。そもそも「超国家主義」という日本語は、丸山眞男（一九一四〜一九九六）がその記念碑的論文「超国家主義の論理と心理」の冒頭で記したように、ＧＨＱ／ＳＣＡＰ（連合国軍最高司令官総司令部）によって「日本国民を永きにわたつて隷従的境涯に押しつけ、また世界に対して今次の戦争に駆りたてたところのイデオロギー的要因」とみなされ、彼らが占領期に漠然と呼んでいた「ウルトラ・ナショナリズム」（ultra-nationalism）の訳語として登場した（丸山、一九四六）。以後、「超国家主義」を冠した論考は多々あるが、そのほとんどは「ファシズム＝超国家主義＝ウルトラ・ナショナリズム」という図式や、国家主義から超国家主義への歴史的な継承発展過程」（栄沢幸二『日本のファシズム』教育社、一九八一、二〇五頁）という通俗的な捉え方を所与の前提としてこの語を使用してきた。

ただ、「ファシズム」と同様（福家、二〇一二）、「超国家主義」なるコトバも近代にそれなりの使用事例はあったが、その意味は異なっていた。国語学者釘本久春（一九〇八〜一九六八）は、シュールレアリスムを「現実からかけ離れた」という意味で「超現実主義」と表現する使い方が穏当であり、「超——国家主義と漢字を組み合わせれば、国際主義とか世界主義とかという意味、――とにかく「極端なる国家主義」の反対の立場を意味するように受けとるほうが、自然なのではあるまいか」と指摘した上で、「ウルトラ・ナショナリズムと、英語では意味のはっきりする言葉が、日本語では超――国家主義ということで、国家を越えることを目標とする主義なのか、国家第一、何が何でもわが国が第一とうぬぼれる主義なのか、言葉つきだけでは疑義が生ずるというようでは、日本語のために、はなはだ不面目な話だと思う」と疑問を呈した（『現代の日本語――その状態と問題』古今書院、一九五二、五四～五八頁）。また、一九六四年の『現代日本思想大系三一　超国家主義』月報に「ウルトラの意味」という小文を書いた花田清輝（一九〇九～一九七四）も、「ウルトラ・ナショナリズムというのは、第二次世界大戦後、ドイツや日本のナショナリズムを呼ぶさいに、米英諸国によって発明された言葉でありましょう。それを超国家主義と訳したのは誰だか知りませんが、あんまりうまい訳語だとはおもいません。すくなくともわたしには、超現実主義が、現実主義の上に立ってるように、超国家主義もまた、国家主義をあざ笑っているような気がしてならないのです。とすると、それは、案外、ウルトラ・インターナショナリズムの訳語として適当なような感じもします」と述べている。

これまで筆者は、近代日本を生きた当事者たちによる「国学」や「神道」などの概念の用法や内実の変遷に着目して研究をおこなってきた（『近代国学の研究』弘文堂、二〇〇七／「「国家神道」概念の近現代史」山口輝臣編『戦後史のなかの「国家神道」』山川出版社、二〇一八）。そこで本章では、近代日本（特に昭和戦前期）における「超国家主義」や「超国家」というコトバと「宗教」が交差する使用例を跡付けることでささやかな概念史を試み、「超国家主義」と「宗教」との関係如何という課題に取り組みたい。

二　「超国家主義」研究の展開とその問題点

論理的整合性がない「超国家主義」概念

安部博純は、「日本の〈超国家主義〉」を「一九三〇年代および四〇年代前半の国際政治の磁場」において捉える「ウルトラ・ナショナリズムとしての一般性」とその発現形態としての「日本的特殊性」の両面を踏まえる必要性を主張した（安部、一九七五、三三〇頁）。安部の説く「超国家主義」（ウルトラ・ナショナリズム）概念は「膨張的民族主義のサブ・カテゴリー」として捉えられ、「⑴民族ないしは民族と同一化した国家の神聖視。／⑵自民族至上主義あるいは自民族優越主義。／⑶ファナティックな民族的使命観（「世界史的使命」観）。／⑷「広民族主義」（民族自体の拡大）。／⑸侵略の正当化ないしは武力の聖化（たとえば「神武」の観念）」をイデオロギー的特質とした、エスノセントリズムと膨張主義を結合したものであった（安部、一九七五、三三〇頁）。ただし、一般性を重視したはずの安部による「超国家主義」概念は結局、「連合国の超国家主義観」をはじめとする戦時下や占領期における米国人の見方をほとんど追認したものであった。

安部が依拠する文献のうち、D.C.ホルトム著、深澤長太郎訳『日本と天皇と神道』（逍遥書院、一九五〇、原書はMODERN JAPAN AND SHINTO NATIONALISM, The University of Chicago Press, 1943, second edition 1947.）は、近代日本ナショナリズムの特質としての「神道国家主義」（Shinto Nationalism）や「国家宗教」（State Religion）としての「国家神道」（State Shinto, National Shinto）という概念を打ち出し、これらを否定すべきものとして徹底的に批判を加えた書であった(安部、一九七五、三一八頁)。

さらに安部は、GHQ/SCAPが日本政府に発出した一九四五(昭和二〇)年一二月一五日の「国家神道(神社神道)ニ対スル政府ノ保証、支援、保全、監督及弘布ノ廃止ニ関スル覚書」(神道指令)で用いられた「軍国主義的及ビ超国家主義的観念」(Militaristic and ultra-nationalistic ideology)の定義も紹介している(安部、一九七五、三一六・三一七頁)。「神道指令」においては、「軍国主義的及ビ超国家主義的観念(イデオロギー)」が包含する「日本ガ他ノ諸国家ト諸国民ニ其ノ統治権ヲ及ボサントスル使命ヲ主張又ハ弁護スル教旨、信仰及ビ理論」について、「(1)日本国天皇ハ其ノ古キ祖先、連続セル血統又ハ特殊ナル起原ノ故ニ他ノ諸国元首ニ優ルモノナリトスル教義。/(2)日本国民ハ其ノ古キ祖先、連続セル血統又ハ特殊ナル起原ノ故ニ他国民ニ優ルモノナリトスル教義。/(3)日本諸島ハ其ノ神聖又ハ特殊ナル起原ノ故ニ他ノ国土ニ優ルモノナリトスル教義。/(4)日本国民ヲ欺キテ侵略戦争ニ乗リ出サセ、又ハ他国民トノ紛争解決ノ手段トシテ武力ヲ使用スルコトヲ礼讃セシムル傾キアル一切ノ教義」と記しており(『日本管理法令研究』第一巻第六号、一九四六)、これらが安部の「超国家主義」概念の基調となっていることは明らかである。

安部は、「ファシズムはナショナリズムと結びついて超国家主義(ultranationalism)というグロテスクなイデオロギーを生み出した」、あるいは「〈超国家主義〉はあくまでナショナリズムの極限状態であって、ファシズム・イデオロギーそのもの、ないしはそのすべてではない」と記しておきながら、他方では「超国家主義(=ファシズム)」や「超国家主義=ファシズム的ナショナリズム」とも表現しており、「ファシズム」と「超国家主義」の相違さえ分明ではない(安部、一九七五、三一〇・三二四・三三四・三六二頁)。

管見では、論理的整合性のある「超国家主義」概念の説明は見出せない。それゆえ筆者は、「「超国家主義」は日本のナショナリズムを形容するには不適切な用語である。連合国の占領政策に都合よく作られた言葉であることを考えれば合点がゆく。学問的厳密さを求めるのは最初から無理であった。しかしこうしたこの用語の政治性を丸山を初めとする研究者は受け入れてきたのである」という大熊平城の指摘に同意する（「超国家主義か？――日本のナショナリズム再考」『國學院雑誌』第一〇三巻第五号、二〇〇二）。これは、一九七六（昭和五二）年に「ファシズムという用語の学問的定義が困難であること、ファシズム体制が共産主義体制との類似性をもつことなどを指摘し、ファシズムというミスリードしやすい用語から離れる必要性を強調した」伊藤隆の批判と通ずる（安田浩・源川真希編『展望日本歴史一九　明治憲法体制』東京堂出版、二〇〇二、一〇頁）。伊藤の真意は「戦前期の日本をファシズムという用語で規定することによって、見えない部分が出てきたり、矛盾が生じてしまうのではないか」（伊藤隆『歴史と私――史料と歩んだ歴史家の回想』中央公論新社、二〇一五、八六頁）という点にあった。筆者は「ファシズム」の語を「超国家主義」と入れ替えても同じことが言えると考えており、「超国家主義」の語を使用する必然性を感じていない。

しかし安部が、後進に影響を与えた橋川文三《ぶんそう》（一九二二～一九八三）が「日本の超国家主義に国家を超える思想をみようとするのは、日本語の〈超〉にこだわりすぎたためではないだろうか。……はっきり言って〈超国家主義〉というのはあまり適当な訳とはいえない」といみじくも指摘したように（安部、一九七五、三二二・三二三頁）、「超国家主義」は、単なる訳語から逸脱して「超国家」という日本語の語感から連想的に展開した研究史を持つことに大きな特徴がある。また、占領期に生成された「超国家主義」の概念規定を確認するだけでは、「神道指令」の文言が主要な参照軸にされたとは言え、「宗教」との関係を持ち出す必然性は無い。「宗教」と交差する観点は、「超国家主義」研究史の中で明確に浮かび上がって来るのである。

「宗教」的背景に着目した「超国家主義」研究

丸山眞男は、「超国家主義にとつて権威の中心的実体であり、道徳の泉源体であるところの天皇」について、決して欧州の絶対君主の如き「無よりの価値の創造者」ではなく、「無限の古にさかのぼる伝統の権威」すなわち「縦軸の無限性（天壌無窮の皇運）によつて担保されてゐる」がゆえに、精神的権威と政治的権力とが一体化した絶対的価値を体現する存在（国家主権）と捉え、そこからの距離が価値の規準となって万民の翼賛が同心円的に無限に流出する「縦軸（時間性）の延長即円（空間性）の拡大」という日本独自の「超国家主義論理」構造として、極めて抽象的に描き出した（丸山、一九四六）。

かかる丸山の図式に対しては多くの批判が呈されたが、特に後進の研究者に大きな影響を与えたのは、橋川文三が一九六四（昭和三九）年の「昭和超国家主義の諸相」で示した視座である。橋川は、丸山の如き「日本ファシズム＝超国家主義の無限溯及」という捉え方には飽き足らず、明治以来の日本国家主義一般（玄洋社・黒龍会に始まる右翼が典型）と大正期に萌芽を持つ昭和戦前期の「超国家主義」とを区別する視点から「日本ナショナリズム運動の変化」を検討し、「いわゆる超国家主義の中には、たんに国家主義の極端形態というばかりでなく、むしろなんらかの形で、現実の国家を超越した価値を追及するという形態が含まれている」のであり、「正統な明治国家解釈を否定する含みをもつ思想・運動」や「現状のトータルな変革をめざした革命運動」、さらには信仰形態との関連で「カリスマ的革命の日本的形態」であると捉えた（橋川、一九六四、七〜九・二六・二七・五七・五八頁）。

松本健一は、「橋川の超国家主義論は、北一輝、権藤成卿、橘孝三郎、石原莞爾らの「国家を超えた」世界原理の構想に、はじめて思想史的位置を与えるもの」と評し(『朝日新聞』一九八四年一二月七日夕刊)、片山杜秀は、丸山説を「超―国家主義」、その反措定としての橋川説を「超国家―主義」と表現した(『近代日本の右翼思想』講談社、二〇〇七、一八~四三頁)。ただ、伊藤隆が指摘するごとく、これと似た問題提起はすでに一九五六年時点で竹山道雄や久野収がおこなっていた(『昭和初期政治史研究――ロンドン海軍軍縮問題をめぐる諸政治集団の対抗と提携』東京大学出版会、一九六九、三八九・三九〇頁)。また、昭和戦前期に「大衆の「ナショナリズム」が、「実感」性をうしなってひとつの「概念的な一般性」にまで抽象されたという現実的な基盤によって、はじめて知識人による「ナショナリズム」は、ウルトラ=ナショナリズムとして結晶化する契機をつかんだ」という吉本隆明(一九二四~二〇一二)の見取り図も発表されていた(「日本のナショナリズム」吉本隆明編『現代日本思想大系四　ナショナリズム』筑摩書房、一九六四、三〇頁)。

橋川説で重要なのは、大正から昭和にかけての社会一般における「自我」意識と「絶対」の一元的基軸化状況という指摘とともに、福家崇洋も注目しているごとく(『戦間期日本の社会思想――「超国家」へのフロンティア』人文書院、二〇一〇、一七頁)、「人間が絶対の意識にとらえられやすい領域」として、主に「宗教」と「政治」を挙げ、「テロリズムは、その二つの領域に同時に相渉る行動様式の一つとみることもできる」と述べていることである(橋川、一九六四、一一・三二頁)。具体的事例として橋川は、彼が「異端的セクト」と類推した血盟団の盟主井上日召(一八八六~一九六七)による「普遍・絶対・唯一者への宗教的関心の持続」(キリスト教→禅→日蓮宗)をはじめ、北一輝(一八八三~一九三七)や石原莞爾(一八八九~一九四九)の法華経信仰を挙げ、彼らの神秘的体験にも触れている(橋川、一九六四、二五・三〇頁)。ただ、橋川が信仰上の「自決という異常な行動形態」を示すものとして取り上げた一九四五年八月二五日の「大東塾十四烈士自刃」については、「神典・古典・歌学の研修による影響が大きく、より正統な信仰的形態に近いという印象」と述べるに留まっており（橋川、一九六四、五五・五六頁）、必ずしも井上・北・石原らを論じた文脈には位置づけられておらず、橋川自身が咀嚼しきれていないような印象を受ける。

橋川の議論に大きな影響を受けた中島岳志は近年、煩悶や宗教的求道と「超国家主義」との関係に着目し、一九二一（大正一〇）年に安田善次郎（一八三八〜一九二一）を刺殺した朝日平吾（一八九〇〜一九二一）や一九三二（昭和七）年に井上準之助（一八六九〜一九三二）・団琢磨（一八五八〜一九三二）を暗殺した血盟団という、かつて橋川が取り組んだ対象に改めて検討を加えるとともに、日蓮主義者のみならず親鸞主義者にも視野を広げ、その内在的理解に精力的に取り組んでいる（島薗進・中島岳志『愛国と信仰の構造――全体主義はよみがえるのか』集英社、二〇一六／中島岳志『超国家主義――煩悶する青年とナショナリズム』筑摩書房、二〇一八など）。また、橋川の議論を下敷きにして立論された他の論考としては、大正期以降の社会における「宗教復興」状況を背景とした「戦前日本の宗教ナショナリズム運動としての超国家主義」との見方を示し、「村の鎮守」の地域社会史的検討をおこなっている畔上直樹の研究（『「村の鎮守」と戦前日本――「国家神道」の地域社会史』有志舎、二〇〇九）、さらには「超国家主義と仏教（特に日蓮主義）」という問題系を設定し、井上日召と血盟団の思想と運動について検討を加えた大谷栄一の研究などがある（「超国家主義と日蓮主義――カルトとしての血盟団」竹沢尚一郎編『宗教とファシズム』水声社、二〇一〇）。

日本近代仏教史研究では、もっぱら「国家主義思想としての日蓮主義」の代表格として国柱会の田中智学（一八六一〜一九三九）や顕本法華宗の本多日生《ほんだにっしょう》（一八六七〜一九三一）を挙げるとともに、これを基盤とする「超国家主義運動」（西山茂を中心に「急進日蓮主義」という語が使用される場合もある）の指導者と位置づけられた井上日召・北一輝・石原莞爾という、法華経と日蓮の信奉者が取り上げられることが多かった（西山茂責任編集『シリーズ日蓮第四巻　近現代の法華運動と在家教団』春秋社、二〇一四／大谷栄一『日蓮主義とはなんだったのか――近代日本の思想水脈』講談社、二〇一九）。しかし、近年の「近代仏教」ガイドブックでは、日蓮主義の系統に加え、三井甲之《みついこうし》（一八八三～一九五三）はじめ原理日本社の親鸞主義に着目した研究（石井公成「親鸞を讃仰した超国家主義者たち（一）――原理日本社の三井甲之の思想」『駒澤短期大学仏教論集』第八号、二〇〇二）なども考慮して、仏教を一つの思想的な基礎とした「超国家主義者」の代表格として井上と三井を取り上げ、「自らの属する国家や民族に絶対的な価値を見出し、その絶対的な価値をおとしめる者たちを排撃してやまない超国家主義という危うい思想と運動」と措定して「暴力」や「仏教の超越性」に重点を置いた「超国家主義」観が示されている（碧海寿広「超国家主義にみる仏教」大谷栄一・吉永進一・近藤俊太郎編『近代仏教スタディーズ――仏教からみたもうひとつの近代』法藏館、二〇一六、一一三～一一六頁）。

この傾向に棹さすように登場した中島岳志『親鸞と日本主義』は、三井や蓑田胸喜（一八九四～一九四六）、倉田百三（一八九一～一九四三）、亀井勝一郎（一九〇七～一九六六）、吉川英治（一八九二～一九六二）、暁烏《あけがらす》敏《はや》（一八七七～一九五四）らにおける親鸞思想と国体論との結び付きや真宗大谷派の戦時教学などを取り上げて検討を加え、その結論では「昭和初期には親鸞思想が極端な日本主義へと容易に結びついたこと」について、「浄土教の構造が国学を介して国体論へと継承されたという思想構造の問題があった」と問題提起した（中島、二〇一七、二七五・二八二頁）。さらには最近、中島も参加して近代の仏教各宗派に関わる「日本主義」を主題にした大部の論文集『近代の仏教思想と日本主義』も編まれている（石井、二〇二〇）。ただし、同論文集における主題はあくまで「仏教と日本主義」であるためか、「超国家主義」研究史の文脈とはあまり関連付けられていない。ちなみに同書所収の齋藤公太「本居宣長と日本主義――暁烏敏による思想解釈を通して」は、中島の結論を導いた論点「宣長における浄土教の影響とその国体論への継承」について、宣長の著作からつぶさに検討してそれが成り立たないことを論じている。

なお、昭和戦前期の神社や宗教、その担い手に関する研究は、宗教者の「戦争責任論」に発する面が大きく、かつては「戦時教学」の在り方、国家に対する「従属」（協力）か「抵抗」かという二分法の枠組みに囚われる嫌いがあったが、近年は多様な問題設定のもとで研究が進められるようになった（原誠『国家を超えられなかった教会――一五年戦争下の日本プロテスタント教会』日本キリスト教団出版局、二〇〇五／新野、二〇一四／永岡崇『新宗教と総力戦――教祖以後を生きる』名古屋大学出版会、二〇一五／大澤広嗣『戦時下の日本仏教と南方地域』法藏館、二〇一五／國學院大學研究開発推進センター編〈責任編集・阪本是丸〉『昭和前期の神道と社会』弘文堂、二〇一六／江島尚俊・三浦周・松野智章編『戦時日本の大学と宗教』法藏館、二〇一七／藤田大誠編『国家神道と国体論――宗教とナショナリズムの学際的研究』弘文堂、二〇一九／石井、二〇二〇など）。ただ、これらの研究では、当時「皇道仏教」や「日本的基督教」などと表現されることもあった、「日本主義」や「日本精神」、「国体明徴」、「皇道」、「皇国」、「惟神の大道」、「祭政一致」などのコトバと各「宗教」の在り方が結び付けられたスローガンが踊った時代の諸相について検討を加えているものの、「超国家主義」との関係という主題が据えられることはほとんどなかった。

それはやはり、「超国家主義」なる語の曖昧さに原因がある。たとえこの語が使用されていた場合でも、重要なキーワードとなっていることはほぼ無く、論者間で意味の共有もなされていない。例えば、「皇国主義から超国家主義への接続」（武田清子『土着と背教――伝統的エトスとプロテスタント』新教出版社、一九六七、三一六頁）や「天皇制超国家主義」（西山俊彦『カトリック教会の戦争責任』サンパウロ、二〇〇〇、二五頁）のように、その概念の説明も無しに「枕詞」のごとく使用されるのみであった。また、林尚之は、「近代仏教」研究の文脈では「国家主義思想」と位置づけられていた田中智学の「日本国体学」とそれを継承、発展させた里見岸雄（智学の三男、一八九七〜一九七四）の「国体憲法学」を「超国家主義思想のファンダメンタルズ」とみなしている（「昭和初期の超国家主義思想における天皇と社会——田中智学と里見岸雄の社会改造思想を中心にして」住友陽文・林尚文編『近代のための君主制——立憲主義・国体・「社会」』大阪公立大学共同出版会、二〇一九）。林にとっては、彼らに直接影響を受けた石原莞爾のごとき急進性が見られなくとも、元来が世界統一を使命とする「日蓮主義」そのものを「超国家主義思想」と捉えることに何ら憚りはなかったのであろう。ただ、これでは同じ語を使用していても「近代仏教」研究と同じ土俵にはならない。

以上の論考はいずれも示唆に富むが、筆者は、橋川が提起した議論以降、「超国家主義」なる語が、起点となるultra-nationalismの訳語に沿った説明から大きく逸脱し、日本語の「超国家」から連想的に読み替えた新たな視座を入り込ませ、現在まで曖昧な概念として使用され続けていることに違和感がある。

実は、その原因をもたらした張本人の橋川でさえ、「いったい何が超国家主義であるかという概念的規定において、私の分析は徹底することができず、全体的な理論的パースペクチヴが曖昧になったことを懸念する」と述べ、「どういう共通要素が正に超に値いするかという点」が明確ではないことを自ら認めており、また、「いわゆる右翼者において、超国家主義を自認し、自称するものは一つも存在しないという事実はやはり留意さるべきことがら」であって、これらのことが「いわゆる超国家主義の概念規定を困難ならしめている」と吐露している（橋川、一九六四、五七・五八頁）。この反省の弁を決して無視してはならないだろう。

橋川は、「幾つかの仮説を次々と提起しながら問題の周辺を経歴しただけで、果して「超国家主義」とは何かという本質の剔抉には到達していない。とくに、超国家の「超」に含まれる（と私の考えた）Ultra- と Super- の二契機のとらえ方が明確ではなかった」（『近代日本政治思想の諸相』未來社、一九六八、三八六頁）と書きながら、以後この概念の彫琢を目指すことはせず、積極的に用いてもいない。替わって橋川は、丸山の「超国家主義の論理と心理」をもじった「昭和維新の論理と心理」（橋川文三・松本三之介編『近代日本思想史大系4　近代日本政治思想史Ⅱ』有斐閣、一九七〇）で同様の対象に迫り、また、『昭和維新試論』（朝日新聞社、一九八四）冒頭で「日本における「超国家主義」（ここでは当面「昭和維新」と同義にとっておく）」（五頁）と記し、「昭和維新」という戦前の用語を好んで用いた。また、「昭和維新の論理と心理」論文は、「昭和維新」（日本主義、皇道派）と「軍部・官僚の国家改造運動」（国家社会主義、統制派）を概念的に区別しているが、続けて両者を含めていう場合には「超国家主義」とか「日本ファシズム」の「名称が用いられるのが普通であろう」と書いて通俗的表現に委ねてしまい、自身は概念規定を避けていた（橋川文三著・筒井清忠編・解説『昭和ナショナリズムの諸相』名古屋大学出版会、一九九四、六九・七〇・二八二頁）。

それゆえ、後進の採るべき道は、橋川が成し得なかった「超国家主義」概念をどうにかブラッシュアップするか、このコトバに拘泥せず新たな概念や説明の仕方を構築するか、のどちらかになろう。筆者としては、曖昧模糊とした「超国家主義」なるコトバの有効性をまったく感じていないため、この語を「枕詞」のごとく無自覚に使用することは避け、できる限り近代日本（特に今回は昭和戦前期）当時の人々に使用されていたコトバの正確な把握を前提とした上で論じていきたいと考えている。

三　近代日本の「超国家（主義）」概念と宗教

明治・大正期における「超国家（主義）」「全体主義」の語と宗教

中島岳志は、「超国家主義者」を「〈①国家改造→②理想国家の確立→③世界統一→④絶対的救済の成立〉という進化論的な構想を共有し、社会変革と一体化した煩悶の超克を追求した」存在と位置づけ、かかる「超国家主義に宗教的レジティマシー（正統性）を付与したのが日蓮主義」と述べた上で、その中核であった田中智学の影響下で「超国家的大理想」を提唱した人物として高山樗牛（一八七一〜一九〇二）の名を挙げている（「超国家主義と日蓮思想――最後の高山樗牛」上杉正文・末木文美士責任編集『シリーズ日蓮第五巻現代世界と日蓮』春秋社、二〇一五、一五五頁）。中島がその根拠としたのは、樗牛晩年の日蓮研究である一九〇二（明治三五）年の「日蓮上人と日本国（日蓮上人の真面目を見よ）」であるが、ここには「日蓮は真理の為に国家を認む、国家の為に真理を認めたるに非ず、彼れにとりては真理は常に国家よりも大也。是を以て彼れは真理の為には国家の滅亡を是認せり。否、是の如くにして滅亡せる国家が滅亡によりて再生すべしとは彼れの動かすべからざる信念なりし也。蒙古襲来に対する彼れの態度の如き、亦実に是の超国家的大理想に本づく」と記されている（高山、一九〇五、九一七・九一八頁）。

中島は、樗牛が「国家」を超えた法華経の「真理」を実現するためには現実の国家に対する改革者、反逆者となることや国家の滅亡をも厭わなかった「超国家主義者」としての日蓮像を描いていることから、そこに当時の一般的な忠君愛国主義や国家主義とは異なる樗牛の〈超国家主義的な国家主義〉を読み取っているのだが、もちろんこれは橋川文三の「現実の国家を超越した価値を追及するという形態」としての「超国家―主義」理解を前提として、その系譜の原点を遡行的に発見したものにほかならない。

しかし、樗牛は同じ論考で、「日蓮の理想は法華経の真理を宇内に光被せしむるにあり」、または「畢竟三界は悉く皆仏土たり、日本亦其国土と神明と万民とを併せて教主釈尊の一領域たるに過ぎず。苟も仏陀の悲願に適はず、真理の栄光に応へざるものは、其の国土と民衆と、共に膺懲し、改造せられざるべからず」とも記している（高山、一九〇五、九一九・九二二頁）。これらは、超越性を持つ存在や普遍的真理を奉じ、「普遍主義」（universalism）を強調する「世界宗教」（ここでは仏教）の自負を持つ立場からすれば当然の言で、そう考えれば、先の「超国家的大理想」という文言自体もあながち特異な表現ではない。

実際、これより少し後、真宗大谷派出身で当時は通宗教的運動となっていたユニテリアン協会に仏教の立場から参加し、会長も務めていた佐治《さじ》實然《じつねん》（一八五六〜一九二〇）は、「宗教と超国家」と題する文章で、「予の考へによれば無論宗教は国家に隷属して居ては到底宗教の宗教なる価値はない」（『正教新報』第六四七号、一九〇七）と述べている。また、無教会キリスト者の内村鑑三（一八六一〜一九三〇）は「超国家的文学」と題し、「大文学は凡て世界大なり、僅に邦人の愛国心を喚起するに足るが如きの文学は知るべきのみ」と記したが、似た構図の言説と言えよう（『独立短言』警醒社書店、一九一二、五一頁）。

一九一七（大正六）年には、真言宗の専門新聞『六大新報』第六九五、六九七、六九八、七〇〇号の「海外思潮」欄に「文学士」濱梧蔭が訳述した「超国家と恒久の価値」（一九一六年三月一五日に英国オックスフォード大学のスペンサー記念講演会における「マークバルトウイン」の講演）が掲載された。これは一九一四年に勃発した第一次世界大戦に日英同盟に基づき「協商国」側から参戦していた日本にとって敵の「同盟国」側のドイツを対象として価値哲学を基礎とする国家論から分析したもので、ニーチェの「超人主義が超国家主義に移るのは訳のないことである、超人が自主的道徳を行ふことに依つて他人に干渉するやうに神聖なる国家、超国家は其機械として務むる他の国家に干渉することができる」との文言が見られる。

一九一八年一一月一一日に大戦が終結すると、一九一九年六月二八日にヴェルサイユ条約が締結され、一九二〇年一月一〇日に国際連盟が成立した。新聞は「講和会議順序　第一に国際聯盟組織を議し永久の超国家的権力を構成」（『読売新聞』一九一九年一月一〇日）などと報じたが、国際連盟の性格は「超国家」と言えるのかどうかが盛んに論ぜられた（塚本毅「国際聯盟を超国家と観る法理論に就て」『国際知識』第三巻第四号、一九二三）。「国家」を超えた次元の主体に権限を集めようとする概念「スープラ・ナショナリズム」（supra-nationalism）に関連する「超国家」概念である。さらに「今日世界には英米二超国家の外には日本が超国家になりかけて居る」が「支那は二千年前よりの超国家なり」（田崎仁義『支那改造論　附日支共栄と文化方策』同文館、一九二六、一二三頁）という「超大国」（superpower）を彷彿とさせる言説も見られた。大戦の経験は、「超国家」なる語が頻繁に用いられる契機となったが、貴族院勅選議員の高橋作衛《さくえ》（一八六七～一九二〇）が「東西帝国大学の教授中超国家非国家的思想を無遠慮に発表し居れるものあり」との弾劾的質問をおこなったように、「超国家」思想を否定する者も多かった（『朝日新聞』一九二〇年一月二四日）。

ところで、「全体主義的」なる語は、一九二三年のイタリアで使用され始めるが（エンツォ・トラヴェルソ著、柱本元彦訳『全体主義』平凡社、二〇一〇、二八頁）、日本語としてはこれより前から使われていた。それゆえ、ファシズム・ナチズム・スターリニズムなどを含む「全体主義」（totalitarianism）概念ではない。ただ、結果的に現在のイメージを先取りする部分もあった。例えば東京帝国大学教授の吉田静致（一八七二〜一九四五）は、「個人を離在的に考へその人格を滅却し本来個人と同円的に合一し居るべき筈の全体を個人より抽離して立つるやうな専制的なる全体主義——之を余は誤りたる全体主義と呼ぶ——は固より宜しくない」と否定的文脈で使用している（『道徳の根本義（同円異中心主義）』大日本学術協会、一九一七、五頁）。

他方、慶應義塾大学教授の鹿子木員信《かのこぎかずのぶ》（一八八四〜一九四九）は、先駆的に「全体主義」の語を用いた人物と評されている（宮本盛太郎『宗教的人間の政治思想 軌跡編——安部磯雄と鹿子木員信の場合』木鐸社、一九八四、一一九〜一二三頁／福家、二〇一二、一七〇〜一七三頁）。彼は、「我等の愛、我等の信仰の対象」である「我等の『国家』」は「超越的国家」であり、「我等の一切の『私』を超越せるものなるが故に、我等は之れに無限の崇敬を捧げ、之れに一個の宗教的信仰の対象を見出し得る」として、「我等の万世一系の君」を「我等凡てを超越せる我等の国家の具体的表現、その象徴」に据えるとともに、「ルイ第十四世的君主主義、若しくは、貴族主義乃至は民主主義等、一人、一級、一党一派に偏する部分主義」ではなく「国民全体の発達幸福」を主眼とする「全体主義」でなければならず、「かくして、我等より、超越的国家主義、軍国主義を経て帝国主義に至る迄、之れ実に一貫せる歴史的、自然的、論理的必然の一直線である」と積極的意味で用いている（「超越的国家主義——軍国主義＝帝国主義」『中外新論』第二巻第二号、一九一八）。

組合教会指導者の海老名弾正《えびなだんじょう》（一八五六〜一九三七）は、「此旧約時代宗教は一面より見れば極端なる国家主義であるが、他の一面に於ては実に其国家の上に超絶して之を指導し、其国家を窮地より救ふべき超国家的権力」と述べている（「超国家の権力」『新人』第一九巻第一一号、一九一八）。その上で「彼の神社崇敬の如きは之れ実に国家的宗教の畛域を脱せざるものであつて、国民上下が超国家的権力を認めて居らぬ証左」と断じる一方、「吾等基督教徒が四十年一日の如く高調力説してやまざりしものは超国家の権力であつた。吾等は之れがために非国民と罵られ、危険人物と憎まれたのであつた。然も今日に於ては此の超国家意識に醒むるにあらざれば、世界の表に堂々濶歩することは出来ない」と主張した。また、海老名を師とし、後に「社会的基督教」を提唱する中島重《しげる》（一八八八～一九四六）は、「私は国家の必要を信じその存在の意義を認むるものである故に私の超国家の主張は決して非国家の主張ではない」と述べている（「人格の超国家性」『新人』第二一巻第四号、一九二〇）。「超国家」の主張は「非国家」的思想とみなされがちであった。

一方、日蓮主義者の本多日生に影響を受けた海軍中将の佐藤鐵太郎（一八六六～一九四二）は、「若しも宗教が精神的に世界を統一すべきものであるならば国家も亦統治の意味に於て世界を統一すべきものであらねばならぬ。少くともそれでなくては世界の大平和を維持することが出来ない」として、「包容同化」の意義が備わる宗教とその意義を発揮し得べき国家との間には、「超国家だの超宗教だのといふ様な、狭隘なる解釈」を容れる余地はなく、「法華経主義は他国はいざ知らず我日本国にては、超国家の議論を振り廻す」必要もないことを主張している（野畑一男編『剛健主義の日蓮』小西書店、一九一九、一四〇～一四二頁）。

三宅雄二郎（雪嶺、一八六〇～一九四五）は、「仏教は国家を認めぬ。基督教も国家を認めぬ。儒教さへも、今日の所謂国家を認めて居らぬ。而して広く信ぜられながら、列国競争は唯愈々猛烈を加へる。これ超国家的教義が、列国競争と並び存在するを示して居るものである」との現状認識を踏まえ、「世界で最も普通なことは、国家的と世界的と相反対しつゝ、相和合することである。国家と個人、国家と人道、また共に同一理路を辿つて居る」と結論付けている（『独言対話』至誠堂、一九一九、三七三～三八一頁）。

なお、一九二一年一二月二六日の『東京朝日新聞』夕刊には、「在郷軍人が建白書　極端な国家主義者」

という記事が掲載された。岡山で桐杉箱製造を生業としている二九歳の在郷軍人（砲兵一等卒）は、「極端な国家主義者で去る八月以来陸軍大臣に十一回摂政宮殿下に数回の上書建白を敢てしたので憲兵隊と県警察部では打捨て置けず取調中」という内容で、「同人の建白の趣意は現代人が我国固有の大和魂から段々遠ざかることから邦家の衰亡を憂ひ政府当局の失政を訴へ政治家の腐敗を歎じ更に貿易の不振を難じ国民教育の誤謬を悲しんだ長文のもの」であった。その要路に対する執拗な建白行為により「極端な国家主義者」とみなされたのである。すでに同年には朝日平吾による安田善次郎刺殺事件、朝日に影響を受けた一八歳の転轍手中岡艮一《こんいち》（一九〇三～一九八〇）による原敬（一八五六～一九二一）首相刺殺事件が起こっていた。

「国家主義」「超国家（主義）」「全体主義」とキリスト教

国家社会主義者の高畠素之《たかばたけもとゆき》（一八八六～一九二八）は、「万国の労働者団結せよ」（共産党宣言）という標語を奉じる「超国家的社会主義者」に対し、「階級闘争が超国家的に行はれると言ふ事は考へ得られない」として、「階級的結合」とは何ら因果関係がない「人種的感情」を考慮しない「現在に於ける労働階級の超国家的傾向を超時間的の空理空論として嘲笑」し、そこに「超国家主義の迷妄」を見た（『幻滅者の社会観』大鐙閣、一九二二、一三七～一四五頁）。高畠は、「国家主義」を「国家を社会生活の枢軸たらしむべしと説くもの」（「国家主義」『大思想　エンサイクロペヂア一九　社会思想』春秋社、一九二七、二四八頁）と捉えたが、一方で「マルクスのインターナショナルなるものは、要するにスーパーナショナル（超国家）の代用語」であり「超国家的万国主義であつたが、社会民主党の所謂第二インターナショナルなるものは字義通りのインターナショナル、即ち国家の存在を前提し、国対国の友誼的接触を代表するものに過ぎなかつた。それはナショナルの否定ではなく、ナショナルの余り物に過ぎない」という「超国家的マルクス主義の矛盾」を衝いている（『批判マルクス主義』日本評論社、一九二九、六七〜七六頁）。

典拠は省略するが、一九二九（昭和四）年の世界恐慌開始後、経済や地政学、国際法、教育、倫理関連などの文献に「超国家（主義）」の語はいくらも散見される。また、列強の「陰謀」により内部から「皇国」日本を崩壊せしめようとする存在として「超国家的勢力」（コミンテルンやフリーメーソンなど）が挙げられることもあった（陸軍省新聞班『躍進日本と列強の重圧』一九三四／長澤九一郎『祭政一致只管なる御親政』皇民意識研究会、一九三五／長野敏一『欧米に於ける超国家勢力の研究』有精堂出版部、一九四四）。

昭和に入っても「宗教」の「超国家」性は依然主張されていた。神学者の逢坂元吉郎《おうさかもときちろう》（一八八〇〜一九四五）は、「宗教といふものはその本来の性質が超国家的であり、超時代的であつて、然も国家の事実に即して国家の伝統や文化を指導してゆくのである。それが宗教の特質である」と述べている（「宗教の立場から誤られたる教会観念」『読売新聞』一九二九年三月一五日）。また、札幌日本基督教会牧師の小野村林蔵（一八八三〜一九六一）は一九三〇年四月の文章で、世界の宗教は今やほとんど「超国家的良心」を喪失しつつあるため、「宗教の超国家的生命の恢復運動」としての世界の基督教会に対する「超国家的良心覚醒の十字軍」を起こさなければならないと訴えた（『歩道に立つ』長崎書店、一九三六、二六〜二九頁）。また、上智大学予科教授の佐藤直助（一九〇六〜一九九四）は、「切支丹時代の宣教師と幕末の宣教師――その超国家性と特定国家性に就いて」（『日本諸学振興委員会研究報告』第一七篇、一九四二）を著している。

なお、「超国家」言説ではないが、プロテスタントの代議士田川大吉郎（一八六九〜一九四七）も注目される。彼は、当時まだ目新しい語であった「統制国家若くば全体主義国家」と宗教との関係について、露・

独・伊三国はじめ欧米諸国の状況を確認した上で「日本が、トータリタリアンの国家となりつゝあることは事実」との現状認識を示し、キリスト教防衛史の観点から近代日本国家と宗教との関係を論じたが、「今後の基督者は、個人主義を解し、世界主義を解すると共に、併せて国家主義を解せねばならない。私は、斯の三者は兼ね得らるゝものと思ふ」とも記している（『国家と宗教』教文館、一九三八、二一・六五・一九二頁）。

一方、ドイツ人の上智大学教授ヨハネス・クラウス（一八九二～一九四六）は、「天皇―臣民」関係を合理的に解釈すると「全体―肢体」なる社会学的範疇で表現でき（つまり積極的な意味で「全体主義」的理解が可能）、さらに「天祖の御神勅以来三千年日本固有の伝統の下に凝結せる思想財と、他方、太初以来永き人類の伝統の上に築かれた国家並に国家の権威に関するカトリック＝スコラ的見解とは、その観念と精神とに於て殆ど同じものと思はれる程近似してゐる」とその「普遍」性にお墨付きを与える議論を展開していた（渡邊啓一訳『教育原理としての皇道』カトリック思想・科学研究所、一九三五、三・一八頁）。

その他、「日本の基督教化」を目指す方向性（田川大吉郎・沖野岩三郎『日本と基督教――神社問題』教文館、一九三九、一四頁）とは正反対に、「基督教の皇道化」（佐藤定吉『皇民信仰読本』実業之日本社、一九三八、二〇二頁）を志す「日本的基督教」の立場からの主張は昭和一〇年代に多数登場したが、例えば「新体制」とも共通する「日本的全体主義」の中で「基督教の主張は、ある意味に於ける全体主義」であり、「個々を結びつける霊的な鎖の役割」すなわち「愛の精神、奉仕の精神を以て我々国民は、国家及び民族全体のためにその中心であらるゝ現人神を奉戴し、皇恩に感謝するの念を一層徹底せしめ、それを宗教的にまで高めなければならぬ」という言説も見られた（今井三郎『日本人の基督教』第一公論社、一九四〇、二九八頁）。

四　戦時下の「超国家（主義）」概念と宗教

「国際（世界）主義」と「国家主義」の間

元来は日蓮主義者だったが大正末以降、宗派を離れた宮澤英心は、かつて「宗教は根本に於ては超国家的性質のもの」であるが、「日蓮主義は単なる国家主義でもなく、また漠たる世界主義でもなく、実に理想的の世界主義であつて、又徹底せる国家主義である」と主張していた（『日蓮聖人の愛国心』日宗唯一会、一九二〇、二一〜四頁）。昭和初年に彼は、「釈迦教」としての仏教統一を提起し、「世界聖哲並に皇祖皇宗の遺訓」に基づき世界平和の理想を目指す「求道園」を大阪に設けていたが、「宗教の超国家性」については、「超国家的な宗教といへども、国家生活を離れて存在するものではない」として、日蓮主義時代の説明とまったく変えることはしていない（『現代人を救ふ宗教』博文館、一九三〇、四八二・四九六頁）。

一方、真宗大谷派僧侶の暁烏敏は一九二五（大正一四）年、「超国家的思想」の傾向がある赤十字や国際連盟、万国労働会議、社会主義者の「インターナシヨナルの会合」などに意義を見出し、国境を超えて「超国家的」であるべき学者・思想家・芸術家・宗教家が「国家主義的になること」に警鐘を鳴らす一方、自身は「日本の神話の上に現はれたる祖先の思想をなつかしく思うてをる」が、「私の考は常に国境を超えてをります、であるから、国家主義者ではありませぬ」と述べた（『老境の黎明』香草舎、一九二七、三九五〜四一九頁）。つまり、自身を「超国家的の思想家」と位置づけ、「かうすることが、吾が祖先に報ゆる道でもあり、また、吾が師たる仏陀に対して酬ゆる道でもあると確信してをります」と結論付けている。ここでの暁烏は未だ「国際主義」(internationalism)としての「超国家主義」であった。

　しかし暁烏自身、「日本の内地にをる時に世界主義者であつた人が、一たび足を国境外に踏み出した後には、愛国者になるといふことも、常に語られることでありますが、私にもさうした感があります」(『日本精神』香草舎、一九三〇、三頁)と述べたように、一九二六、二七年にセイロン、インド、欧州などを歴訪し、一九二九年には米国へ講演・視察旅行に赴く中で、「国際主義」や「世界主義」(cosmopolitanism)としての「超国家主義」を訝り、自国の強みを打ち出した言説を前景化していく。暁烏自身の言と彼の秘書であった野本永久《とわ》(一九〇四〜一九九〇)によれば、その思想展開は付け焼刃ではなく、次のごとくであった(暁烏敏『神道と仏道』香草舎、一九三五/同『神道・仏道・皇道・臣道を聖徳太子十七条憲法によりて語る』香草舎、一九三七/同『臣民道を行く』一生堂書店、一九四二/野本永久『暁烏敏傳』大和書房、一九七四など)。

　暁烏は、ロシア革命の影響で日本において共産主義思想が興ったことを懸念して一九二〇、二一年頃から「日本の神代以来の歴史」を繙くようになり、一九二三年には『日本書紀』の神鏡奉斎の神勅と出会っている。さらには二度の外遊経験によって、日本という国の民であるという強い自覚を得るとともに、自分の内にあった人種の差や国境などの観念が解消されて十方に眼が開けたがゆえに、逆に内に還って母国を深く見つめることにつながり「日本精神」に目覚めた。目を患っていたが、一九三〇年の冬籠中には「大和魂」の本義を明らかにするために『古事記』『日本書紀』の神代巻研究に心を向け、翌年の冬から春には本居宣長の『古事記伝』や『直毘霊』などを参考にしつつ『古事記』を精読することによって、親鸞の信心の根底にも「日本の神代の精神」が流れていることや親鸞が慕った聖徳太子の事績の重要性に「開眼」した。

ちなみに親鸞が「和国の教主」と仰いだ聖徳太子は、仏教各宗派を問わず尊崇された。後には「皇道仏教」の「太祖」や「始源」などと位置づけられている（椎尾弁匡「皇道仏教」『日本精神叢説第四集　護国仏教』大倉精神文化研究所、一九三八、六二頁／古川英俊『布教資料第三輯　聖徳太子の日本大乗』天台宗宗務本庁、一九四二／佐々木憲徳『恩一元論――皇道仏教の心髄』興教書院、一九四二、七頁など）。

暁烏にとって親鸞の国家観としての西方浄土は、国家の理念が描かれている世界かつそのまま「日本のお国」のことであり、また、「万世一系の天皇陛下」は、唯一の「現人神」（生神）かつ「現人仏」（生仏）であって、「教育勅語」をはじめ歴代の詔勅や帝国憲法に対する独自の解釈をも盛り込みながら、「神ながらの道」（神道）と「仏道」（仏教）を背景とする「天皇の道」（皇道）を「凡夫」として奉戴する道（承る道、靡いてゆく道、仰ぐ道）である「臣道」（臣民道）を説き、「私に背いて公に向ふ」ことを求めたのである。

ただ暁烏は、天照大神の和魂や八百万神の神議、『十七条憲法』などを根拠に、「日本精神」を「和」と捉えるとともに「民主主義的」な議会精神を見出し、議会政治を否定することはなかった。ドイツやイタリアのファッショ独裁政治は日本の国体と合わず「日本精神」は独裁政治ではないとし、「全体主義」も否定している。また、統帥権干犯問題など「臣下の分限で皇道を侵す」ような行為は、「近来の左傾思想右傾思想の錯誤」に過ぎず、指導原理や思想善導、教化事業なども不遜であることから、自分の才略を恃み過ぎるのではなく、天皇を伏し拝む心が溢れて初めて、すなわち「勤王の精神」によって「昭和維新」も成就すると述べている。その意味では、日本〈精神〉ではあっても日本〈主義〉ではなく、「大東亜戦争」の意義を高調して「世界新秩序建設の　大御心の御達成に翼賛の御奉公を申さねばなりません」とは述べても、あくまで「自力」を拒否し「他力」に徹する暁烏の国体論の方向性は「国家改造」、現状の変革には向いていない。

戦時下の宗教者による「超国家」言説

一九四一（昭和一六）年二月一三～一五日、東本願寺で「真宗教学懇談会」が開催された（『真宗教学懇談会記録』『教化研究』第一四五・一四六号、二〇〇九、二七三～三一一頁）。あくまで大谷瑩潤《えいじゅん》（信正院、同年四月から宗務総長、一八九〇～一九七三）が個人的に主催した非公式座談会であったが、「目下の緊迫せる国家の状勢」を考え「時代相応の真宗教学」を話し合うため宗門の重鎮が一堂に会した。ここで金子大栄（一八八一～一九七六）・曽我量深《そがりょうじん》（一八七五～一九七一）・暁烏敏が「超国家」の語を使用した。金子は、「日本の神ながらの道は本来超国家的である。日本は自体が超国家的なものをもつてゐるが故に八紘一宇と云ふことも出来る。本来超国家的なものが天皇を通してのりとして現はれた。……神ながらの道が超国家的のものを内に持つてゐる。従つて仏の御国が神の御国となることは間違ひない」と語り、曽我は、「日本は超国家である故に日本の国家の国体は超国家的の国体なり、即ち国家を超越せる国家である。故に他の国家とは異る」と述べ、暁烏は、聖徳太子『十七条憲法』にある「篤敬三宝」（仏・法・僧）の「法」は「仏法でも王法でもなく全世界の超国家的なもので絶対的」であり、「仏道即臣民道」と断じた。なお、金子は同年七月中旬の講演でも同内容を詳述している（『正法の開顕』大谷出版協会、一九四二、九〇～九二頁）。

新野和暢や中島岳志は、彼らの「超国家」言説を「極端な国家主義」が「国家を超えて全世界の論理」になったとみなし、「超国家主義そのもの」と捉えた（新野、二〇一四、一三五～一四五頁／中島、二〇一七、二二一～二七二頁）。ただかような「超国家」の語も、宗教的「普遍主義」、「世界主義」の意を前提として用いられていることには注意すべきである。当時の概念で言えば彼らの感覚は、「それは実に他に類比することを執拗に拒んで、他に類のない優越したものとしてその特殊性を肯定すると、同時に、互に他と並立する全体の多数性をも拒まんとするものである。全体主義の全体概念は一種の超人主義に立つものと云はねばならない」という務台理作《むたいりさく》（一八九〇～一九七四）の「全体主義 Universalismus」に対する説明に近い（「全体主義概論」石原純・恒藤恭・三木清編『廿世紀思想　第八巻　全体主義』河出書房、一九三九、七頁）。

かかる認識は東本願寺のみではない。西本願寺と関わりの深い仏教学者の高楠順次郎（一八六六～一九四五）は、「真実の国家全体主義は、唯日本にのみ行はれて居るのである。これは何人も単一の存在を認めない大和全体主義」として、「全体主義に適応せる国民性の表現」すなわち日本精神の理想となる表現形式は、「普遍性」、「永遠性」、「徹底性」、「滅私性」（無我性）、「堅持性」（保維性）、「優越性」の六方面に向かって遺憾なく発現されるべきものと主張した（『道を求めて』大東出版社、一九三九、一四二～一四七頁）。また、浄土真宗信者の破天荒なジャーナリスト野依秀市《のよりひでいち》（一八八五～一九六八）も、「「浄土真宗」といふものが、全体主義宗教の見本」と表現した（「全体主義と仏教」「仏教思想」編輯局編『前進仏教——日本仏教の再出発』仏教思想普及協会、一九四〇）。さらに真言宗の立場からも「日本的全体主義、別な言葉でいへば、皇道主義若くは一体主義」と捉えていた（高神覚昇『靖國の精神』第一書房、一九四二、三八頁）。

仏教者にとって、仏教の本旨は「超個人的超国家的超人類的の広大なる慈悲を以つて一切衆生を救済せんとするもの」と包括的に捉えられるが、「併し人類は何等かの国家に属する以上、これを個人的に善導すればやがて国家のためとなるは当然」であるとともに、「遂には世界をして神国日本即ち仏教の所謂仏国土と化せしめることは必ずしも空想ではない」とされた（古川碓悟『躍進日本と新大乗仏教』中央仏教社、一九三七、四八～五一頁）。また、「宗教——真宗には超国家的なる一面があることは確かであつても、それは決して非国家的と云はるべきものではない」し、日本では「その何れの時代に於いても、国家性と世界性、特殊性と普遍性との統合をもって、国家進展の基としてゐた」と弁明する向きもあった（普賢大圓『真宗の護国性』明治書院、一九四三、二一六〜二二六頁）。煎じ詰めれば大正大学教授高神覚昇《たかがみかくしょう》の「宗教に国境はない。だが、宗教を信ずるものには祖国がある」という言に尽きよう（『宗教と青年』潮文閣、一九四三）。

なお、国体論と宗教教義をリンクさせて理念的に国家を超える事例は新宗教にも見られる。例えば、「教化団体生長の家」を創設した谷口雅春（一八九三〜一九八五）は、「日本の実相の国土といふのは全世界に拡がり、全宇宙に拡がるところの国土であります。この日本の国土が実相の国土であり、その実相の国土の大君でいらせられ給ふのが日本の　天皇陛下でありまして、生長の家の国体論はかういふ風にして出来上つてゐる」と述べている（「常楽の宗教」眞溪涙骨編『不惑の信念を語る』モナス、一九三七）。

さらに、米沢出身のある実業家が書いた偽書『竹内文献』に基づく偽史的記述には、「宇宙絶対の神神から開闢以来一系の皇室を頂く、我が日の本は全人類の祖国であつて、一般外国の様に我が国に於ては建国などはあり得ないところの超国家」と記され、凄まじい時空の膨張が見られる（嵐田栄助『徹底せる思想国防論』太古史実研究会、一九三六、一〇二頁）。同書の著者は一九三五年の国体明徴運動前後から、「皇道派」中核の荒木貞夫（一八七七〜一九六六）と何度もやりとりを交わしてようやくこの冊子を完成させたのであった（藤原、二〇二〇、二〇〜二七頁）。藤原明は、かかる言説が荒木を通して軍人に広められた公算は高く、ここから『竹内文献』に関心を持った「顕官名士の多くは、超国家主義者」であったと指摘するが、その影響は過大視できず「昭和維新の原動力ではなかった」と結論付けている（藤原、二〇二〇、一九・七〇頁）。

五　おわりに

戦前に使用された「超国家（主義）」なる語の大多数は、「普遍主義」や「世界主義」、「国際主義」、「非国家主義」、スープラ・ナショナリズム的な意味で用いられており、現在連想される意味とは正反対であった。ただ、「超越的国家主義」などの使用事例は、戦後の「極端（過激）な国家主義」や「現実の国家を超越した価値を追及するという形態」という解釈に引き付けられなくもない。特に「宗教」の担い手の中には、元来「国家主義」とは対置されてきた「普遍主義」や「世界主義」の意味を前提としつつ、両者を止揚して「国家主義」をも包摂した日本的「全体（普遍）主義」の意味に読み替えることもあったのである。

かかる意味が「八紘一宇」や「皇道」などの語に付与されたのは、「普遍」性を社会に発信してきた「宗教」の担い手による面が大きく、「国家」に縛られた神道人は後手に回った。神社界の権威で血盟団事件特別弁護人となった今泉定助（一八六三～一九四四）は、「八紘一宇は断じて侵略主義に非ず、四海同胞主義であり、世界一家主義」と述べたが、その先駆は田中智学の造語であることにも触れている（『皇道の本義』櫻門出版部、一九四一、一五九・一六三頁）。國學院大學教授河野《こうの》省三《せいぞう》（一八八二～一九六三）も「近来、神ながらの道と皇道といふ言葉がすら〳〵と国民の口から出で、又頻りに筆にも書かれてゐるが、自然に、国体観念の高調した明治維新当時の国民思想が聯想される。……日本魂から日本精神に、王政維新から、昭和維新といふ語によつて置替へられてゐるが、神国日本としての深い自覚が起つて来た点は、思想的に共通の力として注意すべきこと」と記し、現状追認的である（『皇道の研究』文学社、一九四二、四一・四二頁）。

また、昭和研究会（近衛文麿の国策研究団体）に関わった慶應義塾大学教授加田哲二（一八九五〜一九六四）は、軍部唱導の革新政策を「全体主義の立場」とし、「日本国家主義」に添加される特殊性は「神国日本の思想である。日本が他の国家と区別せらるゝ最大の特徴は、日本が神国でありこの神国の使命を世界に宣布するといふことである。この大使命のために、すべての者は、国家のために活動しなければならぬ。しかるに、日本内部の状態はかゝる大使命を遂行し得る条件を備へてゐない。軽佻浮華・腐敗堕落の風潮は全国民に侵浸し、今日にして、覚醒するにあらざれば、日本は衰退の外なしとするのである。かゝる国家主義的見地から、個人主義・自由主義・階級主義・国際主義が排撃せられ、国家活動の拡大・国家領域の拡張が主張せらるゝのである」と指摘した（『日本国家主義の発展』慶應書房、一九三八、九七・一〇一・一〇二頁）。

ここで想起するのは、葦津珍彦《あしづうずひこ》（一九〇九〜一九九二）のいう「大正昭和の右翼在野神道」である（葦津、二〇〇六、一四〇〜一五九頁）。彼は大正期の国内外の社会状況を踏まえ、「右翼の集団や個人は、いずれも、幕末に国際危機を感じた尊王攘夷派に似ていて「神国思想」を共有していた。……帝国政府の「国家神道」そのものが変ったのではなくして、当時の帝国政府をもって亡国的であると断定して、反政府の維新運動を展開した右翼の「在野神道」の抬頭の圧力があった。この在野の神道が、いかに帝国政府の体制権力に反抗し、政府によって弾圧されながらも、逆に、帝国政府へ精神的圧力として、社会影響力を示して行ったか——この複雑な思想史の解明なくしては「国家神道とは何だったか」は分らない」と問題提起した。つまり、「当時の日本人が神道思想をもとめようとすれば、当然に明治十五年の「神社非宗教制度」を立てた国家神道以前の神道にさかのぼるか、宗教的教派神道およびそこから岐れて成長して来た、神秘主義的神道、右翼在野神道——いずれにせよ「国家神道」の圏外に、その源泉をもとめるほかなかった」のである。

筆者は、この視座は橋川文三による「明治国家の伝統の構造変化と、明治＝大正期において拡大した社会的緊張の構造という要因が、「苦悩と法悦」を求めるカリスマ的形象への敏感さをひきおこしたものという仮設」（橋川、一九六四、二七頁）と共鳴していると考える。それゆえ今後は、橋川が当時のリアリティを求めて移行した「昭和維新」論と葦津の「右翼在野神道」論が交差する地点、すなわち昭和戦前期に「神国思想」を前提に活動した宗教的諸勢力やその信仰・思想圏を対象とした上で、当時の政府、社会と現実の国家の在り方を「改造」する方向性とのダイナミックな絡み合いを解きほぐす作業が必要であると思われる。

参考文献

葦津珍彦著、阪本是丸註（二〇〇六）『新版　国家神道とは何だったのか』神社新報社
安部博純（一九七五）『日本ファシズム研究序説』未來社
石井公成監修、近藤俊太郎・名和達宣編（二〇二〇）『近代の仏教思想と日本主義』法藏館
高山林次郎著、齋藤信策編（一九〇五）『樗牛全集　第四巻　時勢及思索』博文館
中島岳志（二〇一七）『親鸞と日本主義』新潮社
新野和暢（二〇一四）『皇道仏教と大陸布教――十五年戦争期の宗教と国家』評論社
橋川文三（一九六四）「昭和超国家主義の諸相」橋川文三編『現代日本思想大系三一　超国家主義』筑摩書房
福家崇洋（二〇一二）『日本ファシズム論争――大戦前後の思想家たち』河出書房新社
藤原明（二〇二〇）『幻影の偽書『竹内文献』と竹内巨麿――超国家主義の妖怪』河出書房新社
丸山眞男（一九四六）「超国家主義の論理と心理」『世界』五月号

コラム⑥　仏教の南方進出

大澤広嗣

一　キリスト教の場合から

日本は、第二次世界大戦中に東南アジア全域を占領した。多くの宗教者が派遣されたが、この問題を、早くから直視してきたのが、日本基督《キリスト》教団である。教団では、『日本基督教団年鑑』を発行するが、毎年に更新掲載される年表「教団の記録」には次の記述がある。

「南方派遣教師　日米開戦直後一二名の教師が宗教宣撫班としてフィリピンに派遣された。一九四三年、四四年には教師二〇名が海軍嘱託としてインドネシアに教会応援のため派遣された。そのうち四名は赴任の途中で殉職した」。

この短い記述に、様々なことが凝縮されている。教団は、戦争関与と向き合ったことが窺い知れるからである。そもそも教団は、一九四一年にプロテスタント系の諸教派が合同して成立した。その合同は、政府が戦争遂行のため、宗教界の統制を目的とした「宗教団体法」（一九三九年公布、一九四〇年施行）に基づいた。敗戦後には合同前の体制に回復すべく離脱した教派もあるが、現在まで継続する宗教団体である。

教団では、一九六七年に「第二次大戦下における日本基督教団の責任についての告白」を公表した。教団の戦争関与の声明は、日本の宗教界で先駆けて行われた取り組みであった。それゆえ研究者が、課題として取り上げやすい機運を生みだした。キリスト教界では、各個教会の年史編纂が盛んであり、教団としても近現代の記録蓄積と調査研究が積み重ねられてきた。この動きに呼応して、南方派遣教師（牧師などの聖職者）の実態は、神学者の原誠や文化人類学者の寺田勇文などにより明らかにされた。

二　日本仏教と東南アジア

日本基督教団が教師を派遣したのは、東南アジアの島嶼部である。アメリカ領フィリピンはキリスト教（カトリック）が多く、オランダ領東インド（現・インドネシア）はイスラームが多い。両地域ともキリスト教（プロテスタント）は少数であるが、教団としての国策協力の一環である。他方の東南アジアの大陸部を見ると、独立国タイ、フランス領インドシナ（現・ベトナム、ラオス、カンボジア）、イギリス領のビルマには仏教徒が多い。主にベトナムには漢訳仏典を用いる大乗仏教が伝わり、タイやラオス、カンボジア、ビルマは上座仏教である。

戦時下に日本仏教の各宗派は、東南アジアで何をしていたのか。仏教徒が多い地域であったにも関わらず、今まで関心が払われなかったといえよう。先述のキリスト教界とは対照的である。

仏教各宗派による先の戦争についての声明は、一九九〇年代に入りようやく表明されるに至った。仏教界から東南アジアへの戦時中の関与にさほど検証が行われなかったのは、日本の仏教界には、インド―中国―日本という仏教伝来の三国史観があるゆえ、その他の地域の仏教はいまだ周縁として扱われていることと無関係ではない。

三　ビルマ派遣の宗教宣撫班

日本基督教団のフィリピンへの宗教宣撫班派遣と同じように、仏教界でも教師（僧侶）による宗教宣撫班がビルマに派遣された（拙著『戦時下の日本仏教と南方地域』法藏館、二〇一五）。

一九四一年の対米英への宣戦布告後、日本軍はマレー半島に上陸して、タイ領内に部隊を進めた。実は、開戦前に陸軍参謀本部は、財団法人大日本仏教会に対して、同会に加盟する各宗派から僧侶を集めるように命令した。各宗派は求めに応じて、僧侶の人員提供を行い、ビルマ侵攻作戦を担当する陸軍第一五軍は、司令部附きの宗教宣撫班を密かに編成した。陸軍では、日本とビルマは同じ仏教国であるから、僧侶を宣撫工作に動員することを発案したのであった。とはいえ、同じ「仏教」といえども妻帯する日本の仏教と、戒律を重視した出家主義のビルマの仏教は大きく異なる。

ビルマへの宗教宣撫班は、一九四一年一二月の開戦直前に、日本を出発した。任務地を知らずに徴用され、船上で行き先がタイと伝えられた。

開戦前のタイには、高野山大学教授で真言宗僧侶の上田天瑞（一八九九〜一九七四、子息は哲学者上田閑照）が、戒律研究のため留学中であった。現地にて宗教宣撫班から参加要請を受けた上田は、ビルマに行って学究する好機と捉えてこれに応じたのである。

陸軍部隊のビルマへの進撃とともに、宗教宣撫班はタイから続いた。平定後の各地では、僧衣をまとった宣撫班員が、宣伝活動を行った。ビラには日本仏教の仏像や寺院の写真が印刷され、裏面にはビルマ語にて日本の理念を伝えた。また食糧の配給や日本語教育にも関わった。班の任務終了後に、上田はビルマの僧院に入り、実践と研究を行い、所期の目的を達して帰国したのである。

宗教宣撫班を供出した大日本仏教会は、一九四四年に財団法人大日本戦時宗教報国会の仏教局に改組された。報国会は、文部省内に事務局を置いた半官半民の組織で、教派神道やキリスト教などの連合組織を統合したものである。戦後は、日本宗教会を経て、政府の影響を脱した日本宗教連盟（現・公益財団法人）となる。

敗戦後の仏教界は、宗教宣撫班を語らなくなったように、戦争を忘れようとした。象徴的なのは大日本仏教会である。他日の復活のためか、実は解散せずに法人格を存続させていたのだ。しかし仏教界は、一九五七年に財団法人全日本仏教会を設立し、新たな連合組織のもと、過去と決別した。大日本仏教会は、戦後の繁栄の陰で亡霊のごとく法人格だけが取り残されたのである。文教関係の民法法人を所管した文部科学大臣が、休眠法人を整理すべく、大日本仏教会の財団法人格の取消処分を行ったのは、実に二〇〇二年であった。

四　時宗法主の他阿真円上人のこと

宗教宣撫班に属していた人物に、時宗僧侶の他阿真円《たあしんえん》（俗名・加藤円住）がいる。時宗は鎌倉時代を生きた一遍に始まる宗派である。他阿は、一九一九年に愛知県岡崎市の時宗誓願寺に生まれた。僧侶となり、東京にある仏教系の大正大学専門部を経て、京都の龍谷大学文学部へ編入後に、宗教宣撫班に徴用された。実兄が、時宗の庶務部長を務めていたため、時宗からの人員割当てに応じるべく、弟に託したのである。

「任務はタイ、ビルマ（現・ミャンマー）に平和使節団として出向き、宣撫工作を行うことでした。……簡単にいえば、現地民に日本軍の侵攻の目的説明を行うことと、現地民との友好親善を図るための宣伝活動」（他阿真円『捨ててこそ人生は開ける――「苦」を「快」に変える力』東洋経済新報社、二〇一三）であったという。現地でマラリアにかかるなど、苦難を強いられた。

一九四二年に帰任後、一九四三年には学徒動員でジャワの第一六軍の通信隊に配属され、後に甲種幹部候補生となった。各地を転戦するなかで、僧侶ゆえ戦死者の読経を任されたという。インドネシアで敗戦を迎え、ニューギニアに抑留され、一九四七年に復員し、その後は、誓願寺住職と附属保育園長、岡崎市議会議員・議長、岡崎市仏教会長を経て、二〇〇三年に時宗法主の遊行七四代、総本山清浄光寺（通称・遊行寺）五七世となった。

二〇一七年に、ＮＨＫディレクター樋爪かおり氏やミャンマー地域研究者の小島敬裕氏とともに、筆者は神奈川県藤沢市の遊行寺を訪れた。他阿師から、宗教宣撫班の話を聞くためである。百歳近い師は、ビルマでの宗教宣撫班の活動の様子を、昨日のことのように覚えていた。当時のアルバムを示しながら証言を行い、宣撫工作のため習得したビルマ語も時には口から出た。

他阿師は、宣撫班に属した最後の一人であった。インタビューの模様は海外向けのＮＨＫワールドの番組「NEWS ROOM TOKYO」（二〇一七年七月二七日放映）で取り上げられた。柔和な尊顔の根源には、悲惨な戦争体験があり、平和を希求した念仏者としてのその後の人生が表れていた。

第八章　戦時下の生活と宗教

坂井久能

一　はじめに

昭和の戦争が一九三一（昭和六）年の満州事変に始まり、一旦は停戦したものの一九三七年に日中戦争、一九四一年に太平洋戦争に突入して泥沼の戦争状態となった。日中戦争が勃発すると、第一次近衛内閣は同年に国民精神総動員運動を展開して、国民を戦争遂行に協力させようとした。翌年には国家総動員法を制定して、議会の承認なしに戦争遂行に必要な物資や労働力を動員する権限が政府に与えられるようになり、国家総力戦の体制を整えていった。

以下は、満州事変以降、特に日中戦争・太平洋戦争期という国家総力戦体制下において、国民生活に宗教がどのように浸透し、戦争と関わり、どう変遷していったのかを、軍隊や学校、地域社会などの事例をもとに探っていく。特にここでは、満州事変以後急速に高まった日本精神及び国体論によって推し進められた天皇の神格化やいわゆる「国家神道」が、社会にどのように影響を及ぼしていったのかを中心に捉えていく。

二　軍隊と神社――営内神社等の創建とその役割

営内神社等の創建とその歴史的背景

営内神社とは、陸海軍がその部隊内に建てた神祠（神社）をいい、軍の学校内の場合は校内神社、軍の工場や機関の場合は構内神社、艦艇内の場合は通常神棚であるが艦内神社と称した。以下、これらを営内神社等と総称する。営内神社等は、神社と称しても内務省神社局（一九四〇年以降は神祇院）が管理した神社明細帳登録の「神社」ではなく、屋敷神（邸内神祠）と同じ「神祠」の扱いで、一般民衆の参拝が禁止された。

営内神社等はあまり記録に残らず、その全体数を把握することはできないが、現在確認している約一五〇社のうち創建年代が判明する一二九社を創建年別に一覧したのが表1である。管見による営内神社の最古は赤羽の工兵第一連隊内の「営内神社」で一八九八（明治三一）年、校内神社の最古は陸軍士官学校の「雄健《おたけび》神社」の一九一六（大正五）年、構内神社は一九三四（昭和九）年の陸軍糧秣本廠の小祠である。校内神社については、陸海軍とも士官・下士官養成の学校で先ず創建が続き、次いで兵科・兵種等に必要な学術や技能を実施する実施学校（海軍は術科学校と称した）で一九三九年（海軍は一九四〇年）以降創建されたという特徴がある。営内神社等の創建は、表で見るように一九四〇年前後にピークを迎えるとともに、一九三五年以降の創建が全体のほぼ八割に及んでいる。

一九三五年以降に営内神社等の創建が急増した歴史的背景を探ってみよう。一九三〇年に始まった昭和恐慌は、日本経済を危機的な状況に陥れるとともに、第一次世界大戦後の国際協調体制を経済面で崩壊させた。その恐慌下で翌年に満州事変が起こり、日本は国際連盟を脱退して国際的な孤立を進行させることになった。それとともに国内では排外主義・国家主義・日本精神が高揚し、日本主義に基づいて国家を改造しようとする革新運動が盛んになった。一九三二年九月に内務省の主導で始まった国民更生運動は、「建国ノ大義ニ立脚」して難局を打開しようという運動であり、日本主義による革新運動を取り込んだものといえる。一方、満州事変により神社は戦勝祈願や出征兵士の武運長久祈願などの場となり、戦争を擁護し日本精神を発揚する場としての役割を急速に高めることになった。事変以後の神社崇敬の高まりについて、内務省神社局長の石田馨は一九三四年の講演で、その原因を非常時局の影響と日本精神の高揚にあると述べている（『時局と神社』全国神職会、一九三四）。事変を契機としたこのような動きは、軍部による三月事件、十月事件、五・一五事件、神兵隊事件などを引き起こし、一九三五年の天皇機関説問題に端を発する国体明徴運動へと展開した。陸軍部は天皇機関説に反対を表明して政府を突き上げ、在郷軍人会と呼応して天皇機関説排撃の運動を全国に展開、岡田啓介内閣はこれに屈服して、天皇機関説を否認する国体明徴声明を発表した。軍は、天皇の股肱《ここう》（手足）として天皇に忠節を尽くす最も天皇を崇拝する集団であり、在郷軍人会やその影響下にあった青年団などを通じて民衆と結びついて強大な民衆動員力を発揮し、国体明徴運動を推し進めたのである。運動の結果、同年文部省内に教学刷新評議会が設置され、一九三七年に「国体ノ本義ニ基ク教学ノ刷新振興ニ関スル事務ヲ掌ル」教学局が設置され、国体明徴はその政府機関が設置されたことで一層の高まりを見せた。日本精神を根本とする国民思想は、この運動を契機に確立したといえる。この後は、一九三七年の国民精神総動員運動や一九四〇年の紀元二千六百年記念祝典で日本精神が一層の高揚を見せるようになった。

神社は、国体の明徴及び国体の精華としての敬神崇祖や日本精神、愛国心などの涵養の場として、ますます重要な役割を担うことになった。一九三五年以降に営内神社の創建が飛躍的に増加したのは、同じ頃に神宮大麻（伊勢神宮の神札）の頒布数や参宮人数が飛躍的に増加し、学校や官公庁に神棚や神祠が設けられ、海外神社も盛んに創建されるようになった動きと軌を一にするものであり、軍が推し進めた国体明徴運動とその成果の影響が大きかったといえよう（坂井、二〇〇八）。

陸軍航空士官学校長を務めた菅原道大は、「満州事変後愛国心の昂揚を見、軍中枢に於ても敬神崇祖の思

表１　営内神社等の年別創建数

創建年		営内神社	校内神社	構内神社	合計
1898	明治 31	1			1
1905	38	1			1
1908	41	1			1
1912	大正 1	1			1
1916	5		1		1
1920	9	1			1
1925	14	1			1
1926	15	1			1
1927	昭和 2	1	1		2
1928	3	2	1		3
1929	4	1			1
1930	5	2			2
1932	7	4	1		5
1933	8	2			2
1934	9	1		1	2
1935	10	5	1	1	7
1936	11	4			4
1937	12	3	1	1	5
1938	13	1	3	1	5
1939	14	5	4	1	10
1940	15	2	3	2	7
1940 頃	15 頃	8			8
1941	16	1	6	1	8
1942	17	1	2	2	5
1943	18	1	5	1	7
1944	19	5	1		6
1945	20	3	2		5
年不詳 1934 以前		1	1		2
年不詳 1935 以降		7	16	2	25
合計		67	49	13	129

（注）1940 頃 : 紀元二千六百年記念の創建と記すもの

想の推進奨励があり、具体的には軍隊、学校等隊内、校内に神社の建設を見ることが一つの流行となった」と記し（菅原道大「航空神社の由来」修武台記念館所蔵）、一九三七年の航空神社創建の頃に軍中枢で敬神崇祖を奨励し軍隊内や軍学校内に神社を建設することが流行したと述べている。営内神社等創建の歴史的背景を語るものといえよう。

営内神社等はどのようにして創建されたのか

横浜海軍航空隊は、一九三六年に開隊すると翌年五月に航空隊司令は「隊内神社建設竝《ならび》ニ土地使用ノ件」を横須賀鎮守府司令長官宛上申し、司令長官は海軍大臣宛に上申して、七月に認許された。このように、軍用地に営内神社等を建設する場合は、陸海軍大臣から土地使用と神社建設の許可を得る必要があった。

営内神社等の建設費用は、隊員・学生・生徒や職員などから寄付を募るのが一般的であった。部外から寄付を募ることもあり、横浜海軍航空隊の隊内神社「鳥船神社」の場合は、横浜市内青年団が建設見込額を上まわる寄付金を納めた。軍学校の校内神社は教育施設としての役割を果たしていたが、それでも建設費用は生徒・職員・卒業生などからの寄付金でまかなうのが通例であった。神社の建設には公費を当てないということから、上物としての神社は私物の扱いであったといえる。建設費用ばかりでなく、隊員・学生・生徒らの労力奉仕も見られたことは、神社を中心とする共同体意識や教育効果を狙ったものと思われる。

神社が完成すると、祭神ゆかりの神社から神符等を拝受して鎮座祭を行った。一九一六年に行われた陸軍士官学校の雄健神社鎮座祭では、軍神四柱（天照大神・大国主神・武甕槌男之神・経津主神）の霊を校長が奉戴し、配祀神としての「士官学校出身将校戦役死没者之霊」を生徒隊長が奉戴し、従前その地に祀られていた稲荷祠の祭神を地主神として遷座し、靖国神社の賀茂百樹宮司が斎主を勤めた。賀茂宮司は、祭神の奉斎について「軍神ハ殿内上段正中ニ安ス、配祀ハ下段少シ左方ニ之ヲ安ス」と校長に述べているように（『自大正五年至同八年庶務書類』靖国神社所蔵）、軍神（神祇）を主神として、英霊は下段に配祀する配慮を見せていたことは注目される。

営内神社等はなぜ創建されたのか

営内神社の祭神は、次の三つに分類できる。

① 神祇

② 戦没者・殉職者（将兵の死には戦死・戦傷死・戦病死があり、以下これらを戦没者と記す。他に公務死〈殉職〉や非公務死などがあった）

③ ①と②を合わせ祀る

祭神を確認している約六九社を見ると、神祇では天照大神（皇祖・大神宮等を含む）が三一社、鹿島・香取が一四社、明治天皇が八社の順で合計六一社、戦没者・殉職者は四二社である。神祇で天照大神が最も多いのは、最高神で皇祖神であるとともに、海軍は部隊・官衙・学校や艦内神社での祭神奉斎について、一九四〇年の官房第六二二八号で「天照大神ヲ主神トシテ神座ノ中央ニ奉斎ス」と定めていたことも大きいであろう。鹿島・香取神宮の祭神は武神として著名であり、明治天皇は、近代における国家の護持や国運の発展に神徳を顕した天皇として祀られたものであろう。この他に、防空学校の防空神社が天鳥船命（鳥之石楠船神）を祭神とし、陸軍登戸研究所の弥心《やごころ》神社が研究所の神として八意思兼神《やごころおもいかねのかみ》を祀ったのは、兵科に関係ある神祇を祀った事例である。これら神祇を祀る営内神社等は、神社としての性格をもつものといえよう。

戦没者・殉職者を祀る営内神社等は、その事例が多いばかりでなく、創建が古い神社に多く見られる。営内神社で最古と思われる一八九八年の工兵第一連隊営内神社や、これに次ぐ一九〇五年の歩兵第四十四連隊（高知県）の忠魂社、校内神社では最古である一九一六年の陸軍士官学校の雄健神社や一九二七年の豊橋陸軍教導学校の豊秋津神社（一九三二年から戦没者合祀）などである。営内神社等は、戦没者や殉職者を祀る招魂社的な性格を当初からもっていたということであり、営内神社等の本来的な性格を示すものと思われる。なお、殉職者は靖国神社に祀られないので、殉職者を祀る営内神社等は靖国神社とは異なり、それを補完する招魂社的性格をもったものといえよう。

営内神社等はなぜ創建されたのか、その理由を記した史料によると

① 守護神・武運長久祈願
② 慰霊・顕彰
③ 精神教育

というおよそ三つに分類でき、それぞれの目的に適う祭神が選定された。
①は、武運長久、神明の加護、天佑神助、無病息災、隊の守護神などの祈願が創建理由として見られ、祭神は神祇が中心であるが、戦没者英霊の場合もあった。
②は戦没者・殉職者を祀る場合の主要な創建理由であり、上記歩兵第四十四連隊の忠魂社は「当隊ニ属スル忠勇ナル戦病死者ノ忠魂ヲ祀リ長ク其英霊ヲ慰メ以テ後世ニ其武勲ヲ伝ヘント欲シ」と創建理由を記している。

③の精神教育は、めざす精神がさまざまであるが、敬神崇祖の念や尽忠報国の精神の涵養、勇武・壮烈果敢なる精神の涵養、神明照覧の下での人格の陶冶などが主なものである。祭神は神祇でも戦没者・殉職者の霊でも精神教育の役割を果たした。一九四一年創建の陸軍兵器学校細戈《くわしほこ》神社は、神祇を祀り「日本精神ノ根源タル敬神崇祖ノ念ヲ昂揚シ学生生徒ノ精神教育ニ資スル為」と校長は鎮座祭の祭文で述べている（陸軍兵器学校『細戈神社ニ関スル綴』相模原市立博物館所蔵）。一九二五年創建の歩兵第二十連隊の鎮国神社は、神祇と英霊を祀る神社で、「日夕其神威ニ触レ、知ラス識ラスノ間神明ノ稜威《いつ》ニ感応シテ自ヲ尽忠報国ノ念ヲ敦カラシメントセリ」との理由であった（『福知山聯隊史』一九七五）。このような尽忠報国の精神や忠誠、武勇などは軍人勅諭に示された軍人精神であり、その精神の涵養が営内神社等の重要な役割であった。陸軍士官学校の雄健神社の場合、一九四四年の「生徒心得要則」に「忠孝一本ハ我ガ国道義ノ精粋ナリ。毎晨雄建社頭ノ聖域ニ立チテ心ヲ正シ、篤ク尊皇敬神、崇祖感恩ノ誠ヲ捧ゲ、皇運ノ無窮ヲ祈念シ奉リ、誓ツテ神明ノ照覧ニ対ヘ、祖先ノ遺風ヲ顕彰センコトヲ期セザルベカラズ」とある。毎朝の雄健神社参拝は、天皇崇拝と尽忠報国の精神などを養うためのもので、生徒の修養として重要な日課であった。他の校内神社でも日課としての参拝は勅語奉読とともに行われており、軍の教育機関として校内神社における精神教育を重視したことがうかがわれる。

営内神社と靖国神社・護国神社

軍が営内神社等で戦没者を祀る場合は、靖国神社に祀られていることを確認し、御霊代の下付を願い出るという手続きが取られるなど、靖国神社と密接な関係を持っていた。その手続きは、先ず祭神となるべき戦没者の戦病死年月日と官等位勲功爵氏名等を記した連名簿を靖国神社に提出した。これは「霊璽トナルモノ」という。靖国神社では、事前の願いにより御霊代とそれを納める辛櫃を調整した。次いで靖国神社において関係者立ち会いの下で「御霊代祓式」を執行した。これは「修祓魂招式」とも記され、霊璽簿を供えて執行するもので、霊璽簿に記された戦没者の霊を御霊代に鎮霊する儀式と思われる。御霊代は鏡が一般的であったが、営内神社等の場合は剣を授与された事例が散見する。靖国神社がこのような御霊代を授与した最初は一八九九年の松山招魂社といわれ、一九三九年以降は御霊代にかわり神符の下付が原則となった。御霊代の授与が靖国神社の分霊の授与と混同され、対応に苦慮した結果のことである。なお、営内神社等で戦没者の他に殉職者も祭神としたい場合は、連名簿に別記または別冊にして提出すれば御霊代祓式であわせて御霊代に鎮霊された事例があり、注目される。

旭川市の北海道護国神社は、一九〇二年に第七師団営内に建設された「招魂斎場」に始まる師団の営内神社であった。その後、師団隣接の現在地に遷り、一九一一年に「第七師団管招魂社」、一九三九年に内務大臣指定「北海道護国神社」となった経緯がある。一方、師団内には歩兵第二十八連隊に部隊出身戦没将士を祀る「二八神社」や騎兵第七連隊の「営内祠」などの営内神社があった。一九四二年五月に北部第四部隊(歩兵第二十八連隊)に入営した杉本杉雄氏の日記『大東亜戦争手記』(北鎮記念館所蔵)の五月一四日の記事に「十三時整列二八神社に参拝して営前整列、一路護国神社に参拝駅に向ふ」とある。部隊で二八神社と北海道護国神社にそれぞれ整列して参拝した様子がうかがえる。部隊の直ぐ近くに護国神社があり、二八神社の祭神は戦没将士であるから護国神社にも祀られているはずである。連隊はなぜ護国神社と同じ招魂社的性格の営内神社を営内に建設したのであろうか。招魂社に共通してみられる戦没者の武勲を顕彰することは、多くの戦没者を合祀して個人が埋没してしまう護国神社よりも、個人と偉勲が結びつく所属部隊の営内神社の方が適しているはずである。招魂社的性格の営内神社の役割は、戦没者個人の武勲を部隊内に広く、また後々までも顕彰し、そこに精神教育の効果をも期待することにあったものと思われる。

三　学校教育のなかの宗教

国民学校の教育

一九三七年に設置された教育審議会は、総力戦下における教育の刷新振興に関する事項を審議し、その答申に基づいて、一九四一年三月に国民学校令が公布され、四月一日に小学校が国民学校となった。国民学校の教育は、国民学校令第一条の「国民学校ハ、皇国ノ道ニ則リテ初等普通教育ヲ施シ、国民ノ基礎的錬成ヲ為スヲ以テ目的トス」に要約されている。文部省は、「皇国ノ道」とは教育勅語の「斯ノ道」を指し、「天壌無窮ノ皇運ヲ扶翼」する道であると説明している。国民学校の教育は、天皇に忠節を尽くす国民を育成することにあったといえる。そのために、主知的教授よりも儀式や学校行事や団体訓練を重んじ、学校を皇国民錬成の道場とする教育が求められた。新しく設けられた教科「国民科」は、修身・国語・国史・地理の科目からなり、国民学校令施行規則第二條に「国体ノ精華ヲ明ニシテ国民精神ヲ涵養シ皇国ノ使命ヲ自覚セシムルヲ以テ要旨トス」とあるように、皇国民錬成の中核的教科であった。また、同条に「皇国ニ生レタル喜ヲ感ゼシメ、敬神、奉公ノ真義ヲ体得セシムベシ」、同第三条の修身について「祭祀ノ意義ヲ明ニシテ敬神ノ念ヲ涵養スルニ力《つと》ムベシ」とあるように、敬神の念の涵養を重視していることが注目される。

学校儀式の中の御真影・教育勅語と奉安殿

一八九〇（明治二三）年一〇月に「教育に関する勅語」（以下 教育勅語）が公布されると、政府はその普及を図って翌年六月に「小学校祝日大祭日儀式規程」を公布し、教育勅語の奉読と、既に下賜された学校では「御影」（御真影）に対する最敬礼などを規定した。同規程は年一〇回の祝日大祭日における儀式を記すが、やがてゆるめられ、一九〇〇年公布の「小学校令施行規則」で一月一日・紀元節（二月一一日）・天長節（一一月三日、天皇誕生日）の三回が規定された。その後一九二七（昭和二）年に明治天皇生誕日を明治節と定めて学校儀式に加え、いわゆる「三大節」から「四大節《しだいせつ》」（天長節は四月二九日）に儀式を行うようになった。明治以降の祝日・祭日は基本的に天皇や皇室に関わる日であり、特に国体（天皇制）と深く関わる紀元節と天長節が学校儀式で重視された。荘厳な雰囲気の中で御真影に最敬礼させる行為は、「現御神《あきつみかみ》」として神格化された天皇を体感させることであり、その言葉である教育勅語を絶対的なものとして植え付ける効果をねらったものである。国民学校で特に儀式を重視した理由はここにあった。

御真影とは、天皇・皇后及び皇族の肖像写真のことである。御真影の学校への下付は、一八七四（明治七）年の開成学校（現・東京大学）が最初で、以後官立学校や府県立学校に下付された。その後一八八九年一二月の文部省総務局長通牒「高等小学校へ御真影下賜ノ件」により、特別な由緒や模範となる優等な高等小学校へ申請により下付することになった。公立の尋常小学校や幼稚園は、一八九二年の文部次官通牒で下賜校の御真影を複写することが認められ、申請による下賜が認められるようになったのは一九一六（大正五）年であった。二年後には私学にも下付申請資格が広げられ、ほとんど全ての学校に下付資格が付与されることになった。このような状況下で国体や日本精神が強く叫ばれる時期になると、文部省は一九三九年に御真影と教育勅語を奉戴していない学校の調査を各府県に照会して行政指導を行った。御真影下付の強制は高等教育機関にも及び、文部省の行政指導により一九三七年前後に下付がピークとなるとともに、四大節の儀式も一九三七年四月の文部次官通牒「式日ニ関スル件」で徹底を図った（小野、二〇一四）。このように、一九三〇年代後半は、文部省により初等教育から高等教育までの学校に御真影下付と四大節儀式の強制が行われた。その背景として、一九三五年に軍部が強力に進めた国体明徴運動とその後の教学刷新の政策や、それ以前に一九三二年の上智大学靖国神社参拝事件、一九三五年に同志社神棚事件などに見る軍部の教育介入により結果として御真影を拝戴することになった事件などの影響が考えられる。

一方、教育勅語は一八九〇年の公布以来全国の学校に謄本が下付され、御真影のような選別や申請はなかったが、下付されると御真影とともにその奉置で学校を悩ませた。

文部省は、一八九一年一一月に「天皇陛下皇后陛下ノ御影竝教育ニ関シ下シタマヘタル勅語ノ謄本ハ、校内一定ノ場所ヲ撰ヒ最モ尊重ニ奉置セシムヘシ」との文部省訓令第四号を発した。これが御真影と教育勅語謄本の奉置についての唯一の訓令として、以後の解釈や運用の基本となった。この訓令を受けて、各道府県郡市町村では奉護の規程を定め、各学校に奉安所の設置や教職員の宿直が進められるとともに、学校に多くの悲劇を生むことになった。初期の事例として、一八九六年六月の三陸津波で岩手県上閉伊《かみへい》郡箱崎尋常高等小学校の栃内泰吉《とちないたいきち》訓導が津波迫る中で御真影を取り出すために学校へ向かい、殉職した。この後、学校火災で殉職したり、御真影等を護れなかった責任を問われて宿直の教員や校長が免職となった事例はますます多くなった。特に一九二三年の関東大震災で御真影等が焼失したり殉職者を出した経験から、校舎から独立した奉安殿の建設や金庫式奉安庫の設置が急速に普及した。一方、一九一九年から既述のように殆どの学校に御真影下付資格が付与されると、文部省は昭和天皇の御真影下付にあたって、一九二八年六月四日の通牒で奉安設備が申請の条件であることを明記した。かくして奉安殿の需要は高まり、群馬県建築協会は一九三三年に奉安殿コンペを行い、神社様式のものが二等入選した。東京工業大学所蔵菅野誠文庫（菅野は元文部官僚）の「御真影奉安殿関係書類」に「神殿型軸部鉄筋混凝土造ノ耐火性構造ニヨリ築造スルヲ最善トスベシ」とあり、文部省は一九三六～一九三七年頃に神社様式の鉄筋コンクリート造奉安殿を推奨していた（小野、二〇一四）。写真1は、これよりも前に横須賀市立浦郷小学校（当時は三浦郡田浦町立浦郷尋常小学校）で一九二八年に御大典記念として建設した奉安殿である。千木・鰹木や鞭懸《むちかけ》など神明造の特徴を備え、鳥居を設けるなど、典型的な神社様式の奉安殿であり、御大典記念を意識した様式と思われる。戦局が厳しくなった一九四三年九月、文部省が示した「学校防空指針」によると、学校における自衛防空の最優先は「御真影、勅語謄本、詔書謄本ノ奉護」であり、「学生生徒及児童ノ保護」が二番目に位置づけられた。児童生徒の人命よりも御真影等が重視されたのである。御真影等が神社様式の奉安殿に納められ、人命よりも重く扱われたことなど、天皇の一層の神格化を見ることができる。

修学旅行と神社参拝

修学旅行の起源は、一八八六年に東京師範学校が兵式操練と学術研究の目的で行った「長途遠足」であるといわれる。これは各地に広まり、やがて見学を主体とする修学旅行となっていった。明治・大正期は中等

写真１　浦郷小学校の奉安殿（1928 年 10 月落成式。浦郷小学校所蔵）

学校が中心であったが、昭和期に入り一九三一年の満州事変以降になると、小学校児童の伊勢神宮参拝を主目的とするいわゆる参宮旅行が急速に拡大した。各府県市区町村では小学校の全児童の参宮に費用を支援したり、一九三七年六月の鉄道省告示「小学校児童団体伊勢神宮参拝ノ為旅行スル場合ノ取扱方」で鉄道省が運賃特別割引を行ったことなどで、小学校の参宮旅行は飛躍的に拡大した。神宮神部署発行の『瑞垣《みずがき》』によると、一九三四年の小学児童の内外宮参拝者数は約八一万六千人、一九三五年は九九万六千人、一九三六年は一一〇万八千人、一九三七年は一一九万二千人、一九三八年は一四七万八千人、一九三九年は一七〇万一千人であり、五年間で倍増している。学校所在地にもよるが、旅行の見学地は伊勢神宮とともに神武天皇畝傍陵や橿原神宮、桃山陵、京都御所、京都・奈良の寺社などを含めた行程が多く見られた。一九四〇年六月に文部次官から修学旅行の制限に関する通達が出されたが、参宮旅行は意義あるものとして一九四三年頃までは実施されていた。これら参宮旅行の目的として、天皇尊崇の念や国体観念、敬神崇祖の念の涵養などがあげられ、その教育的効果が期待された。しかし一方では、美濃ミッション信者の子弟が一九三三年に信仰上の理由から小学校の参宮旅行に参加せず、地元神社への集団参拝にも参加しなかったことから、停学処分となった美濃ミッション事件がおこっている。

満州事変下の一九三二年五月五日におこった上智大学靖国神社参拝事件は、陸軍現役将校学校配属令により上智大学予科に配属された将校が教練の時間に靖国神社へ引卒すると、三名の学生がカトリック信者としての信仰を理由に参拝を拒否したことに端を発した事件である。陸軍省は、配属将校を撤退すると強硬姿勢で文部省と交渉し、カトリック東京大司教区のアレキシス・シャンボン大司教は、同年九月二二日付書簡で文部大臣宛に神社参拝が「宗教的意義」を有するものか否かの回答を求めた。同月三〇日付文部次官の回答は、「学生・生徒・児童等ヲ神社ニ参拝セシムルハ教育上ノ理由ニ基ツクモノニシテ、此ノ場合ニ学生・生徒・児童ノ団体カ要求セラルル敬礼ハ愛国心ト忠誠トヲ現ハスモノニ外ナラス」というもので、これにより教会側は神社参拝を認めることになった。しかし陸軍省は配属将校を引き揚げたことで、大学は教育の根本を教育勅語に置き、神社参拝を行うなど教育改革を陸軍省に申し出てようやく一年後に配属将校を迎えることができた。大学側の完全なる敗北であり、陸軍の教育への介入事件であるとともに、国民に神社参拝の強制性を知らしめた事件でもあった。

学校教育と宗教

教育と宗教の関係は、一八九九(明治三二)年の文部省訓令第十二号で学校における宗教教育の禁止が命じられ、明治・大正期に文部省はその姿勢を堅持してきた。しかし、大正末期から昭和初期の震災や恐慌などによる社会不安や共産党員の大規模な検挙などを背景に、文部省は一九二九(昭和四)年に教化総動員運動を展開し、一九三一年に学生思想問題調査委員会を設置するなかで、共産主義に対抗し人格の陶冶に資するため宗教的情操の涵養を掲げ、教育界や宗教界からも宗教教育の要望が建議されるようになった。一九三二年一二月に文部省は「通宗教的情操ヲ陶冶」することは文部省訓令第十二号に違反しないと通牒し(三重県宛宗教局・普通学務局発第一〇二号)、一九三五年には宗教教育協議会を文部省諮問機関として設けた。その答申を受けて同年一一月二八日に「学校ニ於テ宗派的教育ヲ施スコトハ絶対ニ之ヲ許サザルモ、人格ノ陶冶ニ資スル為学校教育ヲ通ジテ宗教的情操ノ涵養ヲ図ルハ極メテ必要ナリ」とする文部次官通牒を発した。宗教的情操の涵養は宗教教育にあたらないという見解であり、学校における宗教教育の禁止を規定した文部省訓令第十二号の趣旨を変更するものといえよう。そこには、神社非宗教の建前のもとに神社参拝や奉仕などを推し進めるねらいがうかがえる。

同年は、天皇機関説排撃に向けて軍部・右翼らが国体明徴運動を全国的に展開した時期であり、同年一〇月に岡田内閣は第二次国体明徴声明を発すると、文部省は同月に教学刷新評議会を設置した。翌年に同評議会は「各学校ニ於テハ、我ガ国古来ノ敬神崇祖ノ美風ヲ盛ナラシメ、コノ精神ノ徹底ヲ図ルタメ適当ナル施設ヲ考慮シ」と答申し、同評議会の建議に基づいて翌一九三七年に内閣総理大臣の諮問機関として設置された教育審議会でも、敬神崇祖の宗教性が否定された。教育審議会の答申に基づいて一九四一年の三月に国民学校令が公布され、四月に小学校が国民学校に改称されると、神社参拝など敬神崇祖の教育が教科や行事等で広く行われるようになった。

四　戦没者の慰霊

戦没者慰霊の体系とそのねらい

神奈川県久良岐郡金沢町（現・横浜市金沢区）の黒川梅吉は、漁師の子として生まれ、一九三三年一二月に現役兵として関東軍所属の独立守備歩兵第八大隊に入営した。入営半年で一等兵に進級したばかりの一九三四年六月、反満抗日勢力の襲撃に遭い戦死した。五名の戦死者は現地で荼毘《だび》（火葬）に付され、七月一一日に第八大隊で「五勇士」の仏式慰霊祭（部隊葬）が行われた。二日後には大隊から選ばれた宰領者が遺骨や遺品を輸送して、新京・奉天・大連で慰霊祭を行いながら、大連から船で神戸港まで運んだ。ここで甲府連隊区司令部から派遣された受領者に遺骨等は引き渡され、列車で鎌倉駅に向かい、駅前で盛大な出迎えを受けて七月二〇日自宅に沈黙の凱旋をした。二二日は金沢小学校で仏式の町葬が行われ、翌年四月に靖国神社に合祀された。遺族は軍から支給された埋葬料の八倍もの金額で同年に壮大な梅吉の墓標を建てた。

戦没者の扱いは、太平洋戦争初期まではおおよそ上記のようであった。すなわち、戦地で遺体を荼毘に付し、部隊葬を行い、遺骨を内地に還送して原隊で慰霊祭を行い（上記梅吉の場合は内地に原隊がなかったので連隊区司令部が遺骨を受領して）、遺骨を遺族に引き渡し、町村葬が行われ、靖国神社に合祀されるという慰霊の体系があった。

軍は、戦没者に対して「壮烈な戦死」「勇士」などとたたえ丁重な葬儀・慰霊を行って遺骨を遺族に引き渡し、栄誉をたたえて一階級進級させ、陸海軍省管理の靖国神社に合祀した。国からは、叙勲（梅吉の場合は功七級金鵄勲章・勲八等白色桐葉章）や賜金、天皇皇后両陛下の祭粢料や恩給などが与えられた。地域では、公葬（市区町村葬）を行い、陸海軍大臣など軍のトップや県郡市町村長などの公的機関の長などから香典や弔辞があった。このように、軍や国は戦没者に対して破格に厚遇し、地域も戦没者を称揚する公葬を行うことで「名誉の戦死」を演出した。そのねらいは何であったのか。上記梅吉の戦死の知らせを受けた父は、「神も仏もあるもんか」と叫んで床の間の天照皇大神や稲荷大明神の掛け軸を引きちぎり、狂わんばかりの悲しみを表出したという。その一方で「あの子は天子様に捧げたものですから、よく死んでくれたと心で喜んでいます」と新聞に談話を載せている。名誉の戦死の演出は、遺族の悲しみを抑圧させ、天皇に命を捧げる兵士を再生産させるための装置であったといえよう（坂井、二〇〇六）。

黒川梅吉の遺骨等が満州から還送された記録「輸送日誌」とともに、二〇四枚の名刺が黒川家に残されている。神戸港から鎌倉駅までの間で出迎えた人たちのもので、愛国婦人会（愛婦）三八枚と大日本国防婦人会（国婦）三九枚が他の団体を圧倒して多い。愛婦は一九〇一年、国婦は一九三二年に結成された女性軍事援護団体である。特に国婦は陸軍の肝いりで急速に組織を拡大し、かっぽう着にたすき掛けの姿で出征兵士を見送り遺骨の凱旋を出迎えるなど、多彩な活動を行った。女性が名刺を作り街頭に進出した女性解放の面はあるが、一方では「国防婦人会の歌」で「立てよ進めよ丈夫《ますらお》よ、（中略）あと憂ひなく進まれよ、お身らの勲を思ふなら、お身らが屍《かばね》の山を踏む」と歌い、旗を振って兵士を送り出した戦争責任も問われるべきであろう。一九四二年に愛婦・国婦及び大日本連合婦人会は政府の方針で統合し、大日本婦人会となった。

公葬と靖国神社合祀

戦没者に対する陸軍の葬儀は、仏式が多かった。海軍は創設初期は神葬をかたくなに行ってきたが、一八八六年から神式・仏式のどちらでもよいことになった。一九三七年に日中戦争が始まると、各鎮守府で合同葬儀を行うようになり、当初は神式と仏式を交互に行っていたが、同年九月末から仏式のみとなった（坂井、二〇一四）。戦没者の公葬は、主催する市区町村でそれぞれ葬儀の規程を作っており、神式か仏式かは区々で全国を統一する規程はなかった。上記黒川梅吉の町葬は僧侶一〇人による仏式であったように、仏式が圧倒的に多かった。

このような状況に対して、神社界などから戦没者の公葬は神式で行うべきだという主張が、満州事変以後の日本精神の高揚の中で従前に増して高まった。一九三七年九月に皇典講究所長佐々木行忠と全国神職会長水野錬太郎は連名で地方長官や軍部関係方面などに通牒を発し、靖国神社の祭神として神格を進められる戦没者の公葬は神式で行うべきことを求めた。一九三四年に東郷平八郎元帥の葬儀が神式国葬で行われたことも、この運動を活発化させる要因となった。それは、一八八二年に出された神宮官国幣社神官（一八八七年以降官国幣社は「神職」）の葬儀関与を禁止する内務省達（府県社以下は従前通り関与可）に関わらず、葬儀委員長に官幣大社明治神宮宮司有馬良橘が就任したことで、上記内務省達の撤廃を求める主張もあわせて展開した（藤田、二〇一四）。英霊公葬運動（英霊公葬神式統一運動）といわれたこの運動は、太平洋戦争下でより本格的に展開されたが、仏教側からの強い反論とともに上記のように神職の葬儀関与禁止の問題もあって、神式統一は進展しなかった。

日中戦争開戦で戦没者が増加したことから、翌一九三八年に靖国神社は、それまで春一回行ってきた招魂式・合祀祭を春秋二回行うようになり、招魂斎庭も手狭になったので現在地（跡地）に斎庭を移設した。靖国神社への合祀について、一九四一年一〇月に鈴木孝雄靖国神社宮司は『偕行社記事特号（部外秘）』第八〇五号で「此の招魂場に於けるところのお祭は、人霊を其處にお招きする。此の時は人の霊であります、一旦此處で合祀の奉告祭を行ひます。さうして正殿にお祀りになると、そこで始めて神霊になるのでありま す」と述べている。同様のことは高原正作権宮司も二年前に『偕行社記事』七六九号で「招魂の儀に於ては未だ神霊とは申上げられないので（中略）人としての御霊であるのであります。神殿に御鎮め申してはじめて、大御代靖国の神、護国の神霊とならせられ」ると述べている。すなわち、招魂斎庭で御羽車に載せた霊璽簿に人霊を招き、正殿に遷して合祀することで、靖国の神としての神霊になるのだという。その神霊はさらに天皇の親拝を仰ぐことになる。「臣下として神に祀られ御親拝の栄を賜はる、之《これ》に過ぎたる栄誉と恩典はないであらう」（青木大吾『軍事援護の理論と実際』南郊社、一九四〇）といわれたように、靖国神社に祀られるということは当時の国民として最高の栄誉であった。

慰霊碑と忠霊塔と護国神社

戦没者の記念碑は、一九一〇年に発足した帝国在郷軍人会が各地に建設した「忠魂碑」などの集合碑が、それ以前の個人碑にかわって以後主流を占めるようになった。ただし明治期の内務省は、「建碑ヲ参拝ノ目的物トナシ、神事又ハ仏式ニヨリ其《その》祭事ヲ経営セントスルハ許可難相成《あいなりがたき》」（一八九八年四月内務省社寺局長から埼玉県知事宛局第一六号）方針を堅持し、宗教色の介入を排除した。この傾向は大正期も続いたが、昭和期になると建設場所が従来の社寺境内に対して小学校敷地内が多くなり、忠君愛国の精神の涵養に資するなどの教育目的にそって建設されるようになった。文部省は、一九三二年の訓令第二二号及び文部次官通牒などで敬神崇祖の施策として忠魂碑への礼拝を掲げており、一九三〇年代に忠魂碑等の性格は記念碑から参拝・礼拝の対象となり、碑前で祭祀が行われるようにもなっていた（籠谷、一九九四）。

前掲黒川梅吉の戦死を契機として、一九三六年に帝国在郷軍人会金沢町分会は北条実時開創で名高い称名寺境内に「忠魂碑」を建立した。その碑前での慰霊祭の写真が黒川家に二葉所蔵されている。一葉は、「大日本国防婦人会」のたすきを掛けたかっぽう着姿の女性たちが忠魂碑の左側で祭典に参列している写真である。もう一葉は、碑前で神職が祭典を行っている写真（写真2）で、碑前には祭壇が設けられ神饌を乗せた三方や供物が並べられている。神職の左手に式次第が掲げられ、「祭式次第　一、修祓　一、招神　一、献饌　一、斎主祝詞　一、祭主祭文　一、来賓祭文　一、斎主玉串奉奠　一、祭主玉串奉奠　一、遺族玉串奉

写真２　称名寺忠魂碑前での戦没者慰霊祭（黒川家所蔵）

奠　一、參列者玉串奉奠　一、撤饌　一、昇神　一、一同退出　以上」と判読できる。忠魂碑には「招神」の対象である一七名の「戦病没者氏名」を記した板が立て掛けてある。一七名の戦没時期から、この祭典は一九四〇年冬あるいはそれ以降と推測される（坂井、二〇〇六）。この写真からは、忠魂碑が単なる記念碑ではなく、明治期に禁止した碑前での神道式の祭事が行われていたことを物語っている。

戦没者碑の碑銘に「招魂碑」と刻むのは、明治政府が禁じた「記念碑を祭祀の標的物となす」ことにつながるもので、大正から昭和戦前期には影を潜め、「忠魂碑」など顕彰の性格を強めたものが多くなった。「慰霊碑」や「慰霊塔」は、戦没者の霊を慰めるための宗教施設であることを示すもので、敗戦後に広く用いられるようになった。戦没者記念碑の宗教性をめぐる近現代の変遷がうかがわれる。

忠魂碑などが戦没者の霊を祀るのに対して、忠霊塔は遺骨等を納める合葬墓であった。一九三九年七月、首相平沼騏一郎を名誉会長、陸軍大将菱刈隆を会長とする軍主導の財団法人大日本忠霊顕彰会が発足し、市町村に一基と外地の主要戦地に忠霊塔を建設して忠霊を顕彰するという運動を展開した。これにいち早く賛同して協力したのは財団法人仏教連合会で、新聞社も献金を募った。一方神社界は、忠霊を神として祀る靖国神社・護国神社とは別に忠霊塔でも祭祀が行われることに懸念を示した。そこで同年一〇月に顕彰会と神社界で話し合い、忠霊塔は祭祀や宗教の施設ではなく、公営の墳墓ということで神社側との折り合いがついた。

同年はまた、招魂社制度の整備について神社制度調査会での審議と答申を経て、四月一日をもって招魂社を護国神社と改称した。同調査会での審議過程で、市町村の招魂社創立を認めるべきだとする議論があったが、内務省神社局長は二月三日付で道府県一円を崇敬区域とする招魂社の創立を許可し、市町村等を崇敬区域とするものの創立は許可しない方針を通牒した。その前日には、内務省警保局長・神社局長連名で市町村単位の忠魂碑などの記念碑か忠霊塔の建設を認める旨の通牒を発しており、陸軍省も同月二七日付で市町村単位の記念碑等の建設にあたって「忠霊塔ノ建設ニ就テハ、軍トシテ適当ナル支援ヲ与ヘ」ると通牒している。日中戦争が長期化し、国民のなかに戦没者を祀る招魂社などを郷土に建設しようとする気運が高まっていたなかで、内務省は市町村レベルの招魂社創立を禁止したことで、それにかわる記念碑か忠霊塔の建設を認めたのである。軍はさらに忠霊塔の建設を推奨し、大日本忠霊顕彰会の忠霊塔建設運動へと展開していくことになった。

戦局の悪化と慰霊体系の崩壊

ガダルカナル島攻防戦は、上陸日本軍の三分の二に相当する約二万人の戦死者・行方不明者を出し、一九四三年二月に撤退した。同年六月に陸軍次官は、ガダルカナル島参加部隊の遺骨について「作戦ノ特質上遺骨ハ必スシモ還ラサルモノアランモ、英霊ハ必ス還ルヘク、(中略)箱内ニハ遺骨アリト考フルヨリハ、英霊ヲ収メ参ラセシモノナリトノ観念ヲ十分遺族ニ理解セシムルノ要アリ」と口演し、遺族に遺骨がないことの理解を得る必要を説いた(横山、二〇〇八)。以後敗戦が続くなかで、軍は遺骨を遺族に引き渡すことをほとんど放棄し、遺骨箱の中には砂や石、霊璽と称した紙片や木片などを入れて英霊を納めていると説明した。遺骨の受け取りで死亡を確認した遺族は戸惑い、遺骨を納める忠霊塔は資材不足もあって建設が進行せず、さまざまな矛盾をはらむことになった。公葬も地域にその余力がなくなり、空襲が激しさを増してくると、三浦郡葉山町では一九四五年から公葬をそれまでの国民学校から寺院で行うようになった。もはや名誉の戦死を演出したセレモニーは形骸化し、悲壮感のみが生み出されることになった。一方で遺骨への執着は、遺骨収集を今日にまで継続させることになった。

五　おわりに

一九三七年に日中戦争が始まると、二ヶ月後の一〇月八日に勅令第五八三号「支那事変ニ付官国幣社以下神社ニ於テ祭祀ヲ行フ、其ノ祭祀ハ之ヲ中祭トス」が発せられ、政府は神嘗祭当日の一七日に事変における皇軍の武運長久と国威の宣揚を祈願するよう命じた。これを受けて全国の神社で祈願祭が行われたのであるが、横浜市の鶴見神社では、祈願祭とともに軍人による支那事変報告や映画を企画し、「氏子全員」の参加を呼びかけた。同社では八月二日にも「当局の通牒」により「国威宣揚皇軍健勝祈願祭」を執行しており、事変一周年祈願祭までの間に九回も武運長久祈願祭を執行した。民衆はその度に動員され、神社が戦争遂行に向けた民衆の戦意高揚に重要な役割を果たしていたことがわかる。

戦時下の生活のなかで、この他にもさまざまな信仰や宗教をうかがうことができる。出征兵士の見送りでは、神前で武運長久祈願が行われた。家族は、兵士の安全と無事帰還を祈願して千人の女性に赤糸で一結びずつ縫ってもらう千人針をつくって、戦地に赴く兵士に持たせた。留守家族は、武運長久の名のもとに無事の帰還を神仏に祈り、百度参りや千度参りも行った。安全を祈願して陰膳《かげぜん》を供え、蓋に露がついているとその人は無事であると信じた。弾除《たまよけ》の霊験あらたかと聞けば参拝して祈願し、守札を兵士に送った。弾除信仰の寺社は全国各地にあり、さまざまな祈願や守札・呪符などがあった。千人針も既に日露戦争中にみられた弾除信仰にもとづくもので、日中戦争開戦で再び流行した。やがて防諜上の問題から街頭での活動はなくなっていくが、終戦間際まで作られ続けた。弾除信仰の広がりと深さがうかがえる。

具体的に神奈川県綾瀬市の報恩寺（曹洞宗）における弾除信仰を見てみよう。二七世住職加藤洞源は、下関条約後の台湾平定に従軍し、観音による弾除を確信した体験をもとに「オタスケ（御助）観音」の信仰を説き、現世利益を求める民衆のさまざまな祈願に応えてきた。日中戦争を機に、オタスケ観音は弾除観音の信仰を持つようになり、県内はもとより近県からも訪れ、多い時は一日三千人の参詣があったという。洞源は、出征兵士に祈禱して弾除観音札（写真3）や掛け軸、観音を描いた日章旗などを頒布した。報恩寺の弾除信仰は、戦時下という時代のなかで弾除によるオタスケが特に信仰されたものであり、戦争が終わると元のオタスケ観音の信仰に戻った。

一九三〇年代、満州事変下で日本精神が高揚し、国体明徴運動で一層の高まりを見せると、それにともなって神社参拝が強制され、天皇崇拝が神格化へと高まりを見せた。学校教育のなかで御真影や教育勅語が重きを持ち、儀式の厳格化がすすみ、御真影と勅語謄本を奉護する奉安殿の建設が進められたのも、天皇の神格化にともなうものであった。一九三五年の文部次官通牒以後、特に国民学校の教育で神社参拝や神道的な儀式が宗教的情操の涵養や敬神崇祖の実践として行われるようになった。同じ頃、伊勢神宮の大麻頒布数が急増し、官公庁や学校などに神棚が設けられるとともに、軍隊内にも営内神社や校内神社・構内神社・艦内神社などが数多く建設されるようになった。このような傾向は、キリスト教や仏教との対立や衝突を生むことになった。上智大学靖国神社参拝事件や同志社神棚事件はキリスト教徒との関係である。仏教界と神社界との関係では英霊公葬運動や忠霊塔の性格をめぐって対立が見られた。これは戦没者の魂は誰のものなのか

写真3　報恩寺で頒布した文字絵の弾除観音札（報恩寺所蔵）

をめぐる対立でもあり、戦没者慰霊とは何なのかが問われる問題といえよう。戦時下という先の見えない非常時のなかで、底流としての宗教が顕在化した時代であった。

参考文献

小野雅章（二〇一四）『御真影と学校――「奉護」の変容』東京大学出版会
籠谷次郎（一九九四）『近代日本における教育と国家の思想』阿吽社
坂井久能（二〇〇六）『名誉の戦死―陸軍上等兵黒川梅吉の戦死資料―』岩田書院
――（二〇〇八）「営内神社等の創建」『国立歴史民俗博物館研究報告』第一四七集
――（二〇一四）「海軍の葬儀・慰霊と靖國神社」『國學院大學研究開発推進センター研究紀要』第八号
上智大学史資料集編纂委員会（一九八五）『上智大学史資料集』第3集、上智学院
藤田大誠（二〇一四）「支那事変勃発前後における英霊公葬問題」明治聖徳記念学会『明治聖徳記念学会紀要』復刊第五一号
横山篤夫（二〇〇八）「戦没者の遺骨と陸軍墓地」『国立歴史民俗博物館研究報告』第一四七集

編者紹介

島薗進（しまぞの・すすむ）
一九四八年生まれ、東京大学大学院人文科学研究科博士課程単位取得退学、東京大学名誉教授、上智大学グリーフケア研究所所長。

末木文美士（すえき・ふみひこ）
一九四九年生まれ、東京大学大学院人文科学研究科博士課程単位取得退学・博士（文学）、東京大学名誉教授、国際日本文化研究センター名誉教授。

大谷栄一（おおたに・えいいち）
一九六八年生まれ、東洋大学大学院社会学研究科社会学専攻博士後期課程修了・博士（社会学）、佛教大学教授。

西村明（にしむら・あきら）
一九七三年生まれ、東京大学大学院人文社会系研究科基礎文化研究専攻宗教学宗教史学専門分野博士課程単位取得退学・博士（文学）、東京大学准教授。

本論執筆者紹介

島薗進（しまぞの・すすむ）
一九四八年生まれ、東京大学大学院人文科学研究科博士課程単位取得退学、東京大学名誉教授、上智大学グリーフケア研究所所長。

植村和秀（うえむら・かずひで）
一九六六年生まれ、京都大学法学部卒業、京都産業大学法学部教授。

川瀬貴也（かわせ・たかや）
一九七一年生まれ、東京大学大学院人文社会系研究科博士課程修了・博士（文学）、京都府立大学教授。

大谷栄一（おおたに・えいいち）
一九六八年生まれ、東洋大学大学院社会学研究科社会学専攻博士後期課程修了・博士（社会学）、佛教大学教授。

對馬路人（つしま・みちひと）
一九四九年生まれ、東京大学社会学研究科博士課程単位取得退学。

藤田正勝（ふじた・まさかつ）
一九四九年生まれ、ドイツ・ボーフム大学大学院修了、京都大学名誉教授。

藤田大誠（ふぢた・ひろまさ）
一九七四年生まれ、國學院大學大学院文学研究科神道学専攻博士課程後期修了・博士（神道学）、國學院大學人間開発学部健康体育学科教授。

坂井久能（さかい・ひさよし）
一九四九年生まれ、國學院大学大学院、神奈川大学国際日本学部歴史民俗学科特任教授。

コラム執筆者紹介

若松英輔（わかまつ・えいすけ）
一九六八年生まれ、慶應義塾大学文学部仏文科、東京工業大学リベラルアーツ教育研究院教授。

西田彰一（にしだ・しょういち）
一九八六年生まれ、総合研究大学院大学文化科学研究科国際日本研究専攻・博士（学術）、立命館大学衣笠総合研究機構専門研究員。

坂本慎一（さかもと・しんいち）
一九七一年生まれ、大阪市立大学大学院経済学研究科後期博士課程修了、ＰＨＰ研究所研究コーディネーター。

昆野伸幸（こんの・のぶゆき）
一九七三年生まれ、東北大学大学院文学研究科博士課程後期三年の課程単位取得退学・博士（文学）、神戸大学准教授。

エリック・シッケタンツ
一九七四年ドイツ生まれ、ロンドン大学東洋アフリカ学院を経て、東京大学大学院人文社会系研究科卒業、國學院大学助教。

大澤広嗣（おおさわ・こうじ）
一九七六年生まれ、大正大学大学院文学研究科宗教学専攻博士後期課程修了・博士（文学）、文化庁宗務課専門職。

近代日本宗教史　第四巻
戦争の時代――昭和初期～敗戦
二〇二一年五月二十日　第一刷発行
編　者　島薗　進・末木文美士・大谷栄一・西村　明
発行者　神田　明
発行所　株式会社　春秋社
東京都千代田区外神田二―一八―六（〒一〇一―〇〇二一）
電話〇三―三二五五―九六一一　振替〇〇一八〇―六―二四八六一
https://www.shunjusha.co.jp/
印刷・製本　萩原印刷株式会社
装　丁　美柑和俊
定価はカバー等に表示してあります
ISBN 978-4-393-29964-7

近代日本宗教史［全6巻］

第1巻　維新の衝撃――幕末～明治前期
明治維新による国家の近代化が宗教に与えた衝撃とは。過渡期に模索された様々な可能性に触れつつ、神道、仏教、キリスト教の動きや、西洋思想受容の過程を論じる。（第1回配本）

第2巻　国家と信仰――明治後期
近代国家日本として国際社会に乗り出し、ある程度の安定を得た明治後期。西洋文化の受容により生まれた新たな知識人層が活躍を見せる中で宗教はどのような意味を有したのか。（第3回配本）

第3巻　教養と生命――大正期
大正時代、力を持ってきた民間の動きを中心に、大正教養主義や社会運動、霊能者やジェンダー問題など新たな思想の流れを扱う。戦争に向かう前、最後の思想の輝き。（第2回配本）

第4巻　戦争の時代――昭和初期～敗戦
天皇崇敬が強化され、著しく信教の自由が制限されるなかで、どのような宗教現象が発生したのか。戦争への宗教の協力と抵抗、そしてナショナリズムの思想への影響を考察する。（第5回配本）

第5巻　敗戦から高度成長へ――敗戦～昭和中期
敗戦により新たな秩序が生まれ、焦土から都市や大衆メディアが立ち上がる。「神々のラッシュアワー」と表現されるほどの宗教熱の高まりとは何だったのか。新たな時代の宗教現象を扱う。（第4回配本）

第6巻　模索する現代――昭和後期～平成期
現代の閉塞感のなかで、宗教もまた停滞するように思われる一方、合理主義の限界の向こうに新たなニーズを見いだす。スピリチュアリティや娯楽への宗教の関わりから、カルト、政治の問題まで。（第6回配本）